普通高等学校物流与供应链管理类本科专业“课程思政”系列教材
教育部课程思政示范课程配套教材
国家级一流本科课程配套教材

供应链管理

（第2版）

王忠伟　庞　燕　主编

中国财富出版社有限公司

图书在版编目（CIP）数据

供应链管理 / 王忠伟，庞燕主编. — 2版. — 北京：中国财富出版社有限公司，2023.6

（普通高等学校物流与供应链管理类本科专业“课程思政”系列教材）

ISBN 978-7-5047-7949-6

Ⅰ. ①供… Ⅱ. ①王… ②庞… Ⅲ. ①供应链管理—高等学校—教材
Ⅳ. ①F252.1

中国国家版本馆CIP数据核字（2023）第101480号

策划编辑	雷晓玲	**责任编辑**	刘 斐 于名珏	**版权编辑**	李 洋
责任印制	尚立业	**责任校对**	卓闪闪	**责任发行**	敬 东

出版发行	中国财富出版社有限公司		
社　　址	北京市丰台区南四环西路188号5区20楼	**邮政编码**	100070
电　　话	010-52227588 转 2098（发行部）		010-52227588 转 321（总编室）
	010-52227566（24小时读者服务）		010-52227588 转 305（质检部）
网　　址	http://www.cfpress.com.cn	**排　　版**	宝蕾元
经　　销	新华书店	**印　　刷**	宝蕾元仁浩（天津）印刷有限公司
书　　号	ISBN 978-7-5047-7949-6 / F · 3549		
开　　本	787mm × 1092mm 1/16	**版　　次**	2023 年 12 月第 2 版
印　　张	16	**印　　次**	2023 年 12 月第 1 次印刷
字　　数	400千字	**定　　价**	66.00 元

前 言

进入 21 世纪以来，随着中国加入世界贸易组织（WTO），全球经济一体化深入发展，跨国企业纷纷在全球范围内整合资源，构建国际供应链体系，推动了供应链管理理论与实践的发展。然而世事难料，近年来国际政治经济形势巨变，随着逆全球化思潮的泛起，多年来形成的国际经济分工格局被打破，给国际经济合作带来了巨大的挑战。许多跨国企业历经多年努力所构建的国际供应链体系被打破，不得不耗费巨资重构供应链，严重影响了国际经济合作与可持续发展。复杂的国际政治经济形势，使供应链管理从理论到实践面临新挑战和新格局。

2009 年，我国国内生产总值（GDP）约为 33.5 万亿元人民币，其增速远高于世界经济的平均增速，在世界主要国家和地区中首屈一指。2021 年，我国国内生产总值突破 110 万亿元人民币，稳居世界第二，我国已成为全球经济发展引擎。我国经济的快速发展，为学界研究供应链管理理论提供了丰富的实践探索。以前，“供应链管理”还只是业内人士的专业术语；如今，供应链管理已成为社会关注的焦点，政府的相关政策文件中都在强调供应链管理的重要性。为了应对复杂的国际形势，党中央明确提出要加快构建以国内大循环为主体、国内国际双循环相互促进的新发展格局，重塑相关产业的供应链体系。党的二十大报告中指出，“着力提升产业链供应链韧性和安全水平”。近年来，科技发展日新月异，供应链管理的新理念、新模式不断演进，智慧供应链、数字供应链快速发展，从而推进了供应链管理的创新发展。

全球政治、经济、科技等方面的巨大变化，使供应链管理从理论到实践都发生了巨大的变化，本教材的修订再版恰逢其时。为了适应供应链管理发展的新形势，满足高等教育发展带来的新要求，教材编写团队对本教材进行了修订。本教材第 1 版在多所院校得到选用，总体上反响很好，有些读者提出了一些很好的意见，为本教材的修订提供了有益的参考。第 2 版教材主要在以下几个方面做出了改进：一是吸纳了供应链管理的最新理论成果，确保教材内容整体上的先进性；二是收集了我国企业供应链管理的实践成果，并总结出课后案例，设置在了每章的末尾，供读者参阅学习；三是从加强课程思政建设出发，将每章内容涉及的思政元素进行挖掘，融入每章的“本章导读”中；四是在每章增加了“关键术语”，方便读者对有关概念进行理解和掌握；五是对本教材第 1 版中的一些差错进行了勘正，力求将差错率降到最低。

本教材由中南林业科技大学王忠伟教授和庞燕教授主编。编写分工如下：第一章由庞燕、黄向宇编写；第二章由庞燕、符瑛、胡丽辉编写；第三章由王忠伟、符瑛、胡丽辉编写；第四章由王忠伟、黄向宇、汪洪波编写；第五章由张畅、柳荣编写；第六章由庞燕、刘建银编写；第七章由李青松、庞燕编写；第八章由庞燕、黄音编写；第九章由潘双利、庞燕编写；第十章由王忠伟编写。全书由王忠伟和庞燕负责统稿和审阅。

本教材是教育部课程思政示范课程、国家级一流本科课程“供应链管理”的配套教材，配有教学课件、微课视频、教学设计、教学案例等线上线下资源。此外，该课程已上线国家高等教育智慧教育平台，可供读者线上学习，其线上教学资源入选教育部课程思政数字化资源建设库。

本教材编写团队力求奉献一本高质量的供应链管理教材，但由于水平有限，全书定有不妥之处，请读者批评指正。

微课：课程介绍

编　者

2023 年 12 月

目 录

第一章课件

第一章　供应链管理概述

【本章导读】

作为一种先进的管理技术，供应链管理越来越受到社会各界的广泛关注。进入21世纪以来，随着中国特色社会主义市场经济的快速发展，我国企业主动参与国际竞争，从学习供应链管理理论到融入国际供应链体系，再到逐步主导国际供应链，我国取得的发展成就举世瞩目。学习和运用供应链管理的过程，也是我国企业不断做强和做大的过程。从我国企业主动融入国际供应链体系，到我国企业面对复杂的国际政治经济形势而主动重构可控的国际供应链体系，体现了我国企业不断增强的国际竞争力，彰显了中国特色社会主义制度的优越性。中国产业链与供应链的发展所取得的巨大成就，更加坚定了中国特色社会主义道路自信、理论自信、制度自信、文化自信，以实现中华民族伟大复兴的中国梦。本章的学习能使读者收获人生正能量，在中国式现代化进程中自觉提升供应链管理水平。

【学习目标】

通过本章的学习，了解供应链管理产生的背景；熟悉供应链的概念、结构模型及其特征；掌握供应链管理的概念、内容和本质目标，以及供应链管理与传统管理的区别；充分理解价值链的基础理论。

第一节　认识供应链管理

英国著名的学者马丁·克里斯托弗指出，21世纪的竞争不再是企业和企业之间的竞争，而是供应链和供应链之间的竞争。当前，我国参与经济全球化程度不断加深，无论是全球性企业，还是以国内市场为主的企业，都不同程度地要与国际市场发生联系，资源如何在全球范围内进行有效配置成为企业关注的问题，供应链管理理论应运而生。

一、新经济及市场环境特征

（一）对新经济的一般理解

一般来讲，新经济是相对于传统经济而言的。新经济是建立在信息技术（Information Technology，IT）和创新制度基础上的，其主要发展动力源于信息技术革命。新技术、新业态、新产业交叉融合产生了这种新的经济形态。

传统经济的着眼点是产品数量的增加、市场需求的满足以及生产成本的节约。然而，新经济追求的是质量和服务，强调提高生活质量、环境质量、安全质量和服务水平等。

新经济是人们的知识和经验积累到一定程度后，观念更新、视野扩宽、目标放远、要求升级的体现。新经济是现代科学技术发展到一定阶段后出现的新局面、新趋势。

有学者认为，新经济包括知识经济、信息经济、服务经济、网络经济等内容，新经济是科技型、创新型经济。

（二）新经济的主要特征

促使新经济出现的环境因素是全球经济一体化。信息技术革命的推进和新经济的发展，必然导致全球经济一体化进程的加快。

新经济具有明显的全球经济一体化色彩。例如，跨国企业大力扩张经济势力，加强国际连锁经营，优化供应链管理，搭建国际化合作平台，促使经济活动无国界，消除贸易壁垒，从而使贸易额大幅上升，货物运输量快速增长。

新经济转变了人们的观念，加速了知识的更新。一方面，新经济催生了许多新业态，带来了许多新技术，而且淘汰了旧的知识体系和产业模式；另一方面，新经济推动了管理模式的变革，如智慧供应链管理、数字供应链管理等。

信息技术在新经济环境下扮演着重要的角色。例如，电子数据交换（EDI）、全球定位系统（GPS）、大数据、云计算、人工智能、区块链等新技术，均起着重要作用。

新经济环境下的经济模式带有虚拟性，如网络经济等。虚拟是与实际相对而言的，虚拟可以说近似于实际。在新经济环境下，供应链的管理者可以通过虚拟企业的形式，选择合作伙伴。虚拟经济利用现代科学技术和现代经营管理理念，对各个相关业务、相关企业进行优化组合，从而构筑一个最优的运营系统。例如，银行、证券市场等都可以算作虚拟经济范畴。

新经济的可持续性较强。新经济与传统经济的重要区别在于传统经济的增速将会受到经济环境转变的影响而趋缓，新经济则更适应经济环境的转变，拥有更大的潜力，会保持相对较快且可持续的增速。

（三）市场环境特征

1. 全球经济一体化趋势增强，企业面临国际竞争

随着大数据、云计算等新兴信息技术的不断发展，以及电子商务新业态、新模式的不断涌现，企业能够在更大范围内建立跨地域市场，甚至全球化市场。一方面，企业寻找客户和商业合作伙伴，以最大化满足市场需求，增强企业对市场的反应能力；另一方面，企业在建立全球化市场的同时，也在全球范围内造就了更多的竞争者，从而加剧了国际竞争。

2. 产品更新的节奏加快，产品开发的难度加大

现代科学技术日新月异的发展速度，导致新产品层出不穷，产品的市场寿命大大缩短。信息技术的发展带来了一些全新的生产模式，如计算机集成制造（CIM）、敏捷制造等，缩短了产品的生产过程，加速了新技术的落地步伐，加快了新技术的推广应用。一方面，新技术、新产品的不断涌现，使企业遭受了前所未有的压力，同时使企业员工面对巨大的挑战，企业员工必须不断学习新技术，否则可能会惨遭淘汰；另一方面，将技术创新作为企业发展战略的一个重要部分，企业会加大科技创新力度，因此，产品开发

的难度加大。

3. 产品个性化需求突出，多品种、小批量生产占据主流

制造商发现，最好的产品不是为客户设计的，而是与客户一起设计的。产品个性化需求导致多品种、小批量生产在企业生产中逐渐占据主导地位，这却给企业生产成本控制带来困难。如何通过规模化生产方式，降低生产成本，提高企业的经济效益，成为企业提高竞争力的关键。

4. 生产要素流动趋势加强，供求关系变化加快

商品市场国际化的同时，也创造了一个国际化的技术和人才市场，发展速度的不平衡，使得人力资源、资金资源、生产资料等生产要素向着势能高的地区和企业流动。另外，随着供求关系变化加快，交货期成为主要的竞争因素，以时间为基准的竞争越来越突出。能否以更快的速度、更好的质量和更低的成本制造出新产品投入市场，将是企业生存和发展的关键，即缩短对客户需求的响应时间，已成为决定竞争胜负的关键因素。

5. 客户需求越来越多，对高质量服务的需求增长

赢得客户信赖是企业保持长盛不衰的重要因素之一，赢得客户信赖要靠具有吸引力的产品质量，还要靠售后的技术支持和服务。许多世界著名企业在全球拥有健全而有效的服务网络。

以上这些给企业的生产模式提出了更新的要求。一是对产品的品种、规格、需求提出多样化、个性化要求；二是对产品功能、质量的可靠性提出要求；三是对产品的生产提出大批量生产要求，从而使价格降低。

二、供应链管理产生的背景

（一）企业间竞争因素的变化

1960 年以前，企业间竞争因素主要是成本，规模化生产是降低成本的有效手段。1970—1980 年，企业间竞争因素主要是质量，建立系统化的质量管理体系，是提高质量管理水平和产品质量的主要方式。1980 年以后，企业间竞争因素主要是时间，提高对客户需求的响应速度、缩短产品的开发周期和交货周期，会给企业带来更多的市场机会。

成本、质量和时间一直是企业的三个核心要素，企业管理模式也是围绕着这三个核心要素不断发展的。成本是企业的生存之道，质量是企业的立足之本，时间是企业的发展之源。如果不能降低成本，企业就没有实力进行价格竞争，无法获得再生产所需要的资金，从而难以为继。如果没有好的质量，企业就无法得到客户的认可，也无法在市场上立足。如果不能在尽可能短的时间里提供客户所需要的产品和服务，企业就不能满足客户需求，就不能在竞争中胜出。

（二）供应链管理的产生

全球经济一体化是近年来国际经济发展的一个主要趋势，这给企业带来了难得的机遇和严峻的挑战。企业面临着不断变化的市场需求，背负着缩短交货周期、提高质量、降低成本和改善服务的压力。企业经营环境的变化，使得企业管理者逐渐意识到，要想在竞争激烈的市场中生存下来，必须与其他企业建立一种战略上的合作伙伴关系，实行

优势互补，发挥各自的核心能力。跨企业的集成管理模式使各个企业统一协调起来，供应链管理就是在这样的背景下产生的。

（三）实施供应链管理是大势所趋

1. 经济全球化

为了顺应经济全球化进程，企业要重新构建自身的业务流程，从而更大范围地获取和利用各种资源，更大程度地接近消费者，更有效地组织生产，同时这为现有供应链变革提供了一个重要的契机。

2. 日趋激烈的市场竞争

20世纪80年代以来，由供应商主导的卖方市场逐渐转型为由消费者主导的买方市场。因而，以控制为导向，转变为以消费者为导向；面向职能的管理，转变为面向流程的管理。

3. 快速发展的信息技术

信息技术大大降低了信息搜寻、信息储存、信息传递和信息分析的成本。

4. 企业的现代化转型

20世纪90年代以来，很少有企业继续走垂直整合的道路，企业变得更加专业化。企业获取外部资源的主要方式是寻找提供低成本、高质量产品的供应商。对于企业来说，管理整个供应链网络以及提高整体绩效变得十分关键。企业认识到，若供应链上其他企业获益时，自身也能获益。

5. 企业内部管理的变化

近年来，我国制造业快速发展，制造企业内部发生了显著的变化。例如，制造企业与消费者、供应商展开了更多的信息沟通；大批量生产转向顾客定制化生产；在减少供应商数量的同时，增加对外部资源的依赖；强调组织和流程的柔性；基于竞争压力，加快新产品的研发等。

第二节　供应链管理的基础理论

供应链管理的研究最早是从物流管理开始的，起初人们并没有把它和企业管理联系起来，主要关注供应链管理的局部研究，如对多级库存控制问题、物资供应问题、物资配送问题、分销运作问题等的研究。随着经济全球化的发展和知识经济时代的到来，供应链管理得到普遍应用。企业面对的是激烈的市场竞争、个性化的客户需求、复杂化的产品研发，如何将企业管理与供应链管理联系起来，以适应新的市场环境，已成为企业管理者关注的焦点。

一、传统企业管理模式的特征、弊端及企业管理模式的转变

（一）传统企业管理模式的特征

传统企业管理模式的特征列举如下。

（1）以规模化需求和区域性卖方市场为决策背景。

（2）组织少品种、大批量生产，使用刚性、专用流水生产线。

（3）建立多级递阶控制的组织结构，管理跨度小、层次多。

（4）制定追求稳定的集权式企业管理制度。

在传统企业管理模式下，企业为了最大限度地掌握市场份额，必然要牢牢控制用于生产和经营的各种资源。另外，企业运作模式采用了“高度自制”的策略，一个企业几乎囊括了所有零部件的加工、装配活动，甚至它还把分销、零售环节的业务也纳入自己的业务范围中，最后形成了无所不包的“超级组织”。这就是“纵向一体化”。

（二）传统企业管理模式的弊端

传统企业管理模式的弊端列举如下。

（1）增加企业投资负担。

（2）承担丧失市场时机的风险。

（3）迫使企业从事不擅长的业务活动。

（4）在每个业务领域都直接面临众多竞争对手。

（5）加大企业的行业风险。

（6）电子商务集约化不能发挥出节省交易费用的潜力。根据研究，理想状态下，电子商务在我国应节省 76.59% 的交易费用，但实际情况为电子商务在我国只能节省不到 12% 的交易费用。

（三）企业管理模式的转变

从 20 世纪 80 年代中后期开始，形成了一种“横向一体化”的企业管理热潮。许多企业将原有的非核心业务外包出去，集中资源发展自己的核心能力，通过结成战略联盟占据竞争中的主动地位。企业管理模式的转变列举如下。

微课：企业管理模式的转变

（1）从“纵向一体化”向“横向一体化”转变。

（2）从“大而全、小而全制造”向“分散网络化制造”转变。

（3）从“封闭式设计、开发与生产”向“开放式设计、开发与生产”转变。

二、供应链的基础理论

（一）供应链发展过程中的各个阶段

1. 企业内部供应链阶段

这是供应链发展的起步阶段，供应链是制造企业中的一个内部过程，即企业把从外部采购的原材料和零部件，通过生产和销售等活动，再传递给零售商和客户。这个阶段考虑企业的内部操作，注重企业的资源利用。通过计划供应链，企业能够满足内外部客户的需求。

2. 单一供应链阶段

在这个阶段，供应链的概念只与企业的采购、供应管理有关，供应链上的各个企业独立运作。它强调的仅仅是企业与供应商之间的供需关系，忽略了与供应链上的其他企业的联系，因而容易造成企业间的目标冲突。

3. 链式结构双向供应链阶段

随着对供应链的深入研究，学界认为供应链是一个通过链中不同企业的制造、组装、分销、零售等，将原材料转换成产品，再到最终用户的过程。美国学者史迪文斯认为，通过增值过程和分销渠道，控制从供应商的供应商到用户的用户的流就是供应链，它开始于供应的源点，结束于消费的终点。以上这些定义注意了供应链的完整性和供应链的外部环境，强调战略伙伴关系，强调与链中其他企业的联系，这是更大范围、更为系统的概念。

4. 网状结构供应链阶段

随着对供应链本质的深化认识，人们普遍认为网状结构供应链是开展以核心企业为中心的双向树状结构所组成的协作网络系统，例如，核心企业与其上游企业、下游企业的关系。

（二）供应链的概念

英国学者哈里森将供应链定义为：供应链是执行采购原材料，将它们转换为中间产品和成品，并且将成品销售到用户的功能网链。我国学者马士华将供应链定义为：供应链是围绕核心企业，通过对物流、信息流、资金流的控制，从采购原材料开始，到制成中间产品以及最终产品，最后由销售网络把产品送到消费者手中，将供应商、制造商、分销商、零售商与最终用户连成一个整体的功能网链。

微课：供应链的概念

国家标准《物流术语》（GB/T 18354—2021）中对供应链的定义是：生产及流通过程中，围绕核心企业的核心产品或服务，由所涉及的原材料供应商、制造商、分销商、零售商直到最终用户等形成的网链结构。

供应链不仅是物料链、信息链、资金链，而且它还是增值链。物料在供应链上因加工、包装、运输等过程而增值，给相关企业带来收益。

供应链上游，是先于最终制造的部分，包括为最终制造提供产品和服务的供应商（如在服装制造的供应链中的原材料供应商）等。

供应链下游，是涉及最终产品的部分，包括配送网络、销售网络等。

（三）供应链中的“三流”

正常运作的供应链中，物流、信息流和资金流是必不可少的，它们通称“三流”。

1. 物流

物流，即物料从供方开始，沿着各个环节向需方的流动。供应链中的物料通过一系列的转换过程流向配送系统，直至最终用户。

物流管理是供应链管理体系中非常重要的组成部分。一般认为，供应链是物流、信息流、资金流的统一体，而物流贯穿于整个供应链的始终，它连接着供应链上的各个企业，是企业间相互合作的纽带。

2. 信息流

信息流，即订单、需求、供应等信息在供应链中的双向流动。供应链中的信息流在供应商和最终用户之间双向流动，一个是从最终用户到供应商的需求信息流，另一个是从供应商到最终用户的供应信息流。供应链管理的实现，不仅需要高效的物流、资金流，更需要快速、准确的信息流。

3. 资金流

资金流，即货币形态在供应链中的单向流通。物料是有价值的，物料的流动会引发资金的流动。资金流是从供应链的下游向上游流动的。没有资金流，企业将无法运营。购买原材料、支付员工工资、产品广告宣传、各种设备设施的维护等都不能没有资金流。

高效的资金流可以体现供应链的核心竞争力。建立完善的供应链运作体系的前提是保证资金流的顺畅流通。实现高效的资金流的方法：建立完善的支付信用体系，供应链上的各个企业必须讲信用，保证及时支付货款；加强库存管理，由于需求信息的变动，往往会造成库存量的波动，无论在供应链中的哪个环节，如果库存量过高，将会导致过多的资金沉淀；大力推行网上银行，使用电子支票等先进的在线支付方式，减少在途资金的占压。

（四）相关产业在供应链中的地位与作用

1. 产业的分类

根据《国民经济行业分类》（GB/T 4754—2017），产业划分范围如下。

第一产业是指农、林、牧、渔业（不含农、林、牧、渔服务业）。

第二产业是指采矿业（不含开采辅助活动），制造业（不含金属制品、机械和设备修理业），电力、热力、燃气及水生产和供应业，建筑业。

第三产业即服务业，是指除第一产业、第二产业以外的其他行业。第三产业包括：批发和零售业，交通运输、仓储和邮政业，住宿和餐饮业，信息传输、软件和信息技术服务业，金融业，房地产业，租赁和商务服务业，科学研究和技术服务业，水利、环境和公共设施管理业，居民服务、修理和其他服务业，教育，卫生和社会工作，文化、体育和娱乐业，公共管理、社会保障和社会组织，国际组织，农、林、牧、渔服务业，开采辅助活动，金属制品、机械和设备修理业。

2. 产业的特征

（1）农业的特征。

根据不同时期农业生产力状况及农业生产力各要素的配置方式，可以把农业发展划分为原始农业、传统农业和现代农业三个阶段。

原始农业是从新石器时代到铁器工具出现以前的农业，是自然状态下的农业。以刀耕火种为基本生产方式，农业生产力各要素处于自然状态，人类对农业生态系统的干预能力很小。

传统农业是从铁器工具出现以后到工业化以前的农业，基本上是自给自足的农业。在这个阶段，农业生产力各要素在封闭的体系内流动配置，主要依靠农业内部的能量和物质循环来维护平衡。传统农业是在自然经济条件下，采用人力、畜力、手工工具等为主的手工劳动方式。

现代农业是从工业革命以来形成的农业，是逐步走向商品化、市场化的农业。这个阶段，农业在市场经济框架下，广泛运用现代工业成果和现代生产要素，农业从业人员不断减少，但农业劳动者具有较多的现代科技和经营管理知识，农业生产经营活动逐渐专业化、集约化、规模化，农业劳动生产率大幅提高。现代农业的基本特征表现为市场化程度日趋成熟；工业装备被普遍采用；先进科技广泛应用；产业体系日臻完善。

（2）工业的特征。

根据不同时期工业生产力状况及工业生产力各要素的配置方式，可以把工业发展划分为手工业、机器大工业和现代工业三个阶段。

手工业阶段的特征是生产工具简单，仅仅由人力或自然力推动生产工具。

从 18 世纪中期开始，英国率先完成了工业革命，机器大工业取代了传统的手工业。工业革命是人类生产的一场变革，给社会带来了空前无比的变化。它是生产技术上的巨大革新，机器生产代替了大量的手工劳动，大大提高了工业产品的产量，改变了生产面貌，给人们的思想意识也带来了根本性变化。机器大工业阶段的特征是机器生产，能够较大规模地使用机器。

现代工业阶段的特征是工业规模大、技术水平高；遵循循环经济发展原则；行业变化越来越快，行业边界越来越模糊；信息产业成为主导产业，生产与服务越来越紧密；信息技术广泛应用于工业中，以信息化带动工业化。在现代工业阶段，信息已经同物质、能量一样，成为基本的生产要素。

（3）服务业的特征。

服务业有传统服务业和现代服务业之分。传统服务业的概念基本等同于按照标准产业分类法划分的第三产业，而现代服务业比传统服务业覆盖领域广。现代服务业是指依托新技术、新业态来改造传统服务业，创造需求、引导消费，向社会提供高附加值、高层次、知识型的生产服务和生活服务的产业。现代服务业已经成为经济增长的重要动力和现代化的重要标志。

与传统服务业相比，现代服务业具有三个方面的显著特征：一是运用现代服务理念、现代科技和现代经营方式进行经营；二是具有高新技术密集、高知识含量和高附加值的特点；三是规模大、起点高、辐射范围广、带动能力强。

3. 农业在供应链中的地位和作用

农业是指利用动植物的生理机能，采取人工培育的办法，以取得产品的物质生产部门。农业实现的国民收入的相对比重以及其劳动力在全部劳动力中的相对比重都处在不断下降之中。

农业在供应链中相当于供应商的地位。供应商是供应链的基础和保障，没有农业就谈不上工业等其他产业，也就无从形成供应链。农业是国民经济中最基本的物质生产部门，是人类社会的衣食之源、生存之本，是支撑国民经济不断发展和进步的保证。农业是工业和服务业存在和发展的必要条件。农业的基础地位关系到人民的切身利益、社会的安定和国民经济的稳定发展，而且还关系到我国在国际竞争中是否可以保持独立自主地位。

4. 工业在供应链中的地位和作用

工业是指从事自然资源的开采，对采掘品和农产品进行加工和再加工的物质生产部门。工业实现的国民收入的相对比重以及其劳动力在全部劳动力中的相对比重都保持大体不变或略有上升。

工业在供应链中相当于制造商或核心企业的地位。没有工业就不会有农业和服务业的进一步发展。工业是国民经济的主导，其主导作用主要体现在它是国民经济各部门进行技术改造的物质基础。一切生产、流通、劳动服务部门都必须依赖工业提供的设备。工业现代化程度及发展规模最终决定着国民经济的面貌。

工业企业是供应链的重心，是带动供应链运作的主体，是拉动物流业发展的源动力。供应链服务需求的牵动，物流的组织运作，物流信息平台的构建，物流服务标准的制定，乃至物流企业及物流业的发展，都离不开工业企业。工业企业的运作是产生物流需求的源泉。物流的量在供应链上的分布是不均匀的，大量的物流集中在供应物流、生产物流、销售物流上，把产品配送给用户则是整个物流过程的一个部分。从这个意义上讲，工业企业是物流服务的最大需求者。有需求就有发展，工业企业发展的需求是物流业发展的源泉。在现代物流体系中，工业企业处于主体地位。

5. 服务业在供应链中的地位和作用

第三产业即服务业，是指凭借一定的物质技术设备，为社会生产和人民生活服务的各种行业的总称。同时，它是指为消费者提供最终服务和为生产者提供中间服务的部门。服务业实现的国民收入的相对比重以及其劳动力在全部劳动力中的相对比重总体上处在逐渐上升之中。

服务业在供应链中相当于销售商的地位。服务业是国民经济的重要组成部分，它是衡量一个国家或一个地区社会经济发展水平的重要指标。第三产业为第一产业和第二产业提供了更好的服务，同时第三产业可以吸收第一产业和第二产业剩余的劳动力，对第一产业和第二产业的发展起着巨大的推动作用。第三产业的兴旺发达是现代经济的一个重要特征。

三、供应链的结构模型

（一）供应链的链状模型

微课：供应链的结构模型

供应链的链状模型是一个简单的静态模型，如图 1–1 所示。该模型可以表明供应链的基本组成和轮廓概貌。产品经历了供应商、制造商、分销商、零售商四级传递，在传递过程中完成了制造、装配、分销等转移过程。被最终用户消费掉的产品将回到自然界，完成物质循环。

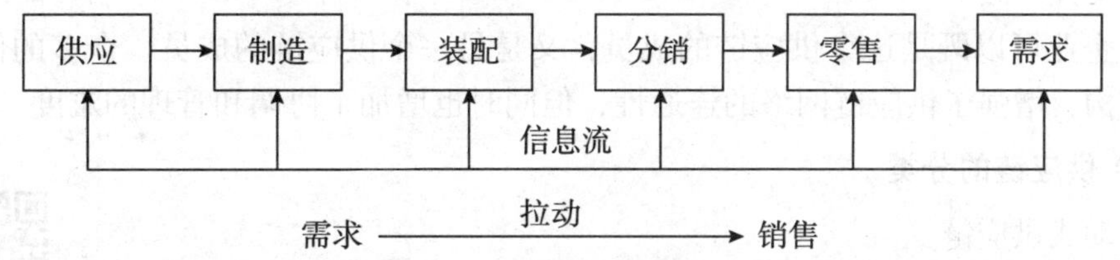

图 1–1　供应链的链状模型

（二）供应链的网状模型

供应链的网状模型如图 1–2 所示。在该模型中，核心企业有多家供应商和多个用户。

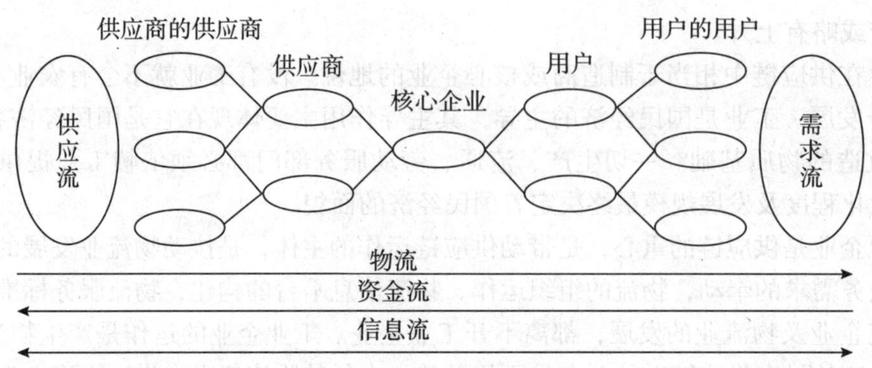

图1-2 供应链的网状模型

四、供应链的特征及其分类

（一）供应链的特征

供应链是一个网链结构，由围绕核心企业的供应商、供应商的供应商、用户、用户的用户组成。每个企业都是一个节点，节点企业和节点企业之间是一种需求与供应的关系。供应链主要具有以下特征。

微课：供应链的特征

1. 复杂性

由于供应链节点企业组成的跨度不同，供应链往往由多个、多类型甚至多国的企业构成。根据供应链的价值体系，供应链中会形成多个具有专业职能的联盟，联盟内部的合作与竞争关系以及联盟之间的利益分配机制，都突出了供应链的复杂性。

2. 动态性

由于企业战略和市场需求的变化，供应链节点企业之间合作与竞争的模式也会发生变化，供应链上的各个节点企业需要不断地动态更新，只有这样才能满足市场环境的变化。

3. 面向用户需求

供应链的形成、存在、重构，都是基于一定的市场需求而发生的，并且在供应链的运作过程中，用户的需求拉动是供应链中信息流、物流、资金流运作的驱动源。满足用户需求、提高服务水平，应该成为供应链创造核心竞争优势的出发点。

4. 交叉性

节点企业可以既是这个供应链的成员，又是另一个供应链的成员。众多的供应链形成交叉结构，增强了供应链网络的连通性，但同时也增加了协调和管理的难度。

（二）供应链的分类

1. 推动式供应链

微课：供应链的分类

推动式供应链是以产品为导向的供应链。这种供应链起始于企业对市场的预测，然后把根据预测制造出来的产品推向市场。它是根据制造商的生产计划、分销商的分销计划而进行的，虽然也进行过市场预测，但是并不能十分准确地把握市场。因此，这种供应链的运营模式所产生的商业风险是不可低估的。推动式供应链以制造商为核心。推动式供应链如图 1–3 所示。

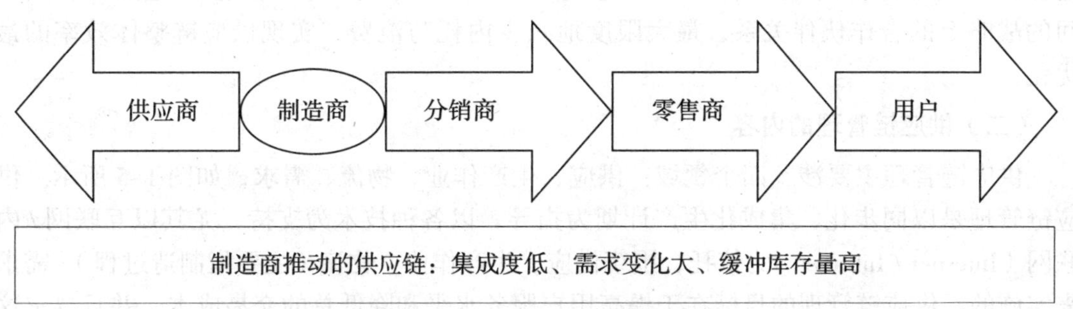

图 1–3　推动式供应链

2. 拉动式供应链

拉动式供应链是以企业获得订单为前提的。企业根据所获得的订单进行生产，因此拉动式供应链是以用户为导向的供应链。这种供应链起始于企业收到用户的订单，并由此引发出一系列的供应链运作，这是“以销定产”的模式。因此，其重点是“拉”到用户，根据用户需求采购原材料、生产产品、组织货源、外包业务等。拉动式供应链的驱动力产生于用户。拉动式供应链如图 1–4 所示。

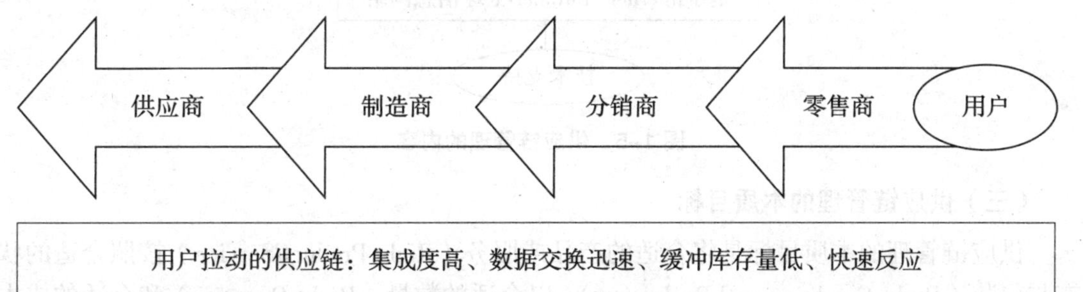

图 1–4　拉动式供应链

拉动式供应链的优点：①使企业适应复杂多变的市场；②能准确无误地把握产品的种类和数量；③改进产品质量，降低产品成本；④使企业运营处在一种良性状态；⑤提高企业控制市场的能力；⑥节约商业运营所需要的资金，节约企业运营成本；⑦能有效提升用户的服务体验。

五、供应链管理的基础理论

（一）供应链管理的概念

我国 2021 年发布实施的国家标准《物流术语》（GB/T 18354—2021）中对供应链管理（Supply Chain Management，SCM）的定义是：从供应链整体目标出发，对供应链中采购、生产、销售各环节的商流、物流、信息流及资金流进行统一计划、组织、协调、控制的活动和过程。

它是一种从供应商开始，经由制造商、分销商、零售商，直到用户的全要素、全过程的集成化管理模式。其目标是从整体的观点出发，建立供、产、销企业以及用户间的战略上的合作伙伴关系，最大限度地减少内耗与浪费，实现供应链整体效率的最优化。

（二）供应链管理的内容

供应链管理主要涉及四个领域：供应、生产作业、物流、需求，如图 1–5 所示。供应链管理是以同步化、集成化生产计划为指导，以各种技术为支持，尤其以互联网 / 内联网（Internet / Intranet）为依托，围绕供应、生产作业、物流（主要指制造过程）、需求来实施的。供应链管理的目标在于提高用户服务水平和降低总的交易成本，并且寻求这两个目标之间的平衡。

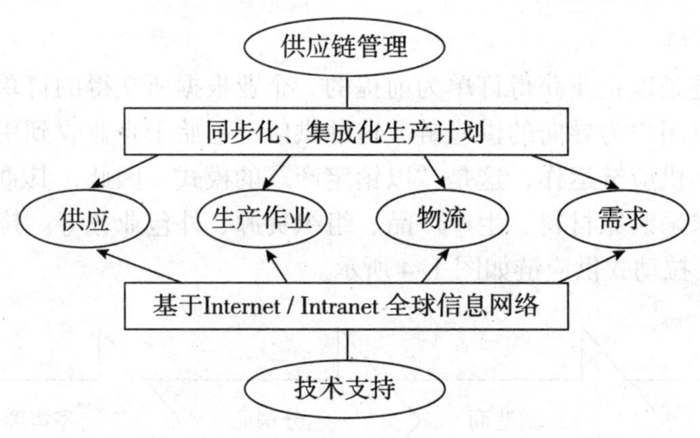

图 1–5　供应链管理的内容

（三）供应链管理的本质目标

供应链管理的本质目标是将合适的产品或服务（Right Product/Service）按照合适的状态与包装（Right Condition and Packaging），以合适的数量（Right Quantity）和合适的成本（Right Cost），在合适的时间（Right Time）送给合适的客户（Right Customer），并送到合适的地方（Right Place），即“7R”。

具体来说，供应链管理的目标是以更完整的产品组合，满足不断增长的市场需求；面对市场需求多样化的趋势，不断缩短供应链交付周期；对于市场需求的不确定性，缩短市场距离，实现快速反应；不断降低整个供应链的成本。

（四）供应链管理涉及的主要问题

供应链管理并不仅仅涉及物料实体在供应链中的流动，还涉及以下主要问题。

1. 随机性问题

随机性问题包括对供应商可靠性、运输渠道可靠性、需求不确定性、价格波动影响、汇率变动影响等的研究。

2. 供应链结构性问题

供应链结构性问题包括对规模经济性、选址决策、生产技术选择、产品决策、联盟网络等的研究。

3. 供应链全球化问题

供应链全球化问题包括对贸易壁垒、税收、政治环境、各国产品差异性等的研究。

4. 协调机制问题

协调机制问题包括对供应—生产协调、生产—销售协调、库存—销售协调等的研究。

5. 其他问题

例如，战略性供应商和合作伙伴关系管理；供应链中的产品需求预测与计划；全球节点企业的定位；生产的集成化计划、跟踪和控制；企业内部与企业之间物料供应与需求管理；基于供应链管理的产品设计与制造管理；基于供应链的用户服务和物流（运输、库存、包装等）管理；企业间资金流管理；基于 Internet / Intranet 的供应链交互信息管理等。

（五）供应链管理与传统管理的区别

供应链管理与传统管理的区别可以归纳为以下四点。

（1）供应链管理把供应链中的所有节点企业看作一个整体，供应链管理涵盖整个物流从供应商到最终用户的采购、制造、分销、零售等过程。传统管理只专注于企业本身的运作。

（2）供应链管理最关键的是采用集成的思想和方法，而不仅仅是节点企业与技术方法等的简单连接。传统管理只考虑企业本身的资源要素，管理的方法和手段显得单一和微观。

（3）供应链管理具有更高的目标，通过库存管理和合作伙伴关系管理达到较高的服务水平，而不是只完成一定的市场目标。传统管理只专注于某个市场目标，缺乏长期的、系统的目标。

（4）供应链管理强调和依赖战略管理。传统管理往往具有短视性，没有长远的战略管理。

（六）供应链管理的运营机制

供应链管理的运营机制包括以下几个方面。

（1）合作机制。合作机制体现了战略伙伴关系和企业内外资源的集成与优化作用。

（2）决策机制。决策机制是基于 Internet / Intranet 的开放性信息环境下的群体决策模式。

（3）激励机制。为了掌握供应链管理的技术，必须建立健全激励机制。

（4）自律机制。自律机制要求供应链上的企业向行业领头企业或最具竞争力的竞争对手看齐。

六、集成化供应链管理

集成理论是 20 世纪 90 年代出现的一种管理方法。集成是指人们为了实现一种新功能，将两个或两个以上不同的单元集合起来，形成一种全新的集合体。在这个集合体中，原有单元的功能之间产生相互作用，从而形成了新功能。新功能的效益并不能简单地用 1+1 来计算，它的效益要大于这个简单算式的结果。因集成而形成的全新的集合体，可以成为一种新的系统。

（一）集成化供应链管理的概念

我国 2021 年发布实施的国家标准《物流术语》（GB/T 18354—2021）中对供应链集成（Supply Chain Integration）的定义是：将供应链中的商流、物流、信息流、资金流等要素通过信息共享、计划协同和流程集成，实现系统协调与优化的动态过程。

集成化供应链管理是指供应链中的节点企业摒弃传统管理的思想和观念，通过信息技术把所有供应链成员的采购、生产、销售等业务进行整合，将企业内部以及节点企业之间的各种业务看作一个整体功能的过程。通过信息技术和现代管理方法，将企业生产经营过程中有关的要素有机地集成，并进行优化运行。通过对企业生产经营过程中的物料流、管理过程中的信息流和决策过程中的决策流进行有效控制和协调，使企业内部的供应链与企业外部的供应链有机地集成起来，达成全局动态最优目标，以适应新的市场竞争环境，满足高质量、高柔性和低成本的要求。

供应链集成策略：在整个供应链中实现生产制造与物流功能的无缝连接，从而使竞争对手不能轻易模仿。集成化供应链管理具有柔性、敏捷性和精确性等本质属性，并且逐渐向着多维的方向发展。

（二）集成化供应链管理的实现

企业从传统管理模式转向集成化供应链管理模式，一般要经过五个阶段。

1. 基础建设

这个阶段是在原有企业供应链的基础上，分析、总结企业现状和外部市场环境，评估市场的不确定性，最后完善企业供应链。

2. 职能集成

这个阶段集中处理企业内部的物流，企业围绕核心职能对物流实施集成化管理并对组织实行业务流程重构，实现职能部门的优化集成。例如，企业建立交叉职能小组，参与计划和执行项目，以加强职能部门之间的合作，解决与用户订单有关的问题。

3. 内部供应链集成

这个阶段要实现企业直接控制领域的集成，要实现企业内部集成化供应链的形成。企业可采用供应链计划和企业资源计划（ERP）系统来实施集成与控制。供应链计划集成了企业所有的计划、决策和任务，包括需求预测、库存计划、资源配置、设备管理、路径优化、基于能力约束的生产计划和作业计划、采购计划等。ERP 系统集成了企业业务流程中主要的执行职能，包括订单管理、财务管理、库存管理、生产制造管理等的执行职能。

4. 外部供应链集成

实现集成化供应链管理的关键在于这个阶段，将企业内部供应链与企业外部供应链集成起来，形成一个集成化网链。企业要与供应商和用户建立良好的合作伙伴关系。

5. 集成化供应链动态联盟

集成化供应链管理的发展趋势是建立供应链共同体，其战略核心是占据市场的领导地位。为了达成这个目标，供应链共同体随着市场竞争的加剧必将成为一个能快速重构的动态组织结构，即集成化供应链动态联盟。随着市场的变化、革新，不能满足供应链需求的企业将被淘汰。

第三节　价值链的基础理论

价值链的概念自提出以来就受到了学术界与企业界的普遍重视。经过不断实践，企业界将价值链分析法应用在企业管理的各个环节。事实证明，价值链分析法是研究竞争优势的有效工具。

一、价值链的概念

价值链的概念是由迈克尔·波特（哈佛大学教授）提出的。迈克尔·波特对价值链的理解通常被认为是传统意义上的价值链，偏重于以单个企业的角度来分析企业的价值活动、企业的竞争优势等。

就制造业而言，价值链被看作一系列连续完成的价值活动，是原材料转换成一系列产品的过程。新的价值链观点把价值链看作一些群体共同工作的一系列工艺过程，该过程以某一种方式不断地创新，为顾客创造价值。在价值链系统中，不同的经济活动单元（如供应商、企业合作者等）通过协作共同创造价值，而价值已不再受限于产品本身的物质转换。

后来，英国学者彼得·海因斯把迈克尔·波特的价值链重新定义为集成物料价值的运输线，这是价值链的另一种定义。彼得·海因斯所定义的价值链把顾客对产品的需求作为生产过程的终点，把利润作为满足这一目标的副产品，而迈克尔·波特所定义的价值链只停留于把利润作为主要目标。彼得·海因斯把原材料和顾客纳入价值链，这不同于迈克尔·波特的观点，这意味着价值链的每个成员在不同的阶段包含不同的公司，而迈克尔·波特的价值链只包含那些与生产行为直接相关或能够直接影响生产行为的成员。基于基本活动交叉功能，价值活动沿着价值链的流程比较合理地建立，而不只存在于生产作业中。信息技术的运用被看作该过程的辅助活动，与这部分相关的利润也被看作有效完成这一过程的副产品。

二、价值链的内涵

从价值形成的过程来看，企业从创建到投产经营所经历的一系列环节中，既有各项的投入，又有价值的增加，从而使这一系列环节连成一条活动成本链。价值链理论认为，企业的发展不只是增加价值，而且是重新创造价值。首先，价值系统反映了一个企业的价值链，既有内部链接，也有外部链接。企业通过管理与协调内部链接和外部链接来获得竞争优势，不同的经济活动单元通过协作共同创造价值。其次，物流企业可以通过两种基本方法来获得竞争优势，即“成本挂帅”和“独树一帜”。“成本挂帅”是指所提供的服务在成本、价格上明显优于同业竞争对手，“独树一帜”是指所提供的服务独具特色，使竞争对手不可效仿，也不能降低价格与之抗衡。最后，企业还可以通过改进产品、部署操作步骤、采用信息技术等方式来获得竞争优势。基本价值链如图 1-6 所示。

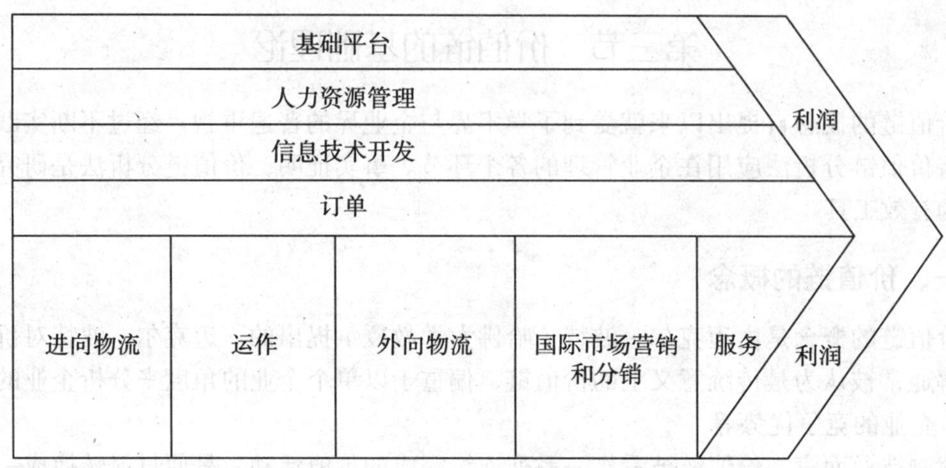

图 1–6　价值链

把价值链中相互独立的部分结合在一起的手段就是链接。当价值链中的一个元素影响另一个元素的成本或有效性时，就会发生链接。链接需要协调，为了确保按时送货到位，需要企业业务活动之间的协调。例如准时生产（JIT），它将采购方的运作与供应方的运作紧密地集成在一起。价值链存在差异。这是因为在一个企业中业务活动是受到许多变量影响的，这些变量包括工作方式、资源规模、融资来源、创新能力、劳动力技能、内部集成化程度等。

装备计算机系统可以降低行政管理的成本，而电子采购可以降低获取资源的成本。自行生产所有零配件的制造商的内部成本，通常比采购零配件自行组装的竞争对手的内部成本要高。

在工业经济时代，企业把管理集中在企业内部的价值链上。在网络经济发展的今天，企业要向外扩展其价值链，建立企业间的链接，当把信息技术整合到企业中去的时候，就产生了跨组织信息系统和企业信息系统。这种跨组织而形成的价值链网络称为价值系统，它包括供应商价值链、企业价值链、渠道价值链、客户价值链（买方价值链）。价值系统如图 1–7 所示。

图 1–7　价值系统

【关键术语】

供应链	Supply Chain
供应链管理	Supply Chain Management
价值链	Value Chain
供应链集成	Supply Chain Integration

【练习与思考】

1. 试述供应链管理产生的背景。

2. 找一家熟悉的企业，试分析其供应链的基本结构。

3. 简述供应链的概念与特征。

4. 简述供应链管理的本质目标。

5. 为什么说供应链又是价值链？

【课后案例】

华为集成化供应链变革案例

供应链集成问题解决了，企业管理问题基本上就全部解决了。企业之间的竞争其实也是供应链之间的竞争。

与变革“集成产品开发”流程相比，变革“集成化供应链”流程所遇到的挑战要大得多。这主要是因为它的覆盖范围更广，既包括企业内部销售、采购、制造、客户服务等的业务系统，又包括企业外部物流和供应商等的业务系统。

一、变革背景

由于业务发展速度很快，预测准确性较差，计划很难精准安排，大量订单发生更改，从而导致大量订单交付不及时，生产的产能和采购的物资数量也难以匹配，经常发错货，仅从供应链内部进行优化很难解决问题。

由于从预测、计划、采购到生产的整条线并没有理顺，因此企业当时的及时发货率非常低，只有 20% ~ 30%。计划和采购之间的矛盾也非常突出：计划质量不高；采购不能满足需求，采购方式非常单一。

二、集成化供应链变革

1998 年，IBM（国际商业机器有限公司）顾问通过访谈业务部门的各级领导，对华为面临的许多主要问题进行了系统的分析和诊断，并给出了在集成产品开发、集成化供应链、市场等方面的变革方向。1999—2003 年是华为集成化供应链的建设期。华为集成化供应链变革的目标是质量好、成本低、服务好、快速响应客户需求。

华为集成化供应链变革的核心部分是流程设计。其流程设计是基于供应链运作参考（SCOR）模型的。该模型的左边是供应商，右边是客户。它涉及采购、制造和物流等模块。把这几个模块完整地统一起来，就形成了主要流程的顶层结构。

在整个供应链系统中，采购的重要性不言而喻，采购流程的建设过程主要涉及四个原则：①物料分类，针对不同的物料建立专业团队；②供应商分级分层，与核心供应商要建立战略上的合作伙伴关系；③采购介入研发；④阳光采购、价值采购。

三、海外业务的供销一体化

华为在完成了集成化供应链的建设后，其业务指标有了很大改善。就国内业务而言，华为取得了不错的成绩。

在持续变革的同时，华为也开始向海外拓展。从 2005 年开始，为了支持海外业务的发展，华为开展了全球供应链建设工作，并提出了全球供应链项目。在全球供应链项目中，既要进行全球网络设计，又要进行全球供应链运作，还要进行全球需求管理。

华为深刻认识到海外业务的供销一体化有助于企业更好地运营。华为的销售部门、生产部门、采购部门定期都要参与跨部门沟通会议，找出供货能力与销售能力之间的差距，制定能够弥补差距的措施，以满足发货计划、生产计划、采购计划，进而满足客户需求。

全球物流也是重点。处理国内业务时，物流部门可以自己来掌握；而处理海外业务时，要经过大量的第三方物流企业。与国际上知名的物流企业合作是较为可靠的方式，这样能够使整个物流过程有所保障。此外，也可委托当地的一些小型物流企业负责从海关到物流基站的站点运输。

四、企业核心竞争力的提升

供应链计划是华为整体计划的重要组成部分。华为通常会制定 3 ~ 5 年的业务规划，同时每年都会做年度经营规划。供应链计划是保障企业业务发展的重要支撑。供应链计划可以分解为生产计划、采购计划等。供应链计划要考虑存货问题，同时对于快销品行业也有一些特殊的考虑。供应链能力的提升会促成企业核心竞争力的提升，从而有效推动企业高速发展。

〖问题讨论与思考〗

1. 华为为什么要进行集成化供应链变革？

2. 集成化供应链变革对其他行业适用吗？它是否具有普遍性？

3. 华为在进行集成化供应链变革后，对整个供应链网络产生了哪些积极作用？请从宏观和微观两个方面进行阐述。

第二章课件

第二章　供应链合作伙伴关系

【本章导读】

供应链本质上是一种合作伙伴关系链。不同的企业主体之间，基于共同的利益诉求和共同遵守的规则形成供应链合作伙伴关系，在为客户提供价值服务的同时，创造出互利共赢的价值链。伴随着“一带一路”倡议等全球合作理念与实践的不断丰富，企业之间的合作越来越密切，要想使企业之间的合作稳定发展下去，必须有共同的治理规则。通过本章的学习，读者可树立法治意识，明晰供应链合作伙伴之间是利益共同体和命运共同体的理念，思考如何在中国特色社会主义理论和共同富裕理念指导下构建和优化上下游分工、合作的供应链体系。

【学习目标】

通过本章的学习，了解供应链合作伙伴关系的基础理论；熟悉如何选择供应链合作伙伴；掌握如何建立供应链合作伙伴关系；知道如何评价供应链合作伙伴；理解如何管理供应链合作伙伴关系。

第一节　供应链合作伙伴关系的基础理论

一、供应链合作伙伴关系产生的背景

以前，企业之间往往是竞争性的市场交易关系。企业总是寻找各种竞争策略来打败竞争对手，企业总是在采购供应商的货品时想尽一切办法压低采购价格，并且在销售货品给客户时想尽一切办法抬高销售价格。20 世纪 80 年代以来，企业之间的关系已经不再像过去那样，在供应链管理环境下，企业之间的关系发展成为合作伙伴关系。从理论上说，企业之间的供应链合作伙伴关系是基于企业之间的合作。当企业决定从供应商处采购货品时，不仅要考虑采购价格，还要考虑许多其他因素，如供应商对客户需求的快速响应能力、供应商质量保证体系的完备性以及供应商的运输能力等。在这种合作模式中，各个企业更加关注的是建立长期发展的、高度信任的供应链合作伙伴关系。

在当今日益激烈的市场竞争中，人们越来越认识到“合作”在供应链管理中的重要性。企业要想持续发展并获得更大的收益，最佳的途径就是展开合作，从传统的企业关系转向基于合作、互惠互利的供应链合作伙伴关系。纵观企业关系演变过程，大致划分为三个阶段。企业关系演变过程如图 2–1 所示。

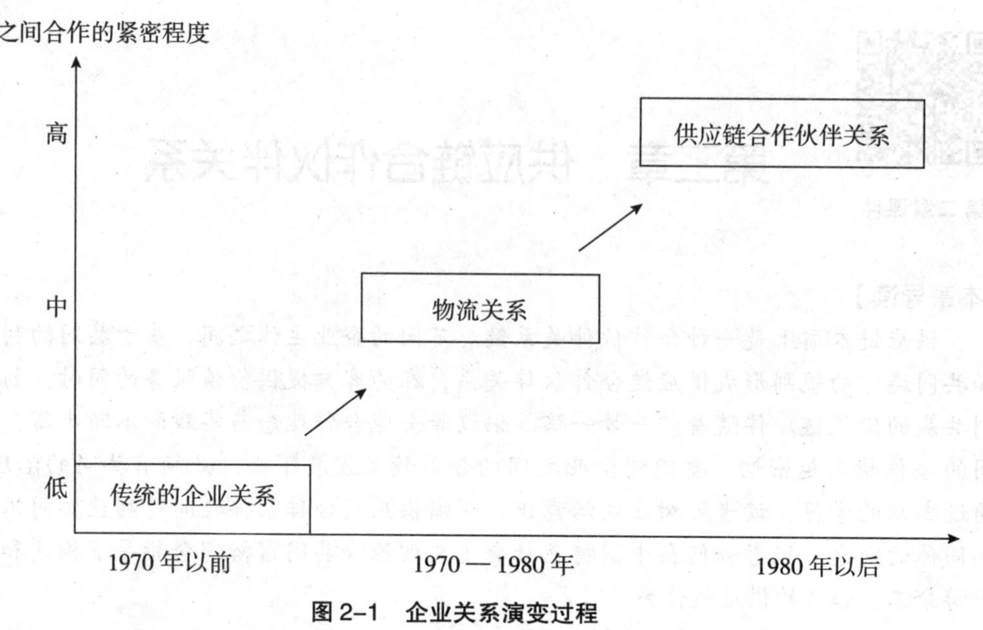

图 2-1　企业关系演变过程

传统的企业关系是一种“买方—卖方”的博弈关系。企业以生产为主，以采购、销售为辅，注重内部资源的管理和利用，企业之间很少有更深层次的合作，更谈不上企业之间的战略联盟与协作。

物流关系是传统的企业关系向供应链合作伙伴关系转变过程中的一个中间过渡。由于准时生产管理思想和全面质量管理思想的兴起，企业逐渐认识到物流的重要性。企业之间为了达到生产的均衡和物流的同步，逐渐加强了合作与沟通。企业开始关注供应商所提供原材料、零部件的质量以及物流时效，企业不再以采购价格作为唯一的标准来选择供应商。但是，这个时期的企业合作还仅仅是作业与技术层面的合作，在信息共享（透明性）、服务支持（协作性）、并行工程（同步性）、群体决策（集智性）、柔性与敏捷性等方面都不能适应 20 世纪 80 年代以后越来越激烈的市场竞争，企业需要更高层次的合作与集成。因此，产生了供应链合作伙伴关系。

供应链合作伙伴关系可以促成企业之间更高层次的合作，体现了企业内外部资源的集成与优化利用。在供应链合作伙伴关系中，企业往往选择在优质服务、技术革新、产品设计等方面能提供合作的供应商。在这种企业关系中，供应商与制造商把各自的需求和技术集成在一起，以实现为制造商提供最有用的产品为共同目标。基于这种企业关系的产品制造过程，从产品的研究开发到投放市场的周期大大缩短了，而且顾客定制化程度更高，模块化、通用化、标准化组件的生产模式使企业在多变的市场中柔性和敏捷性显著增强。虚拟制造与动态联盟加强了业务外包策略的应用。从中低层次的企业内部业务流程重组上升到企业之间更高层次的合作，这达成了一种较高级别的企业集成模式。供应链合作伙伴关系强调合作，强调企业之间相互信任，强调企业之间共同努力实现生产计划并解决问题。

二、供应链合作伙伴关系的含义及特征

对于整个供应链来说，企业之间相互沟通、协调、信任是至关重要的。供应链合作

伙伴关系是指在供应链中，两个或两个以上独立的成员之间建立的以合作、共赢为出发点的一种协调关系，以保证实现某个特定的目标或利益。供应链合作伙伴是指在一定时期内与供应链核心企业建立相互信任、共担风险和共享利益的合作协议关系的组织和企业。供应链合作伙伴与核心企业之间通常是供应商—制造商关系或者买方—卖方关系。

供应链合作伙伴关系形成于集成化供应链管理环境下，形成于供应链中为了特定的目标和利益有机结合在一起的企业之间。建立供应链合作伙伴关系的目的是降低供应链成本、削减供应链上的库存、加强信息共享、增强竞争优势，以实现供应链节点企业在质量、产量、客户满意度、业绩等方面的改善和提高。

实施供应链合作伙伴关系就意味着新产品 / 技术的共同开发、数据和信息的相互交换、市场机会共享和市场风险共担。供应商所提供的各种生产要素（原材料、能源、机器设备、零部件、技术和劳务服务等）的数量、价格，直接影响到制造商生产过程的组织成本和产品质量。制造商与供应商的合作应着眼于以下几个方面。

（1）供应商应了解制造商的生产程序和生产能力，能够清楚地知道制造商所需原材料的期限、质量和数量。

（2）制造商应向供应商提供经营计划、经营策略及经营措施，使供应商能随时达到制造商的要求。

（3）制造商应与供应商明确双方的责任，并各自为对方负责，双方应明确共同的利益所在，并为此团结一致，达到双赢的目标。

在供应链合作伙伴关系中，从以产品 / 物流为核心转向以集成 / 合作为核心。供应商与制造商的交换不仅仅是物料上的交换，还包括一系列服务上的交换。供应链合作伙伴关系具有以下五个鲜明的特征。

（1）高度的信任机制。供需双方相互信任、共担风险。

（2）有效的信息共享。供需双方更为自由地交换成本、进程与质量等信息。

（3）需方直接参与供方的产品研制，共同寻求解决问题的途径。

（4）长期稳定的合同关系。

（5）以实现双赢为目标。供需双方有共同的目标，并为共同的目标制订有挑战性的改进计划，实现双赢。

三、供应链合作伙伴关系与传统企业间关系的区别

供应链合作伙伴关系与传统企业间关系有着很大的不同，具体如表 2–1 所示。

表 2–1　　供应链合作伙伴关系与传统企业间关系的区别

	供应链合作伙伴关系	传统企业间关系
关系基础	以战略联盟为基础	以市场交易为基础
相互交换的主体	物料、服务	物料
供应商选择标准	全面、系统的标准	强调价格
稳定性	长期、稳定、紧密的合作	变化频繁，经常更换

续表

	供应链合作伙伴关系	传统企业间关系
合同性质	开放合同（长期）	单一
供应批量	大	小
供应商数量	少而精	大量
信息交流	信息共享	信息专有
质量控制	从源头控制（质量保证）	输入检查控制（进货检验）
选择范围	国内外广泛评估	当地投标评估
职能领域	相互作用大	相互作用小
企业间关系	合作	竞争

四、伙伴型供应商关系的含义及特征

伙伴型供应商关系是企业与供应商之间达成的最高层次的合作关系，它是指在相互信任的基础上，供需双方为了实现共同的目标而采取的共担风险、共享利益的长期合作关系。具体来说，伙伴型供应商关系包含以下特征。

（1）相互依赖的长期合作关系。

（2）供需双方共同确定合同内容并且在各个层次都有相应的沟通。

（3）供需双方共同开发、创造。

（4）供需双方以严格的标准来衡量合作表现，相互不断提高。

伙伴型供应商关系中有一个重要的概念，就是供应商的早期参与和采购方的早期介入。在采购过程的早期，影响价值的机会比后期要大得多。供应商与采购方在早期的共同介入将大大改善工艺设计、再设计、价值分析等活动。缩短循环周期、提高效率、降低成本等好处使许多企业将供应商纳入自己的职能交叉团队。供应商会共同参与企业的活动，或自愿发展成为供应链合作伙伴。

企业与供应商建立长期合作关系，可以缩短供应商的供应周期，提高供应商的灵活性；可以降低企业原材料、零部件的库存，降低企业的管理费用，加快企业的资金周转。企业加强与供应商的沟通，可以改善订单的处理过程，提高原材料、零部件的质量，加快产品的研发速度。企业与供应商共享管理经验，可以推动整体管理水平的提升。

五、供应链合作伙伴的类别

微课：供应链合作伙伴的类别

在供应链管理环境下，供应链合作伙伴的运作需要减少供应源的数量，相互的连接变得更专有。在全球市场范围内，要寻找最杰出的供应链合作伙伴。供应链合作伙伴可分为两个层次：重要合作伙伴和次要合作伙伴。重要合作伙伴是少而精、合作密切的伙伴，而次要合作伙伴是多而杂、合作不密切的伙伴。若有变化，对重要合作伙伴影响较大，而对次要合作伙伴影响较小。根据在供应链中的增值作用和竞争力，供应链合作伙伴可分为四个类别：普通的合作伙伴、有影响力的合作伙伴、技术性合作伙伴、战略性合作伙伴，如图 2–2 所示。

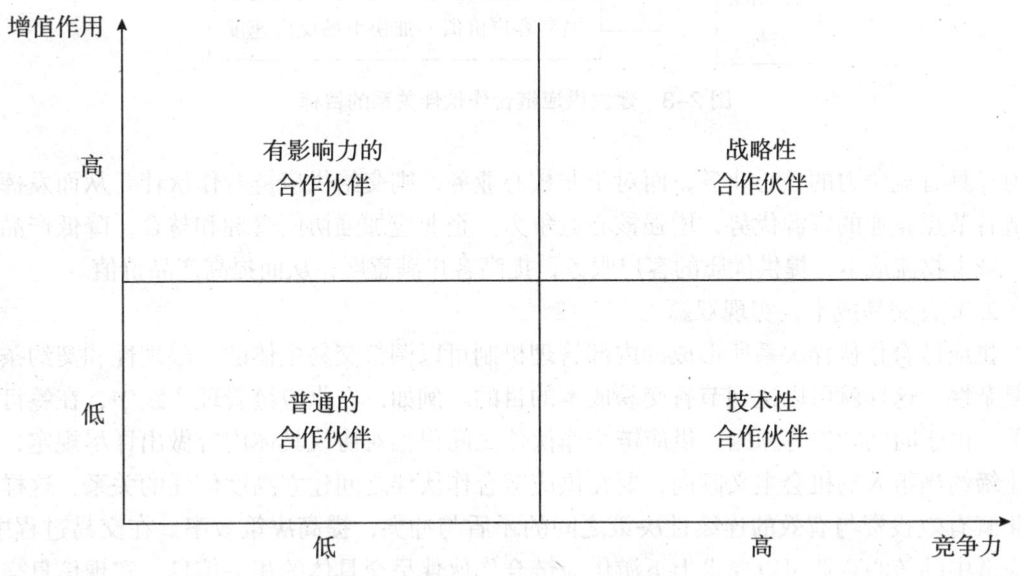

图 2–2　供应链合作伙伴分类矩阵

根据图 2–2 可知，纵坐标代表的是供应链合作伙伴在供应链中的增值作用，对于供应链合作伙伴来说，如果它不能对增值做出贡献，那么它对供应链中的其他企业就没有吸引力；横坐标代表的是供应链合作伙伴在供应链中的竞争力，具体表现在设计能力、特殊工艺能力、项目管理能力等方面。在实际运作中，应根据不同的需求选择不同类别的供应链合作伙伴。就长期需求而言，要求供应链合作伙伴维持较高的增值率和较强的竞争力，因此战略性合作伙伴是最好的选择；就短期需求而言，选择普通的合作伙伴即可，以保证成本最优化；就中期需求而言，可根据供应链合作伙伴对供应链的重要程度的不同，相应地选择有影响力的合作伙伴或技术性合作伙伴。

六、建立供应链合作伙伴关系的目标

供应链合作伙伴关系的建立，可以使合作的各方获益，主要表现在良好的供应链合作伙伴关系可以改善各方间的交流，保持战略伙伴相互之间业务节奏的一致性。归纳起来，建立供应链合作伙伴关系主要是为了实现以下三个目标，如图 2–3 所示。

微课：建立供应链合作伙伴关系的目标

1. 增强核心竞争力，提高产品价值

随着信息技术的飞速发展，经济全球化使企业之间的竞争愈演愈烈。任何一个企业都不可能拥有全面的、绝对的核心资源来应对同行间的竞争压力，也不可能单独地与其他竞争对手抗衡。企业应集合战略联盟的整体力量，维护团队的共同利益。供应链中的核心企业只需要抓住能创造核心

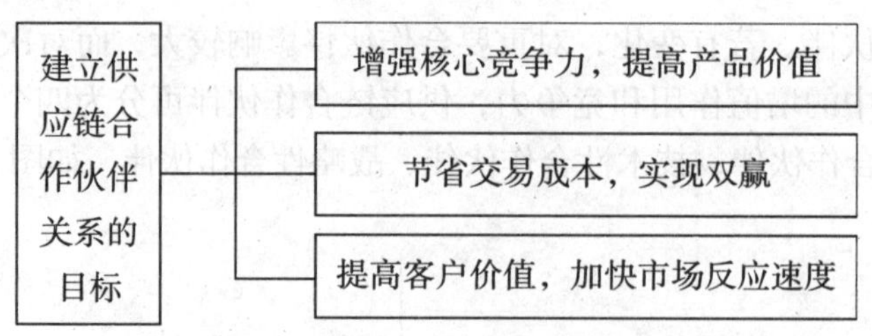

图 2-3 建立供应链合作伙伴关系的目标

价值、具有竞争力的核心业务，而对于非核心业务，则交给供应链合作伙伴，从而发挥供应链各节点企业的资源优势，增强核心竞争力。企业应加强协同管理和整合，降低产品成本，减少物流成本，提供优质的客户服务，提高客户满意度，从而提高产品价值。

2. 节省交易成本，实现双赢

供应链合作伙伴关系所形成的内部管理机制可以调整交易主体的有限理性和契约条件的复杂性，这样就可以达到节省交易成本的目的。例如，在供应链管理实践中，在签订协议前，由于时间紧迫等原因，供应链合作伙伴之间很难对协议具体内容做出详尽规定，为防止缔约当事人的机会主义倾向，要在供应链合作伙伴之间建立高度信任的关系，这样可以化解有效投资与有效的连续性决策之间的矛盾与冲突，提高决策效率。在交易过程中，供应链中的核心企业可以要求上下游供应链合作伙伴呈交具体的相关信息，实现信息交换与共享，这样就避免了由于信息不完全、不准确和不对称而带来的风险。供应链合作伙伴间的高度合作与相互信任，可以相应地减少事前或事后的不确定性和不稳定性。

供应链合作伙伴在运作过程中，如果环境发生变化或者出现矛盾与冲突，供应链合作伙伴关系所形成的内部管理机制允许其对交易条件进行适应性的修改。供应链各节点企业为了实现长期合作，可以预测收益，以此加强对交易成本的控制，实现双赢。

3. 提高客户价值，加快市场反应速度

企业的价值等于其客户关系价值的总和。企业的价值是由客户的数量和质量决定的。从这一意义上讲，提高客户价值也就是提高客户为企业带来的价值。可见，从满足客户需求到满足有价值的客户需求，这个转变过程也就是客户地位不断提高的过程。为了适应这一变化，企业要更好地满足客户需求，以期与其保持长期的供应链合作伙伴关系。供应链各节点企业更关注的是会为其长期发展带来益处的客户需求。

由客户需求所产生的拉动式供应链，通过完善客户关系管理、提高客户价值来增强核心竞争力，这是供应链合作伙伴关系的内在追求。日益加剧的市场竞争迫使战略联盟不遗余力地提高市场反应速度，实现定制化服务，为客户提供增值服务。

第二节　选择供应链合作伙伴

一、选择供应链合作伙伴的标准

既然供应链合作伙伴关系如此重要，那么到底怎样选择供应链合作伙伴呢？用什么样的标准来选择就势必成为需要考虑的因素。

（一）兼容

兼容是一个成功的合作关系所必须具备的要素。两个进行合作的企业，如果缺少兼容，不管它们的业务关系在战略上多么重要，也不管它们彼此都多么有能力，都将很难经受时间的考验，也很难适应变化的市场环境，它们首先要做的事情是能够一起工作。兼容是合作双方保持良好关系的基石。兼容并不意味着没有任何摩擦，只要合作双方相互尊重，就能解决分歧。

寻找一个兼容的供应链合作伙伴，最好的办法就是从现有的客户中进行选择。第一，以前往来的经历可为两个企业能否友好相处提供有力的证据；第二，人际间的关系纽带已经建立，在通常的情况下，巩固与已彼此了解的企业的关系要容易得多；第三，每个企业对合作方的业务能力、商业理念和企业文化都有一个比较清楚的看法，合作双方对将要组建的新业务都很熟悉。

虽然从现有的客户中选择供应链合作伙伴有诸多好处，但是在考虑合作时也不要过分依赖对方。与一个已有业务关系的企业发展供应链合作伙伴关系风险较小，一般企业可能不愿意花时间找一个新的企业合作。这样，它就可能把自己的视野局限在了现存客户这个狭小的范围之内，从而丧失了为特定业务找到最佳合作者的机会，也许某家企业在技术和能力上是最适宜的，但由于是不熟悉的新的企业，因此不会被选择。一般企业选择熟悉的合作方时会错失吸引最佳合作者的机会。

企业可从以下几个方面来考虑潜在供应链合作伙伴的兼容。

（1）在企业规模与业务能力上的兼容。

（2）合作双方现存网络的兼容。

（3）通过以往合作的记录测试兼容。

（4）从企业战略方面测试兼容。

（5）从企业文化方面测试兼容。

（6）从企业的组织管理和实践方面测试兼容。

（7）从生产方面测试兼容。

（8）从市场销售和分配方面测试兼容。

（9）从财务方面测试兼容。

（10）从安全、健康与环境策略方面测试兼容。

（二）能力

潜在供应链合作伙伴的能力是一个非常重要的要素。合作双方必须有能力进行合作，合作才有价值。在评价能力时，企业应当为每一个潜在供应链合作伙伴准备一份档案资料，以便更好地评价其优势和劣势。归纳起来，主要应当评价以下几点。

（1）在拟合作的领域，与哪些企业合作更活跃？

（2）潜在供应链合作伙伴的市场实力如何？是市场的主导者吗？

（3）潜在供应链合作伙伴的技术水平、生产能力、销售网络如何？

总的来讲，大部分企业都要求合作者有能够对合作关系投入互补性资源的能力。合作的组建需要寻找能够帮助企业克服自身劣势的供应链合作伙伴。

在企业与潜在供应链合作伙伴进一步接触之前，也要对其能力进行严格测试。相关参与人员组建成立了一个专家小组来进行能力测试，专家小组的人员结构和调查范围主要取决于合作者的企业性质与合作范围，专家小组的人员应包括管理、财务、法律等方面的专家。每个企业都会尽可能地美化自己，包装自己有先进的技术、高素质的管理人员和销售人员、优秀的销售网络等。但当能力测试的结果与其宣传的不一致（如其资产负债与专家小组所做的分析不一致）时，这里面就潜藏着风险。

（三）投入意识

找一个与自己有同样的投入意识的合作者是合作关系成功的要素。若合作者有能力且兼容，但只要合作者不愿意向合作关系投入时间、精力和资源，合作关系就很难适应多变的市场环境。因此，在最终决定与潜在供应链合作伙伴建立合作关系之前，必须通过测试以确定对方是否有同样的投入意识。对投入意识的测试可以归纳为以下两点。

（1）合作业务是否属于对方的核心业务范围。如果拟建立合作关系的业务对合作者来说是微不足道的，那么合作者很有可能不愿向合作业务投入必要的时间、精力和资源，在这种情况下，合作者还有可能退出合作关系，使合作双方处于进退两难的境地。然而，如果合作业务属于对方的核心业务范围，顺应对方的主要发展方向，这种风险便会大大降低。

（2）确认合作者是否有退出合作关系的可能性。合作关系面临的危险之一就是在合作双方把合作业务纳入企业战略并且投入大量的时间、精力和资源后，合作者却突然要求退出合作关系，从而使合作双方陷入进退维谷的境地。因此，在最终决定与潜在供应链合作伙伴建立合作关系之前，必须确认这种可能性有多大，测试合作者退出合作关系的困难程度。

二、选择供应链合作伙伴的原则

在供应链合作伙伴的选择过程中，应该根据不同的供应链组成形式和具体任务制定不同的原则，一般的通用性原则主要包括以下内容。

（1）核心竞争力原则。供应链合作伙伴必须具有核心竞争力，且其核心竞争力必须是供应链所需要的。只有结合各合作企业的核心竞争力，才能提高整条供应链的运作效率。

（2）供应链成本核算原则。供应链合作伙伴关系实现供应链成本最小化，实现多赢的战略目标。供应链合作伙伴之间应该具有良好的信任关系，降低连接成本。

（3）敏捷性原则。供应链管理的一个主要目标就是把握快速变化的市场机会，因此要求各合作企业具有较高的敏捷性，对来自供应链的服务请求具有快速反应能力。

（4）风险最小化原则。供应链运营具有一定的风险，市场风险依旧存在，只不过在各合作企业之间得到了重新分配。因为各合作企业拥有不同的组织结构、技术标准、企业文化和管理观念，所以它们必须认真考虑风险问题并尽量减少供应链运营的风险。

（5）企业价值观及战略思想一致原则。企业价值观的差异主要表现在：是否强调投资的快速回报，是否尊重市场规律等。战略思想的差异主要表现在：市场策略是否一致，注重价格还是注重质量等。由此可见，如果企业价值观及战略思想差距过大的话，企业间是很难实现合作的。

违背上述原则将会极大影响整条供应链的运作效率。若违背核心竞争力原则和供应链成本核算原则，会难以满足供应链外部经济性的要求；若违背敏捷性原则，则不能保证快速迎合市场机遇；若违背风险最小化原则，会为供应链运营埋下巨大的隐患；若违背企业价值观及战略思想一致原则，则很难达成合作。因此，在选择供应链合作伙伴时，必须全面、认真地考虑以上原则。

上述原则只是用于选择供应链合作伙伴的一般的通用性原则。由于供应链上的核心企业的具体目标的差异，有时可能并不只限于上述原则，根据具体问题还要考虑很多其他方面的原则。

三、选择供应链合作伙伴的方法

选择供应链合作伙伴的方法有很多，一般要根据供应单位的多少、对供应单位的了解程度以及物资需求的紧迫性等来确定。国内外较常用的方法有以下几种。

（一）直观判断法

直观判断法是根据征询和调查所得的资料并结合主观判断，对供应链合作伙伴进行分析、评价的一种方法。这种方法采纳了有经验的采购人员的建议，采购人员可凭经验直接做出判断。直观判断法可用于选择为企业供应非主要原材料的供应链合作伙伴。

（二）招标法

招标法是指由企业提出招标条件，企业按照规定程序组织技术、经济和法律等方面的专家对众多投标者进行综合评审，从中择优选定中标者，与其签订合同或协议的一种方法。企业既可以公开招标，也可以指定竞标。公开招标对投标者的资格不予限制；指定竞标则由企业预先选择若干个可以建立良好合作关系的投标者，然后再进行竞标和决标环节。

招标法适用于订购数量大、市场竞争激烈的情况。招标法竞争性很强，企业能在更广泛的范围内选择适当的供应链合作伙伴，以争取有利的供应条件、获得便宜而适用的物资。然而，招标法手续繁杂、时间长、订购机动性差（招标法不适用于紧急订购的情况）。此外，企业对投标者了解不够或合作双方未能充分协商时，容易造成货不对路或不能按时到货的情况。

（三）协商选择法

协商选择法是指企业先选出供应条件较为有利的几个潜在供应链合作伙伴，然后再分别进行协商，最后确定适当的供应链合作伙伴的一种方法。

协商选择法适用于供货方较多令企业难以抉择的情况。由于供需双方能充分协商，在物资质量、交货时间和售后服务等方面都有保障。但由于选择范围有限，企业不一定能谈到最合理的价格、最有利的供应条件。当采购时间紧迫、投标者数量少、竞争程度小、物资技术条件复杂时，协商选择法比招标法更为合适。

（四）采购成本比较法

采购成本比较法是通过计算、比较、分析采购成本（一般包括采购费用、运输费用等）来选择供应链合作伙伴的一种方法。采购成本比较法可以使供应链合作伙伴的物资质量、交货时间等满足企业需求。

（五）成本分析法

成本分析法是通过计算、比较、分析供应链成本来选择供应链合作伙伴的一种方法。成本分析法可以帮助企业分析因采购活动而产生的直接成本和间接成本。

（六）层次分析法

层次分析法的基本原理：根据具有递阶结构的目标和子目标、约束条件等来评价方案，采取两两比较的方法确定判断矩阵，把判断矩阵的最大特征所对应的特征向量的分量作为相应的系数，最终综合给出各方案的权重。评价者需要对照相对重要性的函数表，给出因素两两比较后的重要性等级。

层次分析法可靠性高、误差小，其不足之处是当因素众多、规模较大时，判断矩阵难以满足一致性要求，容易出现问题。该方法作为一种定性和定量相结合的工具，已在许多领域得到了广泛应用。

（七）神经网络算法

人工神经网络（ANN）是20世纪80年代后期迅速发展的一门新兴学科。人工神经网络可以模拟人脑的某些智能行为，如知觉、灵感和形象思维等，具有自学习、自适应和非线性动态处理等特征。基于人工神经网络，可以建立更加接近人类思维模式的定性和定量相结合的综合评价、选择供应链合作伙伴的方法——神经网络算法。神经网络算法可以通过对给定样本模式的学习，获取评价专家的知识、经验、主观判断以及对目标重要性的倾向。

神经网络算法的总体流程结构如图2–4所示。

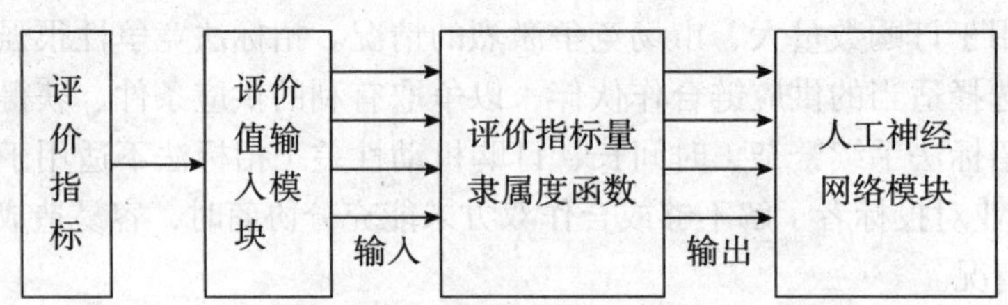

图2–4 神经网络算法的总体流程结构

当综合评价、选择供应链合作伙伴时，神经网络算法可以再现评价专家的思维模式，实现定性和定量相结合，也可以较好地保证结果的客观性。

四、选择供应链合作伙伴的步骤

事实证明，建立供应链合作伙伴关系并不是一件容易的事，不仅需要供需双方做大量的工作，还需要企业间的共同承诺、相互信任。供应链合作伙伴关系的风险在于一个供应链合作伙伴的失败或不配合可能导致整个供应链处于非有效运营状态，造成巨大的损失。因此，对供应链合作伙伴的选择，应该分步骤地、综合地考虑多种因素。选择供应链合作伙伴可以归纳为以下步骤，如图 2–5 所示。

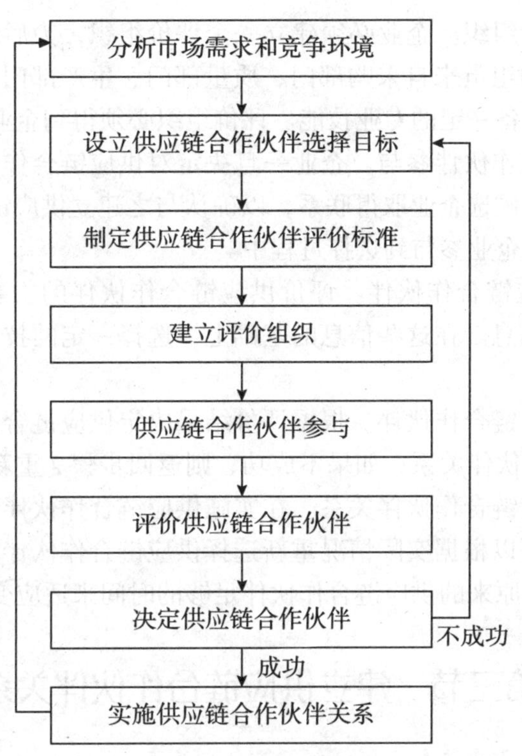

图 2–5　选择供应链合作伙伴的步骤

企业必须确定每个步骤的开始时间，每个步骤对于企业来说都是动态的，并且每个步骤对于企业来说都是一次改善业务的过程。

步骤 1：分析市场需求和竞争环境。市场需求是企业一切活动的动力源泉。分析市场需求和竞争环境的目的在于找到要针对哪些产品实施供应链合作伙伴关系，企业必须知道现在的市场需求是什么，对应什么样的产品类型和产品特征，了解竞争环境，确认选择供应链合作伙伴的必要性。与此同时，企业要分析现状、总结存在的问题。

步骤 2：设立供应链合作伙伴选择目标。企业必须考虑需要什么样的供应链合作伙伴，如何设立供应链合作伙伴选择目标，如何运作整体流程，交给哪些部门负责等问题。企业必须设立实质性的目标，降低成本是主要目标之一。对供应链合作伙伴的选择，不仅是一个简单的选择过程，还是一次企业之间业务流程重构的过程，只要实施得好，就可以为企业带来一系列的利益。

步骤 3：制定供应链合作伙伴评价标准。供应链合作伙伴综合评价指标体系是企业对供应链合作伙伴进行评价的标准，是在竞争环境这个复杂系统中不同属性的指标按隶属关系、层次结构有序组成的集合。根据系统全面性、简明科学性、稳定可比性、灵活可操作性的原则，建立供应链合作伙伴综合评价指标体系。不同行业的不同企业在不同竞争环境下的供应链合作伙伴综合评价指标体系应该是不一样的，可能会涉及供应链合作伙伴的业绩、设备管理、人力资源、质量控制、成本控制、技术开发、客户满意度、交货协议等方面。

步骤 4：建立评价组织。企业必须建立一个评价组织，为后续评价供应链合作伙伴做好准备。评价组织的组员来自采购部门、质量部门、生产部门、工程部门等，组员必须有团队合作精神并具备一定的专业技能。评价组织必须得到企业最高领导层的支持。

步骤 5：供应链合作伙伴参与。企业一旦决定对供应链合作伙伴进行评价，评价组织就必须与初步选定的候选企业取得联系，以确认与之建立供应链合作伙伴关系的意愿，以便尽可能早地让这些企业参与到选择过程中。

步骤 6：评价供应链合作伙伴。评价供应链合作伙伴的主要工作是调查、收集有关生产运作等方面的信息。在这些信息的基础上，选择一定的技术方法评价供应链合作伙伴。

步骤 7：决定供应链合作伙伴。根据评价结果决定供应链合作伙伴，如果成功，则可开始实施供应链合作伙伴关系；如果不成功，则返回步骤 2 重新开始。

步骤 8：实施供应链合作伙伴关系。在实施供应链合作伙伴关系后，市场需求和竞争环境将不断变化，可以根据实际情况重新选择供应链合作伙伴。在重新选择供应链合作伙伴的时候，应给予原来的供应链合作伙伴足够的时间来适应变化。

第三节　建立供应链合作伙伴关系

一、影响供应链合作伙伴关系的因素以及存在的问题

（一）影响供应链合作伙伴关系的因素

供应链合作伙伴关系给供应链节点企业带来的利益和价值得到了广泛的认可，但是要维持这种关系绝非易事。影响供应链合作伙伴关系的因素有很多，主要列举如下。

1. 信任

信任是至关重要的。良好的供应链合作伙伴关系是供应链节点企业之间保持良好的沟通、建立相互信任的关系。信任能使供应链节点企业共享有价值的信息，投入时间和精力来理解相互之间的业务，取得超出单独行动所能获得的成绩。相互合作的企业并不一定总是能做出让对方高兴的事情，只有在信任的基础上建立供应链合作伙伴关系，才能在对方做了对自己不利的事情时，通过良好的沟通努力找出解决方案并达成相互谅解，从而化解矛盾。拥有信任，合作双方就更愿意在一起工作，共同找到解决问题的折中办法。从长期来讲，合作双方愿意达成互惠互利的共识；从短期来讲，合作双方愿意做帮助对方的事情。

2. 愿景和目标

供应链节点企业的愿景和目标越一致，就越有利于维持供应链合作伙伴关系。相互合

作的企业需要了解对方的企业结构和企业文化，并共同建立统一、一致的运作模式，从而克服业务流程上存在的障碍。除此之外，合作双方还要了解对方长远的企业发展规划。

3. 利益

利益是合作的基础，供应链节点企业之间只有拥有共同的利益，才能建立供应链合作伙伴关系。那么，在存在共同利益的前提下，如何实现供应链增值的最大化？找出公平合理的利益分配机制是维持供应链合作伙伴关系的关键。

4. 企业高层主管的支持

供应链合作伙伴关系必须要得到企业高层主管的支持。供应链节点企业之间的合作最终需要人来推动和执行。在合作过程中，双方企业高层主管的关系越融洽、越亲密，就越有利于建立并维持供应链合作伙伴关系。企业高层主管所表现出来的积极参与的态度，可以为后续解决复杂问题打下良好的基础。

成功的合作会使双方企业高层主管不断发现一些拓展业务的机会。企业高层主管要在内部确立正确的态度，在合作的道路上难免会发生一些碰撞和摩擦，这时应该采取协作的方式来解决矛盾，而不是相互指责。

5. 信息共享和沟通畅通

信息是供应链节点企业之间合作的"纽带"。供应链节点企业之间需要紧密合作、信息共享，它们相互间进行技术交流并提供设计支持。为了使沟通畅通，供应链节点企业之间应该建立正式和非正式的沟通渠道。当沟通畅通后，许多冲突便可以解决。例如，提早向供应商通告有关产品规格的变化和新产品的推出，这对建立并维持供应链合作伙伴关系有着积极的贡献。供应链节点企业之间应该阶段性见面并对合作过程中遇到的问题提出改善建议。

6. 能力

供应链节点企业必须具备跨部门协作、跨平台沟通、自我修正等能力。在建立供应链合作伙伴关系之前，企业需要对想要合作的供应商进行有关能力方面的全面调查。企业中意的供应商，需要有相应的技术储备和人才储备来支持新产品和服务的开发，从而提高企业在市场中的核心竞争力。供应商凭借精准的能力，来满足企业在成本、质量和配送方面的需求，以快速适应不断变化的市场环境。

7. 变革

变革所带来的压力，有时会导致关注点的转移。因此，当供应链合作伙伴发生变化时，企业必须避免由变革带来的偏离核心业务的影响，随时准备应对由供应链合作伙伴带来的新变化。

除上述影响因素之外，柔性、资源等也是很重要的影响因素。当然，上述影响因素并不是独立地影响供应链合作伙伴关系，而是相互作用共同产生影响。要建立并维持有效的供应链合作伙伴关系，必须综合、全面地考虑各个影响因素，只有找出供应链上的"瓶颈"企业，才能最大限度地提高供应链效率。

（二）存在的问题

建立牢固的供应链合作伙伴关系并不容易，其中也存在着问题，这正是学者研究的原因所在。随着企业与供应商之间的猜疑不断增加，进行合作和双边投资的动力会减退，而业务活动亟需分享敏感信息，以便抓住机会并获得联合性成功。如果某一方怀疑对方有机会主义行为，则该企业将不愿意分享敏感信息，这将对业务活动产生不利影响。

1. 供应链合作伙伴关系中存在的主要问题

（1）整条供应链过分依赖供应商。例如，若制造商将某一关键技术或服务外包给某个特定的供应商，而当该供应商无法按期完成任务时，制造商的产品将比竞争对手的产品晚上市，这就意味着制造商将失去一部分市场份额。

（2）丧失核心竞争力。如果制造商并不明确自己的核心竞争力，把大量部件外包出去，那么制造商有可能永远丧失核心竞争力。

（3）利益分配问题。供应链合作伙伴关系中的利益分配问题会直接影响整个供应链的合作效果。若利益分配失衡，会违背公平、公正原则，降低供应链效率。

（4）供应链合作伙伴容易互相猜疑。供应链合作伙伴之间的信任决定了整条供应链的命运。

（5）信息不对称。若想求得供应链整体的最优解，供应链各节点企业必须将全部信息共享出来。然而，供应链各节点企业作为独立的经济主体，虽然长期进行合作，但是相互之间也存在着竞争。供应链各节点企业出于自身利益的考虑，有时会故意隐瞒或谎报数据，造成信息不对称，影响供应链效率的最大化，使供应链各节点企业合作的决心受挫。

2. 我国企业合作模式中主要存在的问题

（1）缺乏对市场的主动性和积极性。企业通常过多关注内部资源，忽视外部资源，从而造成企业外部资源利用率较低。企业与上游供应商、下游销售商没有形成真正意义上的合作，也没有形成战略联盟。

（2）对供应链管理认识不足。企业管理人员，尤其是高管人员，缺乏供应链管理理念。他们常常用传统的思维模式做决策，而没有意识到需要建立新型的企业关系来适应市场环境的变化。在供应链管理环境下，企业不再是传统意义上的独立的组织结构，而是跨组织边界的超组织结构。供应链管理强调的是企业间的长期合作、互惠互利、利益共享、风险共担。

（3）复杂的“委托—代理”模式。企业管理人员具有双重身份，既是委托人又是代理人，比常规情况更为复杂。

（4）企业合作模式中的短期行为普遍存在。企业管理人员特殊的选拔、任命机制必然造成企业合作模式中的短期行为，因而企业间难以形成长期合作的关系。因为在职的企业高管人员只关注他们任期内的业绩，所以他们不会长远地考虑企业的发展。

（5）企业间存在“剥削”关系。目前的合作大多是围绕着供应链上的核心企业（大型知名企业）展开的。例如，下游销售商要依靠核心企业来促成产品的销售，从而形成一种依附关系。这种依附关系常常畸变为企业间的“剥削”关系。核心企业的高利润往往不是源于整条供应链的高效率合作，而是源于对上下游企业利润的“剥削”。核心企业常常将风险转移到上游供应商或下游销售商，通过强行压低产品价格的方式来降低成本。

（6）未充分利用信息技术。企业间用于信息传递的技术手段相对落后。一方面，信息技术（如通信技术、网络技术）的资金投入不足；另一方面，企业员工缺乏对信息技术的认识，工作效率较低。有时不同企业使用不同的信息平台，兼容性差，企业间很难进行信息传递。

这些存在的问题使我国企业合作模式受到极大的阻力。随着国内外市场竞争的加剧，我国的国际地位显著提高，企业迫切需要改善现有的运行机制和管理模式。因此，完善企业合作模式、建立成功的供应链合作伙伴关系是重中之重。

二、供应链合作伙伴关系的改进对策

随着经济全球化的不断深入和信息技术的快速发展，竞争的形态发生了很大的变化，由同行业企业之间的竞争演变为一系列供应链之间的竞争。不可否认，供应链确实能给各节点企业带来诸多好处，但供应链各节点企业仍然是市场中独立的经济主体，彼此之间存在着潜在利益冲突、信息不对称等问题。

在当前的市场环境下，企业若想求得发展就必须建立供应链合作伙伴关系，通过整条供应链的协作来降低成本、提高效益，从而增强企业竞争力。供应链合作伙伴关系的改进对策列举如下。

1. 转变经营观念，优化供应链配置

同一条供应链上的企业之间不是“输一赢”式的交易关系，而是相互协调、共同发展的双赢关系。企业之间的稳定合作并不会增加成本，反而会削减成本。同时，建立供应链合作伙伴关系不仅是为了提高单个企业的效益，更是为了提高整条供应链的效益。同一条供应链上的企业都要以供应链整体效益最优化为目标，优化供应链配置，使资源和信息能在整条供应链上得到最优分配。

2. 以常规方式，提高供应链整体盈利水平

在日益开放的市场条件下，企业要想在竞争中取得长期优势，必须依靠供应链整体盈利水平的提高。供应链合作伙伴关系的稳定势必会带来企业常规利润的增加，从而增强企业的竞争力。供应链各节点企业应该将压缩成本的观念渗透到业务活动的各个环节。例如，运用先进的信息技术降低人力成本；扩大生产规模形成规模效益；进行流程重组，消除不必要的浪费；减少流通成本，开拓市场空间。同时，供应链上的核心企业应该认识到帮助供应链合作伙伴进行技术开发虽然会增加开发成本，但能提高供应链整体盈利水平。如果供应链上的核心企业利用自己的技术优势，协助上游供应商进行技术革新，则可以帮助上游供应商提高生产效率，降低生产成本。这样可以在获得价格优惠的同时，提高产品采购质量。

3. 加强社会信用体系建设，构建信任机制

企业之间建立良性的供应链合作伙伴关系、建设高度透明的社会信用体系是必要的。我国企业供应链中会出现大量问题的根源是社会信用体系不健全，从而导致企业信用无法考证，企业之间无法相互信任。应建立一个类似“信用银行”的机构，该机构负责全面调查每个企业的信用状况，每个企业的信用状况可以在该机构中被查询。同时，应加

强信任机制构建，提高整体国民素质和信用水平。企业应该规范行为，在合作过程中认真履行在供应链上的义务。同时，企业也要加强法律意识，通过签订合同的方式，明确权利和义务。

4. 完善信息系统，实现信息共享

在当前的市场环境下，信息对于企业来说是非常重要的资源。建立供应链合作伙伴关系的前提是企业必须树立信息共享的合作观念。实现信息共享的第一步就是完善企业之间的信息系统。企业之间的信息系统包括销售时点系统（POS）、电子数据交换（EDI）系统、管理信息系统（MIS）等。不管是供应链上的核心企业，还是上下游合作企业，都要主动地共享信息，与其供应链合作伙伴在生产计划、促销计划等方面进行商讨。此外，同一条供应链上的企业之间必须建立一套统一的标准，以便使信息在信息系统中快速、准确地传递。如果在当前的市场环境下，仍然依靠传统的方式进行企业之间的信息传递，那么势必会导致信息的失真，同时也会浪费大量的时间、金钱和劳动力。另外，信息系统的运用还可以帮助供应链上的核心企业实现供应商管理库存，从而提升整条供应链的运作效率。

三、建立供应链合作伙伴关系的意义

供应链管理的本质就是同时实现产品质量、服务水平与运作成本的优化，不需要在库存与缺货之间平衡。理论和实践表明，建立供应链合作伙伴关系有助于缩短供应链总周期时间。一般认为，供应链总周期时间由采购周期时间、内向运输周期时间、外向运输周期时间、产品设计 / 制造周期时间构成，如图 2–6 所示。

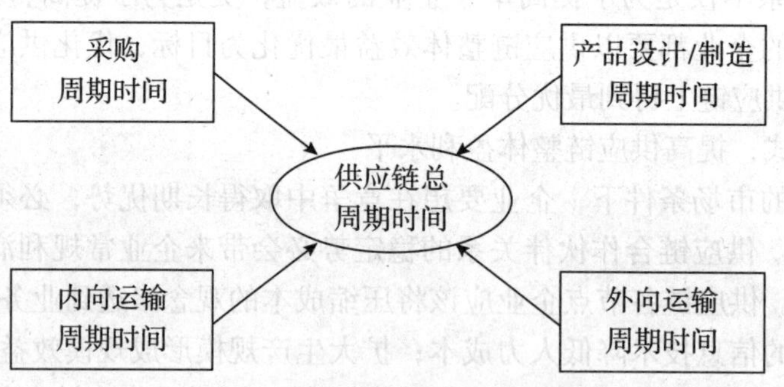

图 2–6　供应链总周期时间的构成

供应链合作伙伴关系的建立，可以使合作的各方获益，主要表现在良好的供应链合作伙伴关系可以降低运作成本、提高产品质量和服务水平、加快对市场的响应速度、提升整条供应链的运作效率。建立供应链合作伙伴关系的意义列举如下。

（一）应对日益激烈的市场竞争

随着经济全球化进程的快速推进，供应商、销售商、制造商等纷纷开始建立供应链合作伙伴关系以应对日益激烈的市场竞争。通过供应链合作伙伴关系的建立，合作的各方可以采用协同管理的方法来进行多方最优博弈，以追求更多的利润。例如在汽车制造中，发动机、底盘、车身等通常是由不同的厂家生产的，最后的装配必须依靠有效的供应链管理来完成。根据博弈论原理，如果供应商和制造商之间的交易仅限一次，利益目标中的差异性占主导地位，那么双方都会着眼于自己的一时利益。如果供应商和制造商之间的交易持续进行，利益目标中的一致性占主导地位，那么从供应商的角度来看，采取合作的态度虽然有悖于短期利益最大化的目标，但是可以实现长期利益最大化；而从制造商的角度来看，保证原材料的供应对于生产活动是至关重要的，为了实现短期利益最大化而采取不合作的态度，会失去供应商的信赖，这有悖于长期利益最大化的目标。因此，尽管双方都存在利己主义，但是考虑到长期利益最大化，都愿意采取合作的态度，相互协调。

（二）提升企业核心竞争力

传统的“纵向一体化”企业管理模式已经不能适应目前技术更新快、投资成本高、竞争全球化的市场环境。现代企业更注重高价值生产模式，强调快速、专业、灵活、革新等。与传统的“纵向一体化”企业管理模式相比，业务外包的模式更有利于企业将资源集中在少数且具有竞争力的核心业务上，从而获取最大的投资回报。

随着科技咨询的快速发展，大规模生产时代正在逐步走向大规模定制时代，关键的资源也从资本变为信息、知识等。企业能否真正获利取决于企业是否具有资源整合能力。一个不能有效吸纳“新鲜血液”的企业，它的资源整合能力是有限的。因此，很多企业开始与专业的管理顾问公司展开合作。

传统企业以工业制造为主，拥有生产、加工、包装、运输、验收、销售等全流程环节，项目完工的时候就是企业经营陷入困境的时候，这通常会导致产品延期交货、企业负债等一系列问题相继涌现。业务外包可以团结多个企业共同协作，缩短产品交货周期，并且实现在最短的时间内推出新产品。通过业务外包，联合多个企业共同出资，不仅可以规避巨额投资带来的风险，甚至可以轻松地赢得竞争。

现代企业将内向配置的核心业务与外向配置的外包业务紧密相连，从而形成了一个关系网络。企业运作与管理由“控制导向”转变为“关系导向”。供应链上的企业之间通过建立供应链合作伙伴关系来进行资源互补，从而提升企业核心竞争力。

（三）降低交易成本，提高整体效益

建立供应链合作伙伴关系能使整个供应链的交易成本降低。提高整体效益，即提高供应链的长期利润，是建立供应链合作伙伴关系的目标。

通过观察交易过程、考察交易主体行为，可以进一步证实建立供应链合作伙伴关系能使整个供应链的交易成本降低。一方面，从交易过程的角度来看，供应链合作伙伴之间经常进行沟通，彼此之间提供个性化服务，相互信任、履行承诺，即使在交易过程中产生冲突，也会顾及合作的长期性而采取协商、调解的方式解决，因此大大降低了供应链合作伙伴之间的交易成本；另一方面，从交易主体行为来看，供应链合作伙伴之间的互通性提高了对不确定环境的认知能力，从而可以降低因交易主体的“有限理性”而产生的交易成本，同时供应链合作伙伴之间的长期合作也会很大程度上抑制机会主义行为。

从内容结构层面来看，供应链成本可以细化为供应链上游成本、企业内部成本、供应链下游成本，如图 2–7 所示。

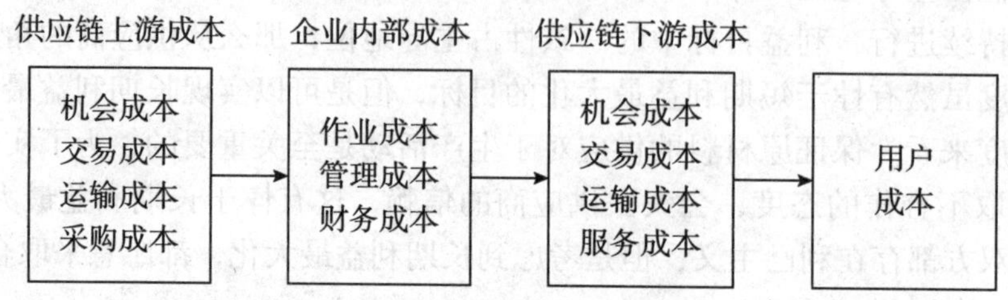

图 2–7　供应链成本

（四）合作的各方均可获益

具体来说，通过建立供应链合作伙伴关系，合作的各方均可获益，并且能够达成以下目标。

1. 对于买方

- 降低成本；
- 获得数量折扣，拿到实惠的价格；
- 提高产品质量，降低库存水平；
- 改善时间管理；
- 缩短交货提前期，提高可靠性；
- 提出面向工艺的企业规划；
- 更好的产品设计和比产品变化更快的反应速度；
- 强化数据信息的获取和管理控制。

2. 对于卖方

- 保持稳定的市场需求；
- 更好地了解用户需求；
- 提高运作质量；
- 提高零部件生产质量；
- 降低生产成本；
- 提高对买方交货期改变的反应速度和柔性；
- 获得更高的利润。

3. 对于双方

- 改善相互之间的交流；
- 实现共同的期望和目标；
- 共担风险和共享利益；
- 共同参与产品和工艺的开发，实现相互之间的工艺集成、技术集成；
- 降低外在因素的影响及其造成的风险；
- 摒弃投机思想，降低投机概率；

- 增强解决矛盾冲突的能力；
- 在采购、生产、运输上实现规模经济以降低成本；
- 减少管理成本；
- 提高资产利用率。

第四节　评价供应链合作伙伴

一、评价指标体系的设置原则

评价指标体系的设置原则列举如下。

（1）完整全面性原则。在设置评价指标体系时，对于供应链合作伙伴之间的各种关系和活动，要进行全面的考虑。评价指标体系必须完整地评价供应商、分销商等的综合水平。随着供应链合作伙伴关系的发展，还需要对各项评价因素进行及时的调整与改进，保证评价指标体系符合供应链合作伙伴关系发展的需要。

（2）简明科学性原则。评价指标体系必须具有广泛的适用性，评价指标体系的设置应有一定的简明科学性。

（3）稳定可比性原则。在设置评价指标体系时，应与国内指标体系兼容，应与国际指标体系接轨，并随时根据具体情况进行调整。

（4）灵活可操作性原则。评价指标体系应具有足够的可操作性，使企业能够根据自身特点和实际情况，对其加以灵活应用。

（5）定性指标和定量指标相结合原则。许多评价因素只用定性指标无法描述清楚，必须加上定量指标来进行补充和说明，因此结合两者来设置评价指标体系是必要的。

（6）动态性原则。评价指标体系应尽可能反映供应链合作伙伴的核心竞争力的动态变化，企业之间的合作是长期的，故要求供应链合作伙伴具有可持续的核心竞争力。

（7）信息化原则。供应链的运作过程中，有大量的信息需要处理，因此，信息技术是供应链合作伙伴之间传递信息、交流意见、统一管理、相互协调的保障。

二、综合的评价指标体系

传统企业从产品质量、产品价格、交货准时性、提前期等方面来评价供应链合作伙伴。单项评价指标缺乏全面性、综合性，很难反映供应链的真实情况。因此，产生了综合的评价指标体系，它可以弥补单项评价指标的不足。只有建立综合的评价指标体系，才能对供应链合作伙伴做出全面、客观、真实的评价。综合的评价指标体系有多级评价，第一级评价包括业务评价、生产能力评价、质量系统评价和企业环境评价，第二级评价是由第一级评价细化得到的，如图 2-8 所示。根据具体情况，设置综合的评价指标体系，每级评价可以指定评价值区间。

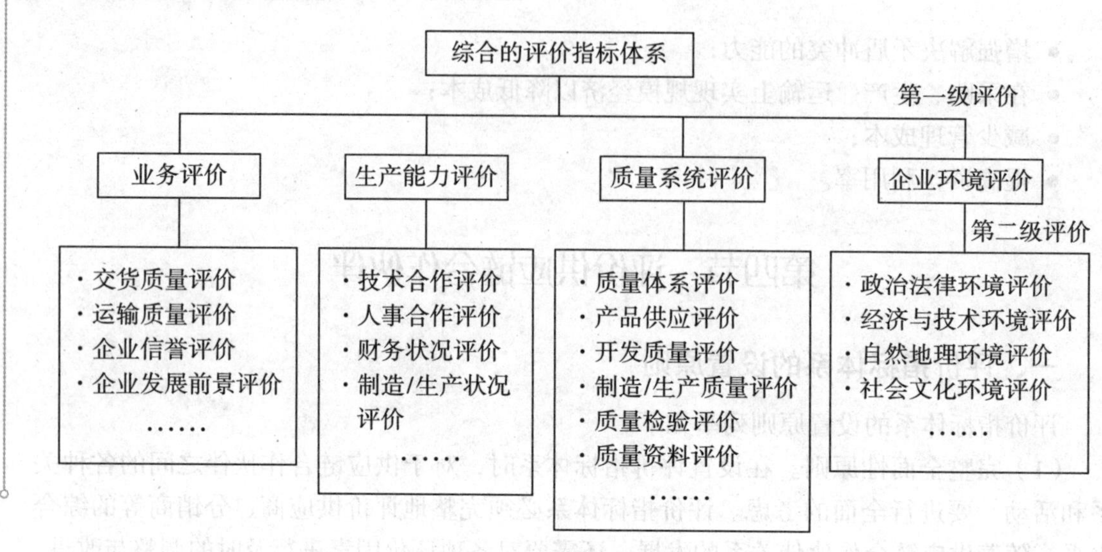

图 2-8　综合的评价指标体系

第五节　管理供应链合作伙伴关系

供应链绩效的好坏主要取决于供应链合作伙伴关系是否协调，只有和谐、稳定的关系才能发挥出最佳效能。主导企业应发挥核心作用，在培育自身实力及核心竞争力的同时，不断缩小与合作企业之间的文化差异，施行信息交流与知识共享机制、供应链合作伙伴激励机制、供应链绩效评价，树立供应链全局观念，最终实现共赢。

一、信息交流与知识共享机制

施行信息交流与知识共享机制有助于减少投机行为，有助于促进重要生产信息的自由流动。为加强供应商和制造商的信息交流与知识共享，可以采用以下方法。

（1）经常进行成本、作业计划、质量控制等方面的交流与沟通，保持供应商和制造商之间信息的一致性和准确性。

（2）实施并行工程。在产品设计阶段，制造商要让供应商也参与进来，供应商可以提供原材料和零部件在性能等方面的有效信息，为实施质量功能展开（QFD）方法创造条件，该方法可以将市场（顾客）的需求转换成代用特性（质量特性），以确定产品的设计质量，并将其关联地展开到各零部件的质量，直至过程要素。

（3）成立联合任务小组解决共同关心的问题。供应商和制造商应成立基于团队的联合任务小组，双方的有关人员共同解决供应、制造过程中遇到的各种问题。供应商和制造商应经常性地互访，及时发现并解决在合作过程中出现的各种问题，营造良好的合作氛围。

（4）借助电子数据交换（EDI）技术和网络技术使信息在供应商和制造商之间快速传输。

二、供应链合作伙伴激励机制

为实现长期的共赢，供应链合作伙伴激励机制是非常重要的。有效的供应链合作伙伴激励机制可以维持良好的供应链合作伙伴关系。供应链合作伙伴激励机制在设计上，要体现公平、一致的原则。制造商可通过价格折扣、柔性合同、股权赠送等方式，使供应商在合作过程中体会到共赢带来的好处。

三、供应链绩效评价

要施行供应链合作伙伴激励机制，就必须进行供应链绩效评价。没有合理的供应链绩效评价方法，就不可能对合作效果进行评价，这将大大挫伤各合作企业的积极性、稳定性。供应链绩效评价要抓住主要问题：交货质量是否得到了改善；提前期是否缩短了；交货准时率是否得到了提高等。最后，将供应链绩效评价结果反馈给供应链上的各合作企业，各方共同探讨产生问题的根源，并采取相应的措施予以改进。

【关键术语】

供应链合作伙伴关系 Supply Chain Partnership

供应商—制造商关系 Supplier-manufacturer Relationship

供应商关系 Supplier Relationship

外包 Outsourcing

物流企业 Logistics Service Provider

第三方物流 Third Party Logistics

【练习与思考】

1. 什么是供应链合作伙伴关系？与传统企业间关系有何不同？

2. 简述如何选择供应链合作伙伴。

3. 结合当前形势，试述我国企业在建立供应链合作伙伴关系后存在的问题，并给出有效的解决方案。

4. 建立供应链合作伙伴关系的意义是什么？

5. 结合本章内容思考，如何携手供应链合作伙伴，构建可持续发展的生态供应链？

【课后案例】

创新“一带一路”合作 稳定全球供应链

中粮集团作为国际大粮商，始终坚持以“一带一路”沿线市场为重点进行全球布局，不断创新合作模式，进一步确保全球供应链稳定，传递中国温度，助力“一带一路”建设顺利推进。

一、加强布局

为平稳市场、保障供应，中粮集团加大俄罗斯大豆进口力度。中粮集团旗下中粮远东有限公司与综合贸易部紧密协同，2020 年春节期间不间断工作，首次以万吨轮进口俄罗斯大豆 14857 吨，以实际行动稳定全球供应链畅通。这也是中粮集团执行与俄罗斯农业集团在2019年东方经济论坛上签署的合作备忘录项下的俄罗斯大豆进口项目之一。

自2020年1月以来，中粮集团还首次从保加利亚进口玉米。中粮集团积极响应我国“一带一路”政策，在已批准的进口玉米输华国家中，努力开拓“一带一路”沿线区域新版图。此外，中粮集团旗下中粮油脂也积极开拓俄罗斯采购渠道，进一步扩大从俄罗斯进口的规模。

长期以来，中粮集团以“一带一路”沿线国家和地区为重点布局全球业务，在全球重要物流节点完善粮、油、糖、棉、乳等业务的海外仓储、物流、加工布局。中粮集团已建立起链接140多个国家和地区的世界粮食核心产区的运营网络、关键物流节点和贸易通道。

二、创新合作

2020年，在全球新冠肺炎疫情（以下简称疫情）的冲击下，“一带一路”传统合作模式亟待创新升级。作为具有领导地位的国际大粮商，中粮集团在农产品贸易流程、标准对接等方面发力创新，积极促进和引领“一带一路”农粮产业合作的升级变革。

中粮集团旗下中粮国际联合美国艾地盟公司、邦吉公司、嘉吉公司和法国路易达孚集团等国际粮商，于2020年在瑞士日内瓦成立了名为Covantis的数字化农业国际贸易公司，提供农业区块链解决方案，致力于大宗农产品的国际贸易标准化、数字化和现代化，取代依赖纸质合同、发票和人工付款的交易流程，使全球农产品贸易变得简单、安全和高效。

中粮集团还积极参与推进国际标准化组织（ISO）有关小麦、稻米、大豆等国际标准的修订工作，实现我国涉农领域主导修订国际标准零的突破。通过对国际粮食贸易重要指标的调整，中粮集团每年为我国节约大量外汇开支，获得国家标准创新贡献奖。同时，中粮集团还建立了农产品食品指标比对分析系统，对标发达国家和地区的先进国际标准，重点开展“中国粮油食品质量安全标准欧盟国家适宜性研究”，为提升我国农产品、粮油食品标准提供数据支持。

因地制宜地提供技术指导、促进沿线国家农业增产，也是中粮集团在“一带一路”合作中的重要努力方向。近年来，中粮集团从泰国、柬埔寨、缅甸、老挝等“一带一路”沿线国家进口优质大米，并通过提供农业科技指导，帮助多国稻谷总产、单产大幅提高，加工产能大幅增加，同时还带动烘干、仓储、物流设施系统建设，受到多个国家的一致赞誉。

三、携手战“疫”

在积极推进与引领“一带一路”相关合作的同时，面对不断肆虐的疫情，中粮集团支援医疗物资、携手战“疫”，助力合作伙伴走出疫情困境，在“一带一路”沿线传递中国温度。

在疫情暴发初期，中粮集团旗下中国纺织联络协调有关部委、地方政府和设备厂家，加大防疫口罩生产，“人倒班、机不停、连轴转”，努力抢产，日总产能达到20万只，积极做好战“疫”保供工作。应中国铁建国际集团有限公司紧急请求，中粮集团向其下属中东、美洲、西非和东南亚区域公司保供支援26万只防疫口罩。

意大利作为海外疫情最严重的国家之一，医疗防疫物资极度紧缺。在接到战略合作伙伴意大利柯威集团的求助后，中粮集团旗下中粮酒业名庄荟事业部第一时间将筹集的防疫口罩和手套火速发往意大利。携手战“疫”，传递出中国温度，加深了彼此情谊，也为中粮集团加深“一带一路”合作，引领中国农业走出去开拓了更大的发展空间。

〖问题讨论与思考〗

1. 分析中粮集团如何携手战“疫”，创新供应链合作伙伴关系？

2. 中粮集团坚持以“一带一路”沿线国家和地区为重点，不断创新合作模式，其目的是什么？

第三章课件

第三章　供应链客户关系管理

【本章导读】

在供应链合作伙伴关系中，上下游企业之间互为客户关系，站在核心企业的视角，经销商和消费者都是其需要关注的客户。管理好客户关系，既是企业自身发展的需要，也是为了更好地满足客户需求。本章有关“客户关系管理”的内容都是限定在供应链环境下的，也就是说，本章所写的“客户关系管理”都是面向供应链的。客户关系管理既需要知识和技巧，又需要服务文化，永远将为客户创造价值放在第一位。客户关系管理强调集体文化，核心企业与其客户成为命运共同体。将爱国主义思想和集体主义思想融入客户关系管理，既能提高学生思考问题的站位，又能引导学生树立“客户至上”的理念，厚植爱国主义情怀和集体主义情怀。

【学习目标】

通过本章的学习，了解客户关系管理的相关知识；熟悉客户服务的相关知识；掌握客户价值的相关知识；理解供应链营销的相关知识。

第一节　客户关系管理

一、客户关系管理产生的背景

客户关系管理（Customer Relationship Management，CRM）是在供应链环境下提出的强调企业与企业之间合作关系的一种管理模式。近年来，由于巨大的市场需求，客户关系管理已与企业资源计划、供应链管理并称为企业提高竞争力的三大“法宝”。

蒸汽机革命使得人类社会从农业经济时代进入工业经济时代，在工业经济时代，整个社会的生产能力严重不足，商品匮乏。依据英国经济学家亚当·斯密的劳动分工理论，分工有利于劳动生产率的提升。企业组织规模化大生产可提高工效，并最大限度地降低成本，从而取得市场竞争优势。在当时以产品为导向的市场经济时代，企业管理最注重成本控制和利润最大化。随着生产力的不断发展，商品种类越来越丰富，并出现过剩现象。客户选择空间显著增大，客户需求开始呈现出个性化、多样化特征。同时，企业管理也从以产品为导向转变成以客户为导向，以便快速响应个性化、多样化的客户需求，这时企业管理最注重客户满意度。在这种背景下，客户关系管理的基础理论不断被完善。随着网络技术的广泛应用，客户关系管理软件也在供应链中被广泛应用。20 世纪 90 年代，随着企业业务流程重组、信息技术高速发展以及现代物流与供应链管理理念引入，以客户为中心的客户关系管理应运而生。

客户关系管理理论起源于市场营销理论，它是将市场营销的科学管理理念通过信息技术的手段集成在软件上面，并在全球大规模普及、应用。客户关系管理反映出市场营销体系中各种交叉功能的组合，其重点在于赢得更多客户，其行为活动渗透着市场营销的科学管理理念，其本质是一种管理模式。

客户关系管理的产生与发展有其客观性，它借助先进的信息技术和管理思想，通过对供应链进行业务流程重组来整合客户资源，为客户提供个性化、多样化的产品和服务，从而提升客户满意度、客户忠诚度，实现企业利润最大化。

二、客户关系管理的概念与特征

（一）客户关系管理的概念

提及客户关系管理，就要从供应链的角度理解什么是客户。在供应链中，客户可以是最终消费者；也可以是渠道的各个成员，如制造商、零售商、代理商等；还可以是企业内部的各个职能部门，如物流部门、会计部门等。总而言之，客户就是供应链必须满足的、对产品或服务有需求的消费者，主要包括消费个体和消费团体两个部分，而企业要把工作重点放在满足客户需求上。

客户关系管理包括判断、选择、争取、发展和保持客户的全部商业过程。从不同的角度，对客户关系管理的概念有多种理解，列举如下。

（1）客户关系管理是通过维系有价值的客户来增加企业利润、提高客户满意度的商务战略。企业通过更广泛地获取客户信息，与客户进行协同工作，提高客户价值，实现企业和客户之间的双赢。

（2）以客户为中心的客户关系管理能够了解更多的客户需求，通过系统化的客户研究为客户提供个性化、多样化的产品和服务，提高客户满意度，与此同时，达成客户价值不断优化的企业战略，从而增加企业利润。

（3）客户关系管理是有关改善对待客户的方式、从客户身上获取收益的特殊表述。企业通过优化组织体系、业务流程，将所有业务围绕着不同的客户需求进行。

（4）客户关系管理是一种旨在健全、改善企业和客户之间关系的管理模式。企业利用信息技术，通过有意思的科技交互来了解客户、吸引客户、服务客户，从而提高客户招揽率、提升客户忠诚度，进而提高企业效率、扩大市场份额。

（5）客户关系管理是一个把有效客户信息转换成良好客户关系的可重复性过程。企业刺激客户消费，激发客户“感激”心理，这对增加长期销售额、提高客户保持率十分重要。

（6）企业通过建立信息技术平台来进行客户关系管理，有助于分析、引导客户消费行为，以实现企业内部信息和资源的共享，从而有组织性地管理客户关系。

客户关系是企业与客户发生的所有关系的总和，是企业与客户之间建立的一种相互有益的关系。客户关系管理可以拆解为客户、关系和管理这三个要素。客户关系管理涵盖的领域非常广，有理念、战略、战术、技术、技能、业务过程这六个领域。

从狭义的角度可以将客户关系管理定义为：企业在政策、资源、结构和流程合理的基础上，应用信息技术获取客户信息、管理客户关系、提升客户忠诚度以及创造客户价值的所有活动。

（二）客户关系管理的特征

客户关系管理在开拓市场、吸引客户、增加销售额、降低成本、提升运营效率等方面为企业带来了更大的效益。客户关系管理的特征列举如下。

1. 提供全视角的客户信息，建立个性化档案

客户关系管理可以提供全视角的客户信息，企业可以进行更完善的客户分析，从而更准确地对客户进行营销。企业对收集到的有关市场变化、客户群体分布、客户数量等的信息进行归纳，总结出能够反映客户群体特征的客户背景资料，并根据不同的客户群体建立个性化档案。

2. 挖掘有价值的客户，利用潜在客户信息

客户是企业发展的一项重要资产，但并不是每个客户都是同等重要的。在市场资源条件的约束下，有价值的客户不仅购买企业产品和服务，还将其推荐给市场中的其他潜在客户，使企业获利。也就是说，经常性、重复性购买企业产品和服务的有价值的客户应该得到额外的附加服务和客户关怀。企业通过分析客户背景资料，在与客户沟通、交易的过程中，了解客户的偏好，揣测客户的心理活动，遵循整体的发展战略，利用潜在客户信息，进一步稳固、拓展客户圈。

3. 注重联系人管理，为客户提供柔性服务

在客户关系管理中，引入了联系人的概念。联系人是指企业销售人员与客户接触的直接对象，注重联系人管理有利于维护客户关系。跟进客户的服务方式是客户关系管理中重要的一环。在当今这个多元化的时代，统一、模式化的服务方式已经不能满足客户需求了，企业要为客户提供个性化、多样化的柔性服务，这样才能提升客户对企业的认可度。客户关系管理的战略目标是通过面向客户的活动（如销售、服务）来实现的。

三、客户关系管理的核心理念

企业应通过对客户的深入分析来了解客户需求，更好地完善客户服务。客户关系管理的核心理念主要包括以下几个方面。

（一）客户是企业发展的一项重要资产

随着人类社会的发展，企业资产的内涵也在不断扩展。企业资产包括有形资产（如土地、设备、厂房、原材料）和无形资产（如专利权、商标权、知识产权）。同时，人们认识到“人”才是企业发展最重要的要素。无论哪种企业资产认识论，都只注重企业能够得以实现价值的部分条件，而不是完全条件，其中缺少的是产品能够得以实现价值的部分条件。客户是企业发展的一项重要资产，在当今以客户为中心的商业模式中，客户的选择决定着企业的命运。客户是企业实施交易并获得现金流的入口，是企业实现盈利的来源。

在很多行业的客户关系管理中，企业通过对客户的档案或数据库进行深入分析，寻求扩展业务所需要的新市场和新渠道，开发新的客户资源。提高客户满意度、提升客户忠诚度、改善企业市场行为是提高企业业绩的有效途径。

（二）加强客户关怀，提高客户满意度

客户关系管理是以客户为中心的管理理念，实施客户关系管理的每一个步骤都以客户为根本出发点。客户关怀贯穿客户的整个购买行为，体现在客户购买前、购买时、购买后的全部过程中。购买前，客户关怀创造了企业与客户建立关系的可能性；购买时，客户关怀则与企业提供的产品和服务紧紧联系在一起；购买后，客户关怀则集中于人性化的客户跟进和售后调研。客户关怀主要包括客户服务（如向客户提供产品信息和购买建议）、客户感受（如关注企业营销时的客户心理）、产品质量（如产品符合国家标准且适合客户使用）、服务质量（如关注企业提供服务时的客户体验）和售后服务（如查询、投诉、维修、保养）。

客户满意度是指客户可感知企业产品和服务的效果与其期望相比较后得到的指数，这是一个相对的概念。如果可感知效果低于期望，客户就不满意；如果可感知效果与期望相匹配的话，客户就基本满意；如果可感知效果高于期望，客户就高度满意。企业的目标就是不断提高客户满意度。若客户对企业产品和服务基本满意，则通常客户忠诚度不高，只要客户发现价格更便宜的产品和服务，企业的客源就会流失。然而，客户对企业产品和服务的高度满意会创造出一种情绪上的共鸣，使客户出现重复性的购买行为，这时客户也更愿意尝试企业提供的其他产品和服务，甚至还会为企业卖力宣传、打造口碑。

（三）全面管理企业与客户发生的各种关系

为了赢得新客户、巩固老客户，在实施客户关系管理时，要全面管理企业与客户发生的各种关系。例如，在销售过程中所发生的业务关系，包括合同签订、订单处理、发货收款等；在营销过程中所发生的客情关系，即企业在进行营销活动时与潜在客户发生的关系；在售后过程中所发生的维护关系，即企业在进行售后服务时以维护客源为目的与客户发生的关系。在全面管理企业与客户发生的各种关系的过程中，任何失误都有可能影响整个供应链。全面管理企业与客户发生的各种关系，可以显著提升企业营销能力、提高市场适用能力、降低企业成本。

（四）进一步延伸供应链管理

ERP 系统是为了满足企业供应链管理的需要，但 ERP 系统的实际应用并没有达到企业供应链管理的目标，这既是因为 ERP 系统本身功能方面的局限性，也是因为信息技术发展阶段的局限性。CRM 系统是 ERP 系统中销售管理的延伸，以建立、发展和维持客户关系为主要目的，借助网络技术，它突破了供应链上的各个企业间的地域边界和信息交流上的组织边界。企业通过建立自己的网络营销模式，与客户更直接地展开沟通，并将企业产品和服务的信息主动分享给客户。

CRM 系统与 ERP 系统的集成运行才真正解决了企业供应链管理问题，全面提升企业管理水平和方法，改变企业内部管理积弊现状，实现企业对客户需求的快速响应，让企业的利益最大化、长久化。

四、客户关系管理的主要功能

客户关系管理涉及市场、销售和服务三大领域，是一种以客户为中心的管理理念。从管理学的角度来考察，客户关系管理源于市场营销理论。客户关系管理通过采用信息技术，使企业市场营销、销售、客户服务等经营流程信息化，从而实现客户资源的有效利用。客户关系管理的主要功能列举如下。

1. 客户信息管理

客户信息管理是指整合记录企业各部门所接触的基本客户信息，并对这些信息进行统一管理的整个过程。客户信息管理包括客户资料管理、客户跟进管理、客户状态管理、合同文档管理等。

2. 市场营销管理

市场营销管理包括分析客户数据，制订市场推广计划，提供个性化的市场信息，管理多渠道的市场营销活动，评估市场营销活动的效果。企业要对各种市场营销渠道（如传统营销渠道、网络营销渠道等）的客户记录进行分类和辨别，挖掘出潜在客户并对其进行管理。市场营销管理的本质是需求管理。

3. 销售管理

销售管理的目标是促进销售自动化和提升销售效果。它需要对销售人员（如销售团队）、销售现场（如销售安排）、销售成本（如销售人员的薪资）等方面进行管理。企业要促进客户资源的透明化，进一步扩展网上商店、网上结算等功能。

4. 客户服务管理

客户服务管理的目标是加强客户关怀，完成客户服务分配，管理客户生命周期和服务技术人员档案等。客户服务管理还会精准把控客户服务的全过程，支持“线上 + 线下”相结合，从而提升客户服务管理的质量。

5. 分析决策管理

分析决策管理是站在客户关系管理的角度在销售、采购、产品、客户、员工等方面进行的分析与决策管理。对商业情报强有力的分析与决策管理是十分重要的。客户关系管理涉及大量关于现有客户和潜在客户的信息，企业应该充分地利用这些信息，并对其进行深入分析，从而及时、准确地做出决策。

第二节　客户服务

一、客户服务的概念与要素

客户服务是供应链管理的基石，在这个经济高速发展的社会，客户希望购买的不仅是产品，还包括产品附带的各项服务。供应链成员之间的合作过程，广义来看，其实就是相互服务、相互成就的过程。

（一）客户服务的概念

微课：客户服务的概念

客户服务是供应链管理中非常重要的一环，它在企业与客户之间传递产品及服务的过程中促进市场销售、实现供应链增值。它会对市场占有率、成本、效益等都产生重要影响，是提高客户忠诚度的重要手段。客户服务是一种理念，供应链成员之间一定要有一种相互服务、相互成就、相互提升的理念，能够为供应链合作伙伴提供服务，供应链成员的价值追求才有可能实现。客户服务是一种活动，在实现客户服务的过程中，供应链合作伙伴之间加深了解，形成共同的价值观，提高服务的默契度。客户服务也是一种增值方式，能够提升供应链成员之间的合作水平，畅通合作渠道，提高共同响应市场需求的能力，增强供应链的市场竞争力。

客户服务涉及方方面面，例如，门到门的快递邮寄、售后客服电话查询等。究其根本，客户服务要满足客户的期望，使客户愿意接受企业产品和服务，进而重复购买。客户服务水平的提高，往往能创造新的需求，提高市场占有率。客户服务水平与客户服务成本之间存在密切联系，客户服务水平的提高也意味着客户服务成本的提高，如图 3–1 所示。最优的客户服务水平就是供应链利润最大化时的客户服务水平。

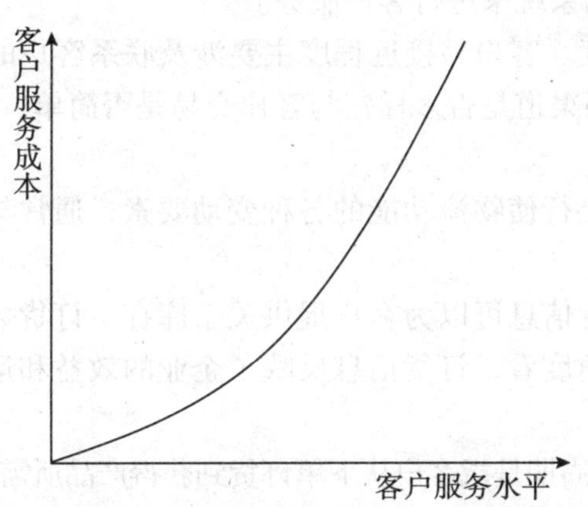

图 3–1　客户服务水平 – 客户服务成本曲线

（二）客户服务的要素

微课：客户服务的要素

库存水平、订货周期等都会影响客户服务的质量。客户服务的要素贯穿于整个供应链过程中，涉及面广。客户服务的要素如图 3–2 所示。

1. 交易前要素

交易前要素对市场销售具有重要影响，具体包括以下内容。

（1）书面文件。客户服务的书面文件要做到：①以客户为根本出发点；②有具体、明确的客户服务标准；③有评估标准及汇报细则；④可操作性强。

（2）组织结构。任何一种组织结构都不可能成功实施到所有的客户服务中，在选择组织结构时要从客户的角度出发，充分考虑客户的便利性、安全性。企业应适当激励客

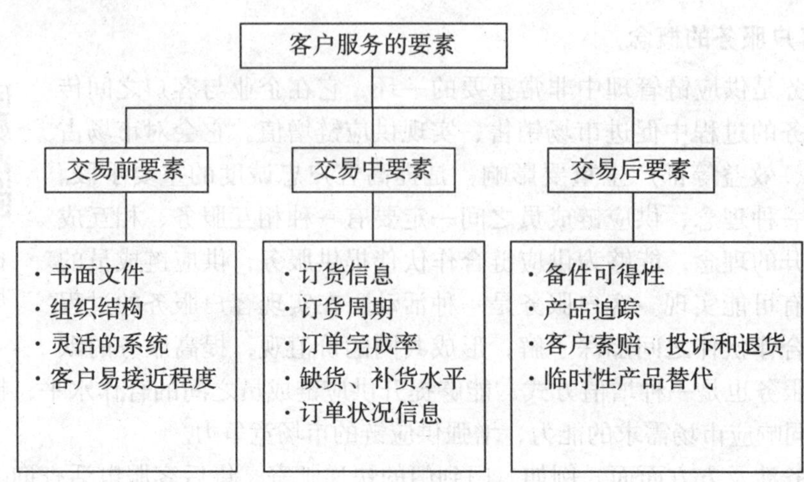

图 3-2 客户服务的要素

户消费，建立客户关系管理系统来提高客户服务水平。

（3）灵活的系统。为了有效地应对无法预测的不可抗力事件或满足某些特定的客户需求，企业要搭载灵活的系统来进行客户服务。

（4）客户易接近程度。客户易接近程度主要涉及联系客户的难易程度和与客户交易的烦琐程度。客户的联系渠道是否多样？与客户交易是否简单、顺畅？

2. 交易中要素

交易中要素是指直接行使物流功能的各种变动要素，通常与客户服务相关，具体包括以下内容。

（1）订货信息。订货信息可以为客户提供关于库存、订货数量、发货日期、交货日期等的信息。从订单的角度看，订货信息反映了企业的效益和运营情况，它是客户交易中非常重要的一环。

（2）订货周期。订货周期是指客户从下单订货到获得产品所需要的时间。典型的订货周期包含了供应链上的诸多环节，如订单输入、订单处理、分拣包装、运输配送。客户能否在预期的时间内获得所需要的产品是衡量企业客户服务的关键指标。客户关心的是总体时效，因此企业要监控和管理好订货周期的每一个组成部分，并及时处理好订货周期的任何变动。

（3）订单完成率。订单完成率是指在固定的前置时间内成功完成的订单数量占同一时期订单总量的比例。它是整个供应链效率的主要评价指标。

（4）缺货、补货水平。缺货、补货水平间接影响客户服务水平。缺货是对产品供应情况的一种预测，当缺货出现时，企业可以安排合适的产品来替代。当产品入库时，可以按照客户意愿来补货，从而维持与客户的良好关系。补货还分地区，由于不同地区产品需求的差别，补货还在不同地区之间进行。

（5）订单状况信息。订单状况信息包括对订单状况的综合处理、评估等，可为整个客户服务平台的改进提供依据。

3. 交易后要素

交易后要素是指产品付诸使用后用于支持产品售后服务的要素，具体包括以下内容。

（1）备件可得性。备件包括安装、质保、修理所需要的零部件。备件的库存是采购决策中的一个重要因素，备件可得性是客户交易后的基本保障。

（2）产品追踪。要确定客户购买产品的具体位置、产品的质量状况和维修情况等，如果产品发现问题，一定要第一时间通知客户，回收存在潜在危险的产品。

（3）客户索赔、投诉和退货。一般的供应链设计都比较注重产品向客户的流动。然而，几乎每一个制造商都有退货，对退货进行处理的成本很高，如果处理不当会直接影响产品的销量。因此，企业应该制定明确的客户索赔、投诉和退货细则，快速反应客户需求，保留相关数据，为产品在开发、营销、流通等方面提供有价值的信息。

（4）临时性产品替代。当客户在等待接收已采购的产品或被维修的产品时，企业应该为客户提供临时性产品来替代，以免给客户带来不便。

二、客户服务的实施

从经济管理的角度来看，在以市场为导向的今天，客户服务对供应链上的企业来讲是至关重要的。供应链上的任何一个企业，无论是制造业还是服务业，从实质上来讲都是同时提供产品与服务的。企业的根本任务是尽全力满足客户需求。如今，市场竞争激烈，众多企业提供了在价格、性能、质量、售后等方面雷同的产品。在这种现实条件下，客户服务应运而生，实施客户服务的差异性也将为企业提供超越竞争对手的优势。

（一）明确客户对服务的需求

受激烈的市场竞争、迅速革新的信息技术等因素的影响，再加上供应链管理有很多关联因素，特别在客户追求个性化、多样化的今天，客户对服务的需求是极其复杂多样、瞬息万变的。然而，客户对服务的需求在一定程度上仍然具有相似性。企业应该明确客户对服务的需求，在特性中找共性，将客户分门别类，细化各项服务。为了达到服务细化的目的，市场调查是必不可少的一部分。

市场调查要从客户的角度出发，以客户的视角来衡量企业的客户服务水平。只有客户的感受才能最真实地反映客户服务的价值。因此，企业应对其内部指标进行转化。例如，将库存可得性（企业的内部指标），从客户的视角，转化为准时交货率。

那么，企业到底如何明确客户对服务的需求呢？可以按以下步骤来实施，如图3–3所示。

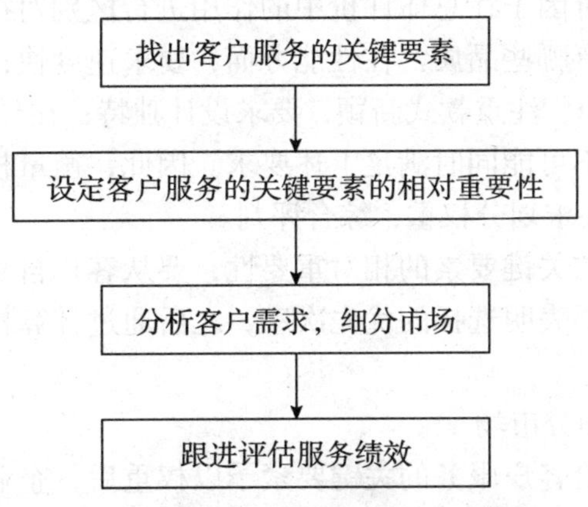

图3–3 明确客户对服务的需求的步骤

1. 找出客户服务的关键要素

企业通常自信地感觉自己知道客户需要什么。然而，日常经营中面临的各种压力和瞬息万变的市场环境令企业很容易做出与真实情况背道而驰的判断。在复杂的市场中，注重客户利益，找出客户服务的关键要素，企业才能提高客户满意度。

显然，在客户服务的研究中，细节研究不可或缺，它能帮助企业了解客户对服务的需求。在细节研究中，要明确购买决策的决定要素。如果企业销售零部件给某制造商，什么部门或哪位负责人拥有决策权？如果企业将产品零售给客户，什么样的客户群体愿意购买？

一旦弄清楚了决策者，企业就要瞄准目标进行调查。客户依据哪些因素来做决策？这就需要直接或间接地访问客户，并且对比市面上产品的价格、质量、营销手段等。客户怎么看待客户服务的价值？这需要从客户的角度出发，探寻某些客户服务是否具有特别的重要性。

企业在了解客户后，才能提供有意义的客户服务并给出相关指标，只要确定了这些指标的等级，客户服务的重要性、服务项目的取舍等问题就都能迎刃而解了。

2. 设定客户服务的关键要素的相对重要性

在找出客户服务的关键要素后，接下来就要区分这些关键要素的重要程度了。要明白每个关键要素对客户的重要性，就要让客户把这些关键要素按照“最重要”“重要”“一般”“不重要”“最不重要”来划分等级，然后运用因子分析法得出客户服务的关键要素的相对重要性。

然而，实际操作起来确实有一定的难度，特别是当关键要素数量繁多时，每个关键要素的相对重要性无法深入评判，此时，很多企业会使用等级评分法，企业让客户按照自己的感觉为每个关键要素从 1 到 10 打分。有的客户会认为每个关键要素都很重要，因为这些关键要素都是从客户中提取出来的，再加上客户是凭感觉评分的，最后的结果也不是很可靠。

企业通常会采用加权的方式，根据权重来设定客户服务的关键要素的相对重要性。权重是一个相对的概念，是针对某个关键指标而言的。某个关键指标的权重是指该指标在整体评价中的相对重要程度。权重表示在评价过程中被评价对象的不同侧面的重要程度的定量分配，对各评价因子在总体评价中的作用进行区别对待。例如，考虑买一辆新车时，客户会希望新车有哪些品质？在性能方面，要求速度快；在实用方面，要求容量大、耗油少；在外观方面，注重款式新颖，要求设计独特；在经济方面，要求价格便宜。然而，任何一辆新车都不可能同时满足上述要求。因此，衡量权重，让权重较低的让位给权重较高的，给每项要求划分权重，综合评判。

怎样设定客户服务的关键要素的相对重要性，要从客户自身的需求来考虑，不同的可行性组合中，客户需要表明选择的优先次序，之后通过计算机分析并得出结论，制作出评定表。

3. 分析客户需求，细分市场

当依据客户的答案给客户服务的关键要素予以权重后，企业还要分析客户需求，根据客户需求上的相似性来细分市场。

细分市场是指供应链上的企业通过市场调研，依据客户的购买欲望、购买行为和购买习惯等的差异，把某一产品的整体市场划分为若干个客户群体的市场。企业应针对客户群体，细分市场。每个细分市场都是具有类似需求倾向的客户构成的群体市场，也就是细分后较具体的子市场。当企业比较容易了解客户需求时，就可以根据自己的经营思想、生产技术和营销力量，确定自己的服务对象，即目标市场。针对较小的目标市场，制定特殊的营销策略。同时，在细分市场中，信息容易被了解和反馈，一旦客户需求发生变化，企业可迅速改变营销策略，制定相应的对策，以提高企业的应变能力和市场竞争力。在细分市场中，常用群组分析法对所有数据进行分析，将所有备选答案划分为不同等级。如果两个客户选择服务组合的次序相似，那么其等级分值将会相差无几，群组分析法就会将他们归为一类。

客户服务面临着挑战，不同的供应链或者同一条供应链上的不同企业的细分市场都是不同的，有的注重时间，有的注重价格，有的则特别注重客户关系等。为了满足不同细分市场的客户需求，企业需要设计合适的供应链解决方案。

4. 跟进评估服务绩效

任何一项管理理念的实施，都要经过市场的检验，客户服务也不例外。企业应跟进评估服务绩效，评估企业整套客户服务的执行绩效，从而修正或者改变客户服务的细节，找出企业的目标市场，全面提升企业的经济效益。服务绩效的评估结果也是客户服务工资评定的一个依据。服务绩效评估的具体实施方法：从经济、社会的角度出发，按照一定的标准并采用科学的方法，检查和评定企业的客户服务。

从经济的角度评估成本驱动因素，找到客户服务中造成不合理开支的因素，改进客户服务中的“瓶颈”，但要真正找到这些因素，其实并不简单。广泛、深入地评估企业客户服务的开支时，经常会发现，尽管企业在赔钱，但是客户服务的开支仍然没有超出预算的范围。这是因为计算失误，有意无意地将客户服务的部分开支转移到其他未考虑在内的地方去了。

从社会的角度评估企业的客户服务是否具有社会影响力，对产品的销量和利润有多大影响。此外，还要评估客户服务的普遍性和社会适应性等方面。

事实上，没有重点的评估是不客观的评估，评估既要考虑全面性，又要抓住重点。在跟进评估服务绩效时，一定要深入、客观地评估企业整套客户服务的执行绩效，从根本上改进客户服务、完善客户服务。

（二）确定客户服务的目标

从供应链的角度来说，客户服务的目标是：在供应链成本增幅较小的同时，明确客户对服务的需求，提供令人满意的客户服务。以市场为导向制定物流战略，持久、高效地实施客户服务。

引入完美订货的概念，帮助理解客户服务的目标。完美订货就是把客户订购的货物按照时间要求，完好无损地运送到正确的地点，同时必须保证与货物相关的单据的完整性和准确性。简而言之，企业要完全满足客户对服务的需求。完美订货率是衡量客户服务质量的指标。它可用于衡量企业对单个客户或者任何规模组织的客户服务水平，如客户群体、配送中心等。

企业在实际应用该概念时，一般采用下列几个相互独立的指标来评估客户服务，准时交货率、订单完成率、无错率。无错率是评价文件管理、标签粘贴以及产品包装的损害程度的量。运用完美订货率来衡量实际客户服务水平时，要求计算出准时交货率、订单完成率、无错率的数值，然后再把这些数值相乘。

举例说明，如果企业最近一年来所有订单的完成情况如下。

准时交货率　90%

订单完成率　80%

无错率　90%

那么，企业的完美订货率为 64.8%（90% × 80% × 90%）。

客户服务的目标的实现还与库存有很大关系。一般，企业都不希望库存过多，因而追求零库存，但是零库存难以实现，总有货物要堆放等待处理。客户服务水平的高低取决于客户对企业提供的客户服务是否满意。

显然，企业实施完美订货时需要投入大量的资源。企业要想有极高的订单完成率，就必须维持较高的库存水平，从而满足客户的各种订购需求和特殊要求。库存活动是面向客户服务过程的，库存的大小具有以客户对服务的需求为基准的相对性特点。

如果销售基本服从正态分布，在决定安全库存时，仓库管理员只需要考虑客户需求大于平均水平的情况。当库存总量等于预计的每日需求均值时，客户服务水平为 50%，当库存总量等于预计的每日需求均值加上一个标准差时，客户服务水平为 84%，依次类推，库存总量与客户服务水平的关系如表 3–1 所示。

表 3–1　**库存总量与客户服务水平的关系**

库存总量	客户服务水平
$\bar{x}$	50%
$\bar{x}+\sigma$	84%
$\bar{x}+2\sigma$	98%
$\bar{x}+3\sigma$	99.9%

可见，要实现完善的客户服务并不能仅仅依靠高水平的库存。企业还可以采取其他的客户服务策略，客户联盟、信息共享、延迟战略以及最优运输战略等都能使较低的库存水平发挥更大的作用，并且产生出等同于较高的库存水平的效果。实际上，这些客户服务策略使客户服务水平 – 客户服务成本曲线右移了。也就是说，如果加快信息流动、快速响应客户需求、采用最优的运输方式等都能减少企业对库存的依赖性。客户服务水平 – 客户服务成本曲线右移如图 3–4 所示。

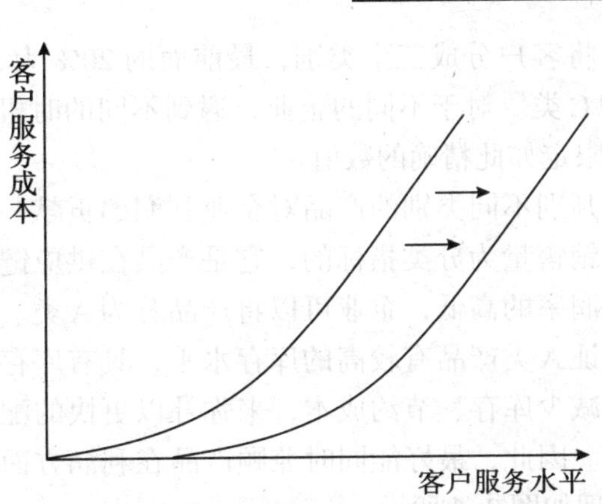

图 3-4　客户服务水平 – 客户服务成本曲线右移

（三）设定客户服务优先级

任何一条供应链都要实现客户服务的目标，按一定的水平为客户服务。面对众多的客户，企业不可能对每个客户都采用同样的服务优先级，并非每个客户都能为企业带来较高的利润，也并非每种产品都对企业有相同的贡献。帕累托法则又称 80/20 法则，为企业提供了一个设定客户服务优先级的方法。由于企业用于客户服务的产品创利不同，企业应该合理分配这些资源，而 20% 的客户能够为企业带来 80% 的利润，企业有必要集中能力来服务好这 20% 的客户，以确保企业的盈利、发展和客户基础的稳固。图 3-5 所示为基于帕累托法则的分析应用，不同类别的客户对企业利润的贡献。

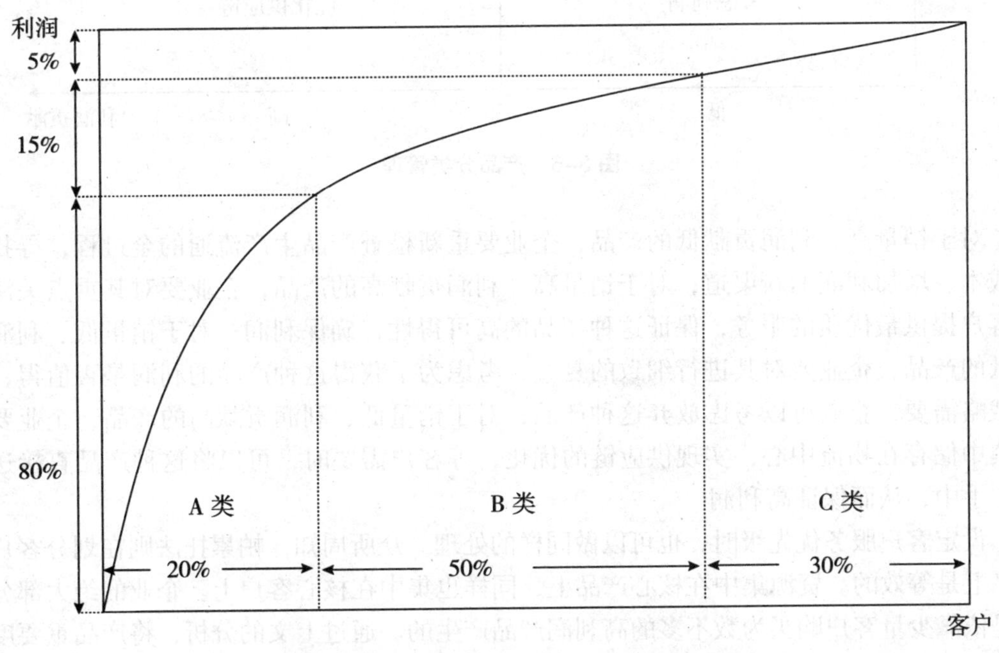

图 3-5　不同类别的客户对企业利润的贡献

根据帕累托法则，将客户分成三个类别，最前面的20%为A类，接下来的50%为B类，最后面的30%为C类。对于不同的企业，遇到不同的时机，划分市场的情况也不尽相同，在划分时不必限定如此精确的数值。

同理，通过分析，判别不同类别的产品对企业利润的贡献。这里所提及的贡献是以利润而不是以销售额或销售量为分类指标的，它是产品在供应链中流动的成本之间的差额。同样，根据产品利润率的高低，企业可以将产品分为A类、B类、C类，这种分类也有助于库存管理。保证A类产品有较高的库存水平，具有库存可得性。然而，对于B类产品和C类产品，要减少库存、节约成本，来弥补以更快的配送方式将产品送到客户手中所增加的额外成本。因此，最好能同时兼顾产品在利润方面的贡献和在库存方面的管理方法。产品分类管理如图3–6所示。

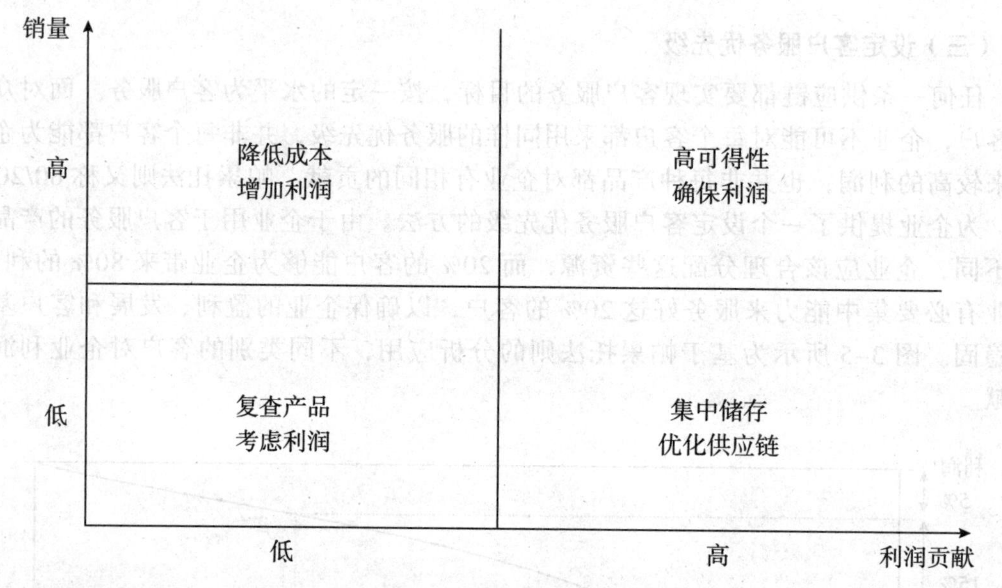

图3–6　产品分类管理

对于销量高、利润贡献低的产品，企业要重新检查产品生产流通的全过程，寻找降低成本、增加利润的新渠道；对于销量高、利润贡献高的产品，企业要对其重点关注并为客户提供最优质的服务，保证这种产品的高可得性，确保利润；对于销量低、利润贡献低的产品，企业要对其进行细致的复查，考虑为了获得这种产品的利润是否值得，若非战略需要，企业可以考虑放弃这种产品；对于销量低、利润贡献高的产品，企业要将其集中储存在物流中心，实现供应链的优化，等客户需要时，可以将这种产品直接送到客户手中，从而保证高利润。

设定客户服务优先级时，也可以做同样的处理。众所周知，帕累托法则在划分客户或产品上是等效的。资源集中在核心产品上，同样也集中在核心客户上。企业的绝大部分利润是依靠少量客户购买为数不多的高利润产品产生的。通过上文的分析，将产品重要度和利润率等级综合评价就可以得出客户服务优先级。以产品重要度为权重，结合帕累托法则排列利润率等级，即可设定客户服务优先级。客户服务优先级分析如表3–2所示。

表 3–2　　客户服务优先级分析

产品	利润率等级	产品重要度	利润率等级 × 产品重要度	客户服务优先级
A	1	2	2	1
C	2	3	6	3
F	3	1	3	2
B	4	3	12	5
G	5	3	15	6
E	6	2	12	5
Y	7	1	7	4
H	8	2	16	7
L	9	3	27	9
D	10	2	20	8

注：当产品重要度为 1 时，表示失销；当产品重要度为 2 时，表示产品稍微延迟交付可以接受；当产品重要度为 3 时，表示产品延迟较长时间交付仍然可以接受。

第三节　客户价值

一、客户价值的概念与影响要素

（一）客户价值的概念

企业商业活动的最终成败是由所选择的目标市场的客户价值水平所决定的。客户价值是一种相对价值，取决于客户对企业所提供的产品和服务的感知。对客户来说，客户价值就是企业令客户感到满意的价值。对企业来说，客户价值通过收益指标和成本指标来权衡。一般认为，客户价值是企业的成本构成因素，而客户成本是企业的价值构成因素。承认客户与客户之间价值的差异性是研究客户价值的前提。实际上，对企业来说，一些客户就是比另一些客户更加有价值，有些客户不但不能给企业带来好处，而且会减少企业的利润。对于具有不同价值的客户，管理的方法、手段自然是不一样的。因此，客户价值决定了企业分配给客户的时间和资源。

简而言之，客户价值是指发生在购买活动或相关行为之后的总收益与所有权总成本的比值。客户价值的计算公式：

$$客户价值=\frac{总收益}{所有权总成本}=\frac{质量\times服务}{成本\times时间}$$

式中：质量——产品的总体特征和特性，如产品的功用、性能以及技术规格等，企业基于此来满足或明确客户的需求；

服务——能给企业或客户带来利益或满足感的活动，具有无形特征，一般包括客户支持、客户承诺等；

成本——构成商品价值的重要组成部分，是商品生产中生产要素耗费的货币表现，是衡量客户价值、企业收益等的重要考量指标，这里的成本包含产品生命周期各项成本在内的与客户交易的总耗费；

时间——对客户需求做出反应的时间，它是多种时间的综合衡量，包括接受订单时间、处理订单时间、产品生产时间等。

上述计算公式中采用所有权总成本，是因为购买活动除了涉及价格以外，还涉及很多其他成本，如物流成本、营销成本等。与此类似，发生在购买活动中的净收益往往不能体现产品的真实特征或功能。所有权总成本包括采购成本、运营成本、维护成本、修理成本、处置成本、资金成本以及其他成本，此外，还要考虑产出水平等因素。

客户服务的战略核心是企业所提供的产品和服务能使客户满意。企业应将客户作为决策的出发点，了解企业的客户，特别是关键客户的信息、特征，还有不同类型客户对产品和服务的需求，将重点放在实现客户价值上。客户价值是客户期望企业的产品和服务所具备的要素。

满足所有客户的需求并不一定能给企业带来高额的收益，企业应该把客户价值上升到战略高度，对不同的客户采用不同的服务方法，对关键客户提供超值服务，对一般客户提供基本服务，同时寻找为一般客户提供基本服务的第三方企业，从而实现客户价值与供应链价值的有效统一。

（二）客户价值的影响要素

关注客户价值，能使企业在竞争中获得优势，使供应链价值（来自客户的总收益与供应链消耗的总成本之差）高于同市场领域的其他企业。客户价值的影响要素列举如下。

1. 产品价值

产品价值是客户对企业产品的客观评估，包括品牌价值、价格、质量三个方面。随着社会的发展，品牌价值对客户价值的影响日益加强。对客户来说，品牌名称和品牌标识可以帮助客户解释、加工、整理和储存有关产品的识别信息，简化购买决策。良好的品牌价值有助于降低客户的购买风险、增强客户的购买信心。价格永远是客户在考量产品时的重要因素，对于同种类型、功能相似的产品，在同等情况下，价格低的产品受关注度势必要高一些。质量主要体现在产品的功能、使用年限、技术参数等方面。质量关系到产品的可靠性以及对客户的吸引力，进而会影响企业的盈利。

2. 客户服务水平

客户服务水平从低到高，对客户价值的影响可以分为以下阶段，客户服务水平 - 客户价值曲线如图 3-7 所示。

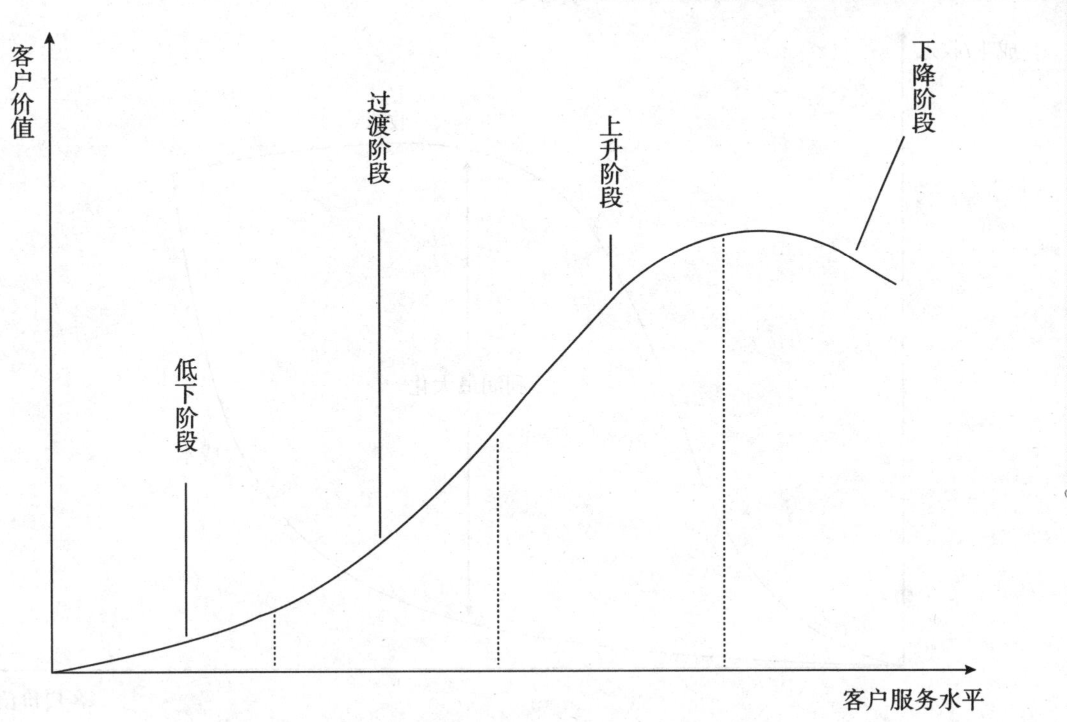

图 3–7　客户服务水平 – 客户价值曲线

第一阶段：低下阶段。当企业的客户服务水平十分低下时，客户价值很难实现，企业与客户的交易很少。

第二阶段：过渡阶段。由于市场竞争的压力，各行业纷纷提高客户服务水平以实现客户价值。在此阶段，企业的客户服务水平还未能使客户满意，企业的业务开展需要经历一段过渡期。

第三阶段：上升阶段。在此阶段，企业针对市场进一步改进客户服务，开展差异化服务，满足客户需求，与竞争者抢夺市场。随着客户服务水平的提高，企业市场明显扩大，但客户价值的增速放缓。

第四阶段：下降阶段。在此阶段，企业应该适度改进客户服务，否则会导致市场竞争力的减弱。在客户服务水平较高时，若再加大投入客户服务，客户服务成本就会增加，产品价格也会随之提高，因而客户价值反而会下降，呈现递减效果。因此，这个阶段企业要考虑客户服务的改进程度对客户价值的影响。

3. 成本 / 收入

成本包含产品生命周期各项成本在内的与客户交易的总耗费。更高的客户价值意味着更多的资金投入。提高客户价值的前提是提高企业自身的成本，随后才能谈到市场和客户的认可，并接受社会的反馈。寻求收入与成本之间的最大差值，实现利润最大化是研究的主要目的。客户价值 – 成本 / 收入曲线如图 3–8 所示。

4. 时间

时间是指对客户需求做出反应的时间，包括前置时间、客户订货周期。前置时间是指受订到出货所间隔的时间，前置时间的减少会使生产商和零售商的平均库存水平降低，

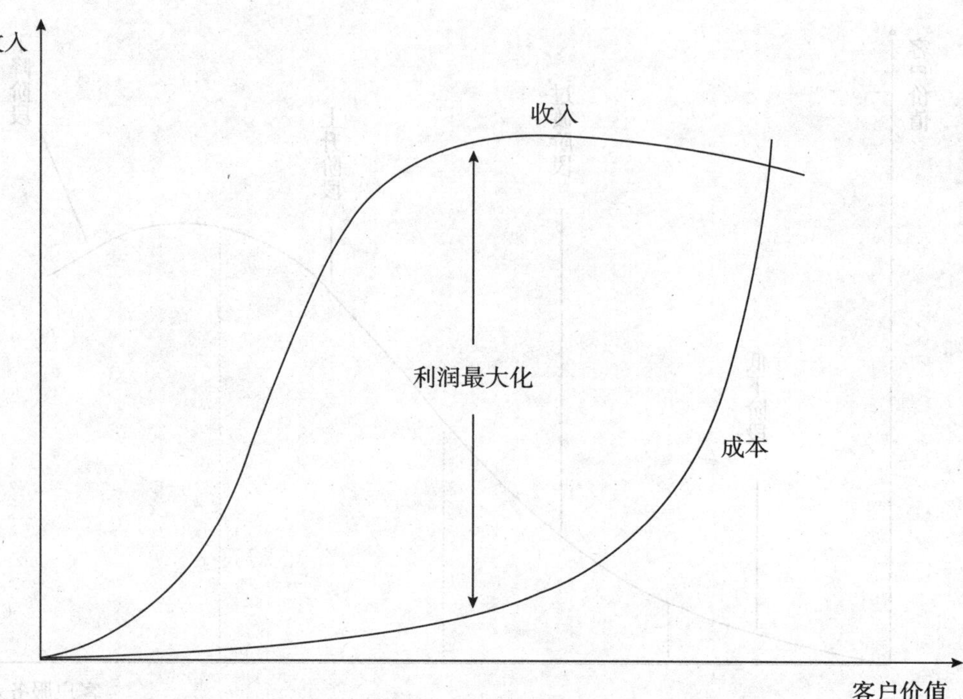

图 3–8　客户价值 – 成本 / 收入曲线

而且前置时间的减少会使客户价值更容易实现。客户订货周期包含的时间因素有传输订单时间、处理订单时间、产品生产时间等。

二、客户终生价值的含义以及与客户维持的关系

（一）客户终生价值的含义

客户终生价值，就是客户未来可能产生的价值，企业可以从预期收入中减去用来吸引、服务客户以及销售所花费的预期成本，来计算客户终生价值。客户终生价值的计算公式：

客户终生价值 = 平均交易额 × 年购买频率 × 客户寿命设定值

每个客户的价值都由三个部分构成：历史价值（到目前为止已经实现了的客户价值）、当前价值（如果客户当前的行为模式不发生改变的话，将会给公司带来的客户价值）和潜在价值（企业通过有效的交叉销售来调动客户的购买积极性，或者促使客户在社交媒体推荐企业的产品和服务等，因而可能增加的客户价值）。

事实上，在考虑客户终生价值时，要从以下三个方面考量。一是客户维持时间，企业通过与客户建立长期的关系来维持客户，提高客户维持率，从而获得较高的客户终生价值；二是客户市场份额，它是指一个企业所提供的产品和服务占某个客户总消费支出的百分比，企业若想获得较高的客户终生价值，不仅需要提高客户维持率，还要提高客户市场份额，客户市场份额是衡量客户终生价值的一个重要指标；三是客户范围界定，显然客户终生价值与客户范围界定相关，企业必须清楚其现有客户有哪些，同时还要注意开拓潜在客户。

（二）客户终生价值与客户维持的关系

企业要想真正了解客户、维持客户，就要对客户价值进行系统的分析，要发现最有价值的客户，不仅要发掘单次的客户价值，还要发掘客户终生价值。传统客户管理理念往往根据客户的单次购买行为做判断。客户买得多，客户价值就高；客户买得少，客户价值就低。现代客户管理理念认为，这种判断标准具有片面性和短视性。随着对客户价值的深入研究，需要用更长远、系统的眼光来分析客户价值，强调从整体的角度出发，把握同一客户在考察年限内所提供的总体贡献。

客户维持的重要性可以通过客户终生价值来体现。由客户终生价值的定义可知，如果一个客户忠于一个企业，那么客户终生价值就会显著增加。进一步说，与客户合作的时间越长，企业从客户身上挖掘的利益越大。有调查显示，较高的客户维持率与企业盈利息息相关，发展一个潜在客户所要消耗的资源远远超过维持固有客户需要的资源。此外，随着企业与固有客户关系的不断深入，固有客户对企业的情感会不断升华，他们甚至会以主人翁的姿态推销产品，为企业拓展客户群体。

那么，如何衡量客户维持呢？下面介绍一种较为简单、直观的方法。假设一年为一个衡量期，客户维持示意如图 3–9 所示。

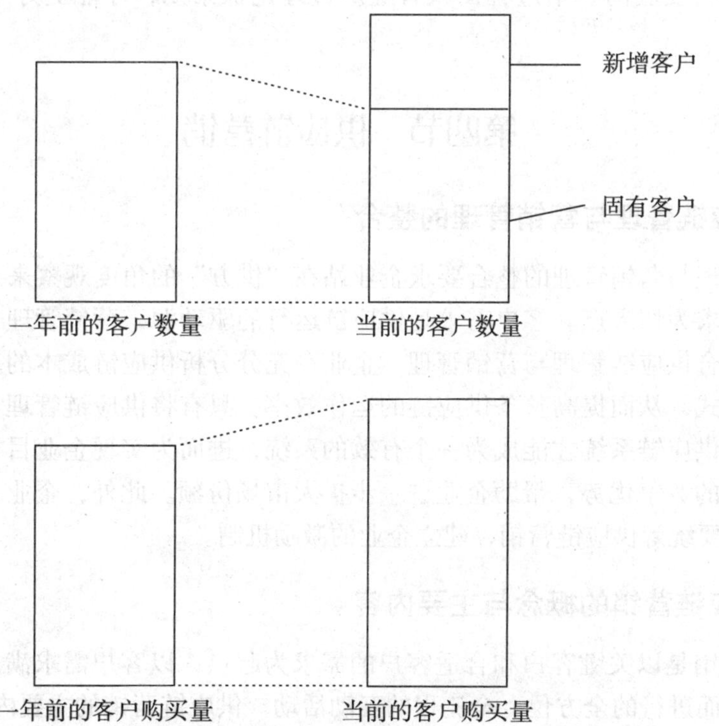

图 3–9　客户维持示意

企业应在发掘客户价值的同时，维持良好的客户关系。企业应该注重关系营销，积极主动、竭尽全力地发展市场营销战略，以增强客户忠诚度。客户终生价值与客户维持是相辅相成的关系，客户终生价值的实现以客户维持为基础，同时，客户维持也是为了使客户终生价值最大限度地提高。

在探究客户终生价值与客户维持的关系时，企业要重视客户生命周期，注重客户再造，以实现双赢。众所周知，客户是有生命周期的。企业通过与客户持续沟通、交换各种信息，来有效地影响客户的购买行为，提升客户满意度，进而不断增加企业利润，实现客户终生价值最大化。此外，企业还要实时跟踪处于动态过程中的客户的状况，弄清不同客户的贡献度，找出维持不同客户的最优途径。

一般情况下，企业都希望尽可能多的客户能够保持对其产品的忠诚度，从而重复购买其产品。然而，每个企业都没有办法保持百分之百的客户维持率。因此，企业要不停地寻找新客户并尽可能地挖掘潜在客户，充分利用各种资源来提高客户终生价值给企业带来的贡献，以实现最优化的客户维持。企业不仅需要制定客户获取和维持策略，还需要制定客户再生策略，来推动和实现客户维持。

目前，客户终生价值在我国企业战略执行上也存在缺陷。我国很多企业还处于产业规划阶段，这些企业将注意力集中在产业投资方面。因而，在企业战略层面上，表现为以产品为中心，而不是以客户为中心；在企业业务层面上，表现为企业内部与外部操作行为的不一致。在客户关系研究上，也仅停留在理论上的探索，缺少行为上的实践。当然，这都是事物发展的一个过程，只有经历过理论探索期，才能更好地过渡到实践应用期。

第四节　供应链营销

一、供应链管理与营销管理的整合

供应链管理与营销管理的整合要求企业站在“供方”的角度观察来自客户需求的影响，以客户需求为切入点。客户需求是供应链运行的驱动源，营销管理也就是客户需求管理。通过整合供应链管理与营销管理，企业在充分分析供应链成本的基础上，可以采取最优营销方式，从而提高整条供应链的运作效率。只有将供应链管理与营销管理整合起来，企业的供应链系统才能成为一个有效的系统，进而为实现企业目标提供强劲的支持，提高企业的竞争优势，帮助企业进一步扩大市场份额。此外，企业不仅要掌握各种营销方式，还要统筹供应链营销，建立企业的激励机制。

二、供应链营销的概念与主要内容

供应链营销是以关键客户和合适客户的需求为起点，以客户需求满足过程中的价值最大化为目标而进行的全方位、全流程的互动活动。供应链营销的主要内容列举如下。

（一）直面客户，建立良好的客户关系

随着生活水平和消费水平的提高，消费者已经不满足于大众化的同类消费了，个性化消费已经逐渐成为潮流，如个性化产品、个性化服务等越来越受欢迎。在这种情况下，企业如果仍然坚持有距离的营销方式，那么后果是不可想象的。

企业应直面客户，建立良好的客户关系。通过客户关系管理，对客户的购买行为进

行准确的分析，将客户合理分类，根据各类客户的需求特点设计产品和服务。面对面沟通，让客户参与产品设计方案，让客户知晓产品制造过程，在约定的时间和地点交付，及时响应客户，这样企业才能赢得客户，赢得市场。然而，单靠一个企业是很难做到的，只有发挥供应链一体化的资源优势，才能为客户提供从产品设计到售后服务的全面服务。

（二）异业结盟，协同服务

在供应链管理环境下，供应链上的企业都具有各自的资源优势，并且每个企业都以自身的资源优势为供应链上的其他企业提供支持，整条供应链追求以最低的成本、最快的响应速度实现利益最大化。因此，有的企业不仅与供应链上的其他企业结盟，还与供应链之外的异业企业结盟，从而达成营销目标。

例如，2007 年，全球知名的大型家居装饰建材零售商百安居与百胜餐饮集团旗下著名快餐品牌肯德基达成重要策略联盟协议。肯德基在全国范围内入驻百安居超市，开设汽车穿梭餐厅，顾客不用下车就能享受到一站式服务。对此，有关人士分析后认为，这是一种具有广阔发展前景、能够实现双赢的异业联盟。

（三）客户参与产品设计，实现客户化定制生产

以前，企业都等到产品出厂之后才开始营销。然而，供应链管理改变了这一模式。一条规模庞大、设备精良的现代化生产线的搭建，可以有效缩短生产线的长度，使客户化定制生产成为现实。

缩短生产线的长度，可以提高生产效率。根据研究，生产线的长度缩短一半，生产效率可以提高 30%，成本会下降 17%；生产线减少一半，生产效率可以提高 75%，成本会下降 30%，损益平衡点将下移 50%。企业应该减少生产线，将所有生产线集中在具有核心优势的产品上，围绕核心客户进行生产并提供服务，而不具有核心优势的产品的生产业务则通过业务外包的形式被分配到供应链上的其他企业，因此，各个企业都能通过供应链实现资源的最佳配置。

客户参与产品设计。在现代市场竞争环境下，供应链营销应从产品的构思开始。全新产品的诞生往往源于客户的建议。被称为“苹果之父”的史蒂夫·乔布斯曾派工程师走访了约 30 所大学，并成立了一个潜在客户服务团。根据调查和咨询结果，他得知大学中需要存储量大、程序简单、兼容的分体式计算机。该产品一经发售，立即受到广泛欢迎。客户的知识、经验、需求等都可以成为企业的重要资源。企业可通过客户数据库的信息构建，与客户开展头脑风暴，让客户参与产品设计。企业应按客户需求来计划、组织生产，使库存最小化以节约成本。供应链营销的核心就是令客户满意，让客户能称心如意地享受企业所提供的产品和服务。客户化定制生产被认为是以客户为导向的生产方式。利用供应链资源进行客户化定制生产和敏捷制造，保证产品与客户需求始终一致，这是现代化生产的重要特征。

（四）以信息代替库存，以供应链作为库房

传统的物流管理是按照制造商的要求，将原材料从供应商配送到制造商，或者将产品从制造商配送到销售商的一个转移过程。它强调单个企业的物流管理的优化，即对运

输、仓储、包装、装卸搬运、配送和信息传递实行“纵向一体化”管理。这种“蚂蚁搬家”式的物流管理会使物流速度慢、物流流程长、库存积压多、成本高。供应链一体化时代下的物流管理则以信息代替库存，以供应链作为库房，实现物流的敏捷配送。

例如，某公司在韩国购纱，在泰国缝制，在欧美地区销售。其中，地域跨度大，交货时间短，工序复杂。如果依照传统的物流管理方式，没有几个月的时间很难完成。以信息代替库存的前提是依靠供应链一体化优势，使产品开发、原材料采购、生产融资、制造控制、运输等在同一时间并行运作。原材料能够准时送达工厂，产品能够准时送达销售点，客户能够便捷地购买所需要的产品。在这个过程中，该公司虽然没有建立庞大的库存体系，但是其物流更具敏捷性。

（五）集合供应链所有成员企业，构建利益共同体

传统的营销模式中，供应商与制造商、制造商与销售商、销售商与客户之间是一种基于利益挤压的博弈关系，从供应商到客户实质上是一条博弈链，一方的获利往往是由于另一方的让利。然而，以供应链一体化为基础，结成战略联盟时，整条供应链的成功是以供应链上的每个企业的成功为基础的。一方以自身的核心优势服务另一方，一方的失败会导致供应链上的其他企业的失败，甚至会导致整条供应链的失败，供应链上的企业之间是“一损俱损、一荣俱荣”的共生、共赢关系。

（六）应用现代信息技术，提高客户价值

现代信息技术不仅是供应链一体化的纽带，它还可以提高客户价值。

通过应用现代信息技术，企业可以建立高效的专业化供应链，使企业能够基于网络系统进行客户关系管理，提供良好的服务支持渠道，同时使上游供应商能够及时、准确地知道企业所需零部件的数量、交付时间，从而大大减少存货，避免库存风险，降低产品价格，让客户觉得实惠。

通过应用现代信息技术，企业可以搭建面向客户的、安全可靠的平台，使客户能够方便、安全地与企业进行即时沟通。优秀的平台可以快速辨别客户的身份、了解客户的需求，为客户提供个性化、多样化的产品和服务。

通过应用现代信息技术，企业可以使企业内部供应链顺畅连接，进而形成以客户为导向的服务链。例如，戴尔每日都会接到数以千计的电子订单，这就涉及电子订单的信息统计、信息分类以及信息传输。由人工操作的话，不仅任务繁重，差错率还会居高不下。从企业财务的角度来说，小批量、多批次购买加大了企业财务的压力，这就更要求企业引进现代信息技术，提高企业财务工作的效率。企业与供应商进行密切联系时，离不开电子数据交换技术，这样才能以信息代替库存，降低成本，真正发挥出客户服务的优势。

通过应用现代信息技术，企业能够为客户提供良好的在线服务。自我故障排除和技术支持信箱等服务让客户能够第一时间向企业反馈自己遇到的问题。同时，对于线下维修业务，企业可将其外包出去，实现专业分工合作，为客户提供优质服务。

三、供应链营销的策略

供应链营销的策略体现在供应链产品、供应链定价、供应链促销、供应链网络设计与供应链渠道这几个方面。

（一）供应链产品

供应链产品是供应链为客户提供的所有产品。虽然许多供应链成员不直接面对客户，但是在营销视野下，提供让客户满意的供应链产品是所有供应链成员的共同任务。

传统模式下，供应链产品的开发主要由各个供应链成员独立完成，其他供应链成员几乎不参与。例如，制造企业供应链产品的开发需求仅来源于客户和制造企业内部，而非来源于其他供应链成员。在营销视野下，供应链产品的开发具有网络化、合理化和个性化等特征。供应链产品的开发是一体化的并行工程，供应链成员分布于各地，通过信息网络进行联结，进而使整个供应链产品的开发过程协调一致。当开发供应链产品时，要把供应链整体的制造、仓储、运输、销售等环节考虑进去，以实现供应链整体的合理化。供应链制造设计、供应链仓储设计、供应链运输设计、供应链销售设计和供应链售后设计，以上可统称为面向所有人的设计。

对于供应链产品的开发，其组织形式采用供应链开发团队形式，供应链开发团队形式具有团队化、协作化、多元化、创新化、信息共享化等特征。

（二）供应链定价

传统模式下，由于供应链上、下环节之间的博弈，零和思维主导下的短期、刚性行为，供应链定价的决策权分布于供应链上的各个环节。在营销视野下，供应链定价基于客户，由供应链成员在合作、共赢思想的主导下进行，供应链定价有较大的柔性，对市场定价的反应灵敏。

对于市场价格相对稳定的供应链产品，可以采用供应链成本定价法和供应链产品生命周期定价法。供应链成本是一种跨企业的成本，它将成本的含义延伸到了整个供应链，包括各个企业的作业成本和企业之间的交易成本。供应链成本定价法的基础是供应链成本，供应链产品的价格由供应链成本和目标利润两个部分组成，只有当供应链成本小于客户成本时，供应链产品的价格才有竞争力。同时，应根据供应链产品生命周期适时调整价格。供应链产品生命周期有导入期、成长期、成熟期和衰退期四个阶段，在不同的阶段采用不同的供应链定价策略。供应链产品生命周期处于什么阶段是由客户决定的，这就决定了供应链产品生命周期定价法是由客户驱动的。

（三）供应链促销

供应链促销的实质是通过外在激励，激发客户的内在需求，从而促使客户产生购买行为。传统模式下，供应商、制造商、批发商、零售商既是促销主体又是促销对象。从供应链营销的角度来看，这种缺乏合作的分级、分层式促销存在不少弊端：①浪费严重，用于分级、分层式促销的费用没有完全分配到客户身上；②单一主体的促销缺乏资源和上游支持；③基于核心企业的联合促销责权利不均，非核心企业积极性不高。在营销视野下，供应链促销为供应链统一组织进行的联合促销，供应链成员之间由传统的委托代理关系变为新型的合作关系，促销对象是客户，促销费用由供应链成员共同分担，且承担的促销费用要与其所获得的收益相匹配。责权利平衡的供应链促销能充分调动供应链成员的积极性，不仅可以节约促销费用，还可以取得更好的促销效果。与供应链产品的开发不同，供应链促销是短期行为，其组织方式可采用项目组织方式。

（四）供应链网络设计与供应链渠道

传统的供应链网络设计主要基于成本、产品、技术等要素，如运用线性规划设计而使供应链网络的整体成本达到最优。在营销视野下，供应链网络设计主要基于客户，关注客户成本而非供应链成本，关注客户获得产品的便利性而非供应链本身。因此，营销视野下的供应链是一种扩展了的营销渠道——供应链渠道。供应链成员通过供应链渠道与客户产生连接，供应链渠道的主要目标是保证客户对产品的易获得性，同时它又具有物流、信息流、资金流等渠道功能。对供应链渠道的构建和优化，主要依靠供应链渠道的覆盖和成本投入等。

【关键术语】

物流战略	Logistics Strategy
客户关系管理	Customer Relationship Management
客户价值	Customer Value
客户服务	Customer Service
优先级	Priority
客户终生价值	Customer Lifetime Value

【练习与思考】

1. 什么是客户关系管理？
2. 客户关系管理的核心理念及主要功能是什么？
3. 客户服务是怎样实现的？
4. 什么是客户价值？客户终生价值与客户维持有什么关系？
5. 在共生、共享、共赢的理念下，面向供应链，如何开展客户关系管理？

【课后案例】

用友 Turbo CRM 在汽车行业的应用

一、客户关系管理在我国汽车行业前端呈现出的特点

客户关系管理（CRM）强调以客户为中心，将客户而非产品，放在提高企业竞争力的中心位置。这一思想非常适合正在寻找不同于价格战、广告战的竞争策略的我国企业。汽车行业的管理模式逐步从“以产品为中心”转向“以客户为中心”。所谓“以客户为中心”的管理模式，是将客户资源作为企业最重要的核心资源。客户关系管理的核心是对客户价值的管理。它将客户价值分为既成价值、潜在价值及模型价值。将其反映到我国汽车行业的前端管理中，呈现出以下特点。

1. 整合现有销售渠道，以实现信息共享

市场营销是汽车行业发展的关键。从整个汽车行业的销售体系来看，对于汽车经销商来讲，必须管理多样的、复杂的客户群体，其中包括私人购买者、出租车公司等；对于汽车制造企业的销售商来说，管理网点就是管理现有销售网络、保证销售业绩。

2. “四位一体”

在现今我国的汽车销售模式中，主要有由整车销售、配件销售、售后服务、信息反馈组成的“四位一体”汽车有形交易市场。

3. 注重售后服务满意度

汽车代理商要在专营化、多功能、全方位上下功夫，完善客户服务体系、注重客户对售后服务的满意度逐渐成为提高企业竞争力的重要因素。若想服务好客户，则必须将信息整合在客户的档案中，以便能迅速地查询到客户的购车情况、购车型号、保养情况等。这正是客户关系管理的强项，它能够使售后服务得到改善，从而提高客户对售后服务的满意度。

二、用友 Turbo CRM 的应用解决方案

用友 Turbo CRM 是客户关系管理系统，具有强大的功能。该系统的应用解决方案在实施过程中分为一期方案与二期方案。

1. 一期方案

制造企业和经销商利用用友 Turbo CRM 建立客户信息平台，以实现以下几个目标。

（1）统一和共享客户信息。就汽车经销商而言，用友 Turbo CRM 将客户信息统一在一个信息平台上，查询到客户信息，即可了解客户的基础资料。这种客户信息是动态的，查询者通过客户信息页面，可以查询到客户购车的时间、客户选购的配件、客户上牌照的时间等。这正是以客户为中心的具体体现。对于出租车公司这类客户，汽车经销商最关心的是出租车的车型、出租车的数量、某种车型占全部车辆的比例等。就汽车制造企业的销售商而言，发展渠道是最为关心的问题。另外，对于某些以销定产的制造大、中型客车或豪华轿车的汽车制造企业而言，其销售过程较长、流程复杂，若能够方便地将这些与客户打交道的环节的关键信息记录下来，则将大大提高汽车制造企业的效率。

（2）细分目标市场，掌握个性化市场需求。用友 Turbo CRM 可以整理目标市场细分后的背景资料。

（3）为不同客户提供连续性售后服务。

2. 二期方案

汽车制造企业和汽车经销商（代理商）之间的数据实现实时共享。在顺利地实施一期方案后，紧接着可以进行二期方案的推进，而在二期方案中需要实现的目标就是建立统一的信息处理平台。

汽车行业广泛采用代理配送制，该特点决定了汽车制造企业与汽车代理商是“利益共同体”，有共同的目标，不仅要单独解决汽车制造企业或汽车代理商本身的客户信息的管理问题，而且要建成让汽车制造企业与汽车代理商之间达成信息交互的平台，从而实现实时信息传递。

同时，用友 Turbo CRM 建立了统一的业务处理平台。在实施了用友 Turbo CRM 后，企业内部所有方面的整合主要是通过用友 Turbo LINK。在任何可以上网的环境中，汽车经销商可以通过汽车制造企业主页上的“合作伙伴”入口登录，查询汽车经销商向汽车

制造企业所下订单的处理情况，了解车辆产销、提车的时间等。例如，神龙汽车率先采用了用友 Turbo CRM，在其制造和销售中，这种数据连接正在变为现实。该系统的应用解决方案保证了资金流、物流的顺利流动，整合了汽车制造企业和汽车经销商的多个业务流程。

用友 Turbo CRM 之所以能够为汽车行业提供端到端的联合多个企业的应用解决方案，这是与该系统的 B/S（浏览器 / 服务器）基础结构分不开的。全面采用互联网技术的用友 Turbo CRM 是一个多层结构的系统，包括数据库服务器（Database Server）、应用程序服务器（Application Server）、网页服务器（Web Server）和浏览器（Browser）四层结构。

汽车行业销售网点分布地域广阔，业务人员出差频繁，管理上容易存在问题。为此，用友 Turbo CRM 利用互联网技术提供了跨地域管理的模式，解决了信息实时性和有效性的问题。为了解决汽车行业跨地域管理的难题，可以将用友 Turbo CRM 安装到企业现有的托管服务器上，企业分支机构的员工只要能够接入互联网，就可以不受地域限制，将业务的发展情况实时反馈到系统中，企业的管理层也可以随时查看各地的业务进展情况。

一些传统的汽车企业对先进技术的应用和底层设置可能都不是很成熟。在实施过程中，可以发现多数汽车企业的信息化建设基础薄弱，某些汽车企业暂不具备较大规模的投资能力或者系统维护能力。针对这样的现状，用友 Turbo CRM 正版软件还提供活动服务器页面（ASP）服务，由用友 Turbo CRM 提供专业的维护，企业人员只要能够接入互联网，就可以登录用友 Turbo CRM，实现跨地域应用，保证数据整合。

〖问题讨论与思考〗

1. 我国汽车行业的前端管理中，呈现出哪些特点？

2. 该课后案例带来的启示有哪些？

第四章课件

第四章 供应链生产运营管理

【本章导读】

精益改善的本质：通过精益的管理方法来提升整个制造系统的精干程度，得到业务流程的最佳实践方式，再利用信息技术把这些最佳实践方式固化到系统中去，从而获得稳定且可持续的高质量输出。在数字化转型的大背景下，精益的管理方法也在不断“升级”，可以利用数字化工具持续优化（如标准化、可视化）。虽然精益管理起源于日本丰田汽车公司，但是许多日本企业在数字化方面的建树不如部分我国企业。部分我国企业不仅引进了对企业经营有帮助的精益管理，还在数字化方面加大了投入，发挥了企业的优势，从而具备了更为现代化、数字化的业务运行状态，进而更大限度地提高了企业经营效率、改善了企业经营质量。全力发展数字化企业是构建中国数字经济底层的最关键步骤。只有我国大部分企业都实现了数字化转型，才能形成数字化企业的产业集群，这是未来中国用数字经济构建核心竞争力的重要保障。

【学习目标】

通过本章的学习，了解精益思想的起源、含义和目标；理解精益生产的核心理念；熟悉精益生产的支撑体系——看板管理的基本概念以及看板的机能；掌握约束理论与最优生产技术的基本概念；理解最优生产技术的基本思想；掌握快速反应和有效客户反应产生的背景及其含义和构建；充分理解约束理论在供应链管理中的应用。

第一节 精益生产

一、精益思想的起源

精益思想（Lean Thinking）是对丰田生产系统（Toyota Production System）背后核心原则的明确阐述，丰田生产系统曾被认为是最有效的生产系统。

举一个单次生产的例子，将每一个创造价值的步骤连贯起来，制造所需的每一台机器按照工艺步骤进行排列，每一个零件都从一台机器流转到另一台机器上，直至完成整个生产过程。福特汽车创始人亨利·福特将这个逻辑运用到了极致，福特汽车公司开发出了世界上第一条流水线。工业的历史从这时开始转向了另一个方向。在流水作业中，所有机器只生产单件产品，无须改变机器设置。

美国通用汽车公司选择了另一种方法组织生产，不同的部门致力于不同的生产活动，按照单个部门组织其生产工艺。这些部门中的机器总是非常忙碌，因为要确保有成批的零件等待加工。美国通用汽车公司不是按照产品流来组织生产的，而是将不同半成品的批次从一个部门转交到另一个部门，直至完成整个装配过程。这样工程师能够专注于设计速度更快、适合大批量生产的机器。

20世纪30年代，丰田佐吉和他的儿子丰田喜一郎（日本丰田汽车公司创始人）按照他们对流水作业的认识，组织生产。他们阐明了自动暂停流水线和拉式生产，并且将其融入丰田生产系统。有了自动暂停流水线，在发生错误时，零件就不会被传递，从而中断后面的生产，这也被称为自动化；有了拉式生产，只有实际需要的零件才会被生产出来，这也被称为准时生产（JIT）。后来，丰田生产系统实现了工作负荷平衡。

第二次世界大战结束之后，日本丰田汽车公司克服了种种障碍，按照工艺步骤布置简单设备，生产小批量、多品种的产品。日本丰田汽车公司的生产主管进行了为期多年的实验，从发动机工厂开始，发展到车体焊接和组装工厂，精益生产为日本丰田汽车公司带来了质的飞跃。20世纪70年代初期，丰田生产系统被延伸到了供应领域。日本丰田汽车公司在1973年的石油危机后持续盈利，其他日本汽车企业意识到日本丰田汽车公司已经寻到了一条创新的道路。因此，其他日本汽车企业开始学习日本丰田汽车公司，以提升绩效。丰田生产系统可以显著地压缩时间、消除浪费、改善质量，并且只生产客户订购的产品。日本汽车的出口量迅猛增长，以至于1981年美国提出开始限制日本汽车的进口。精益生产正是日本丰田汽车公司具有卓越竞争力的根本原因。

日本丰田汽车公司的汽车制造厂成功转向精益生产，引发了其竞争对手大规模的赶超运动。人们很快就清楚地意识到，复制日本丰田汽车公司并不是最终答案，而且丰田生产系统的各个要素需要结合在一起才能发挥作用。因此，必须开展更加根本的改造，这就要求对丰田生产系统背后的关键原则有更加深刻的理解。在一些企业对精益生产的实际应用展开探索的同时，一些研究人员也对精益思想进行了深入探讨。

精益思想的原则：①不单从企业或职能部门的角度，而是从客户的角度来确定什么创造价值；②确定特定产品的价值，识别每一种特定产品的价值流；③识别价值流中设计、生产、订购产品所需的所有步骤，突出非增值浪费；④使创造价值的活动的流程不发生中断、逆转、等待，使价值的流动连续不断；⑤由客户拉动制造商创造价值，按照客户需求进行拉式生产；⑥持续消除浪费，追求完美。

精益思想成功的关键因素：①绩效指标与企业战略一致；②物流战略与生产战略相适应；③物流战略要素的成本和收益得到证实；④企业员工素质高，易于接受物流战略和生产战略；⑤外部管理的发展与战略协调一致。

二、精益生产的基础理论

精益生产（Lean Production，LP）源于丰田生产系统，是由美国麻省理工学院提出的。在一项名为“国际汽车计划”的研究项目中，数位专家在调查、对比大量日本企业后发现，日本丰田汽车公司的生产组织、管理方式是最适用于现代制造的。精，即少而精，不投入多余的生产要素，只在适当的时间生产必要数量的市场急需产品（或下道工序急需产品）；益，即所有经营活动都有益且有效，具有经济效益。描述精益生产的最佳方式就是将它与手工生产和大规模生产进行比较。

手工生产是指手工劳动，运用简单的生产工具从事生产活动。例如，一些装饰艺术品就需要手工生产。然而，手工生产存在明显的问题，手工生产的成本过高。因此在20世纪，大规模生产是最流行的生产方式，部分替代了手工生产。大规模生产则是由熟练的专业人员设计产品，由半熟练的工人操作昂贵、用途专一的机器完成生产，这样可以生产出大量的标准化产品。因为用于购买机器的成本非常高，所以进行大规模生产的制造商不能容忍停工。因此，制造商会增加额外的供给、额外的工人来保证顺利生产。因为转产（转而生产新产品）的成本非常高，所以制造商会尽可能长时间地保证生产中的标准。

精益生产与大规模生产之间最显著的差别就是它们的目标不同。大规模生产设定了有限的目标，在一定范围内，可以接受一定数量的缺陷产品、较高的库存水平和范围较窄的标准化产品。然而，精益生产在目标上要求"尽善尽美"，追求低成本、零缺陷、零库存和多品种。与大规模生产相比，精益生产可能只需要一半的人员、一半的制造场地、一半的机器投资、一半的生产周期、一半的产品开发时间，因而库存大量减少，产品品种大量增加。精益生产将手工生产和大规模生产的优点结合在了一起。精益生产在生产过程中的各个环节安排了熟练的工人，并使用了高度灵活、自动化的机器，来生产大批量、多品种的产品。

精益生产改变了人们的工作方式，所谓的蓝领会发现他们的工作随着精益生产的展开而更具有挑战性了，与此同时，他们可能会承担越来越大的工作压力。精益生产让企业的各个层级承担着更多的责任，责任在很大程度上能够驱动员工工作。

为了实施精益生产，企业必须了解客户的价值取向，因此必须定义企业的内部价值流和外部价值流。在做完这些准备工作后，确定改进的方向和目标，并审查改进的成果。给客户带来更多价值的前提是企业需要内部框架和实施工具。如果能够有效地完成，那么应该设立消除浪费、尽善尽美的目标，而非以竞争对手为基准设立不具有可比性的目标。然而，实际上实施精益生产没有如此简单易行，原因可能如下。

（1）企业管理人员为了处理危机而采取事后补救措施时，投入了过多时间，以至于没有时间复盘实际发生的情况。

（2）专业咨询人员所提供的实施建议超出了企业的实际需要，这样通常会使实际情况变得更复杂。

（3）一些企业案例只是一味迎合市场，企业案例中提及的方法不一定具有参考价值。

三、精益生产的支撑体系——看板管理

（一）看板管理的概念

看板管理是丰田生产系统中的重要概念，是指为了达到准时生产，在工业企业的工序管理中，以卡片为凭证，控制现场的生产流程，定时定点交货的管理制度。准时生产可以保持物料流和信息流在生产过程中的同步，实现以恰当数量的物料，在恰当的时候进入恰当的地方，生产出恰当质量的产品。

看板管理可以实现信息流在同一道工序或者前后工序之间的顺畅流动。准时生产

是拉式生产，通过信息流，需求信息从最后一道工序向前一道工序传递，这种传递信息的载体就是看板。没有看板，准时生产是无法进行的。一旦生产计划确定以后，首先会向各个生产车间下达生产指令，其次每个生产车间又会向各道工序下达生产指令，最后再向仓库管理部门、采购部门下达生产指令。这些生产指令的传递都是通过看板来完成的。

（二）看板的机能

日本丰田汽车公司于 20 世纪 50 年代从超级市场的运行机制中得到启示，看板最初是作为一种生产、运送工作指令的传递工具而被创造出来的。经过多年的发展和完善，已经在很多方面发挥着重要的机能。

1. 生产及运送工作指令

生产及运送工作指令是看板最基本的机能。企业总部的生产管理部门根据市场预测及订货情况制定工作指令，而后下达到总装配线，各道工序的生产都根据看板来进行。看板中记载着很多信息，如生产和运送的数量、时间、放置场所、搬运工具等，从装配工序逐渐向前追溯。在总装配线，将某零部件上所带的看板取下，以此再去前道工序领取，前道工序则只生产看板上标示的数量，适时适量生产就是通过这些看板来实现的。

2. 防止过量生产和过量运送

看板必须按照既定的规则来使用。其中一条规则是没有看板，既不能生产，也不能运送。根据推测，看板数量减少，则生产量也相应减少。看板上标示的是必要的数量，因此运用看板能够自动防止过量生产和过量运送。

3. 进行目视管理的工具

看板是进行目视管理的工具。看板必须附在实物上存放，工作人员按照看板取下的顺序进行生产。据此，作业现场的管理人员能够很容易地管理生产的优先顺序。通过看板所标示的信息，可以知道作业现场的进展情况、各道工序的生产能力以及工作人员的配置情况等。

4. 改善工具

看板也是改善工具，主要通过减少看板数量来实现改善。看板数量的减少意味着工序间在制品库存量的减少。如果在制品库存量较多，即使设备出现故障、不良产品数量增加，也不会影响后续生产，掩盖问题。在准时生产中，若通过不断减少看板数量来减少在制品库存量，则上述问题不可能被无视，这样生产线的“体质”也能得到加强。

第二节　敏捷制造

一、敏捷制造的基础理论

（一）敏捷制造提出的背景

从 20 世纪 70 年代到 20 世纪 80 年代初，由于片面强调第三产业的重要性而忽视了制造业对国民经济健康发展的保障作用，美国的制造业严重衰退，逐步丧失了其世界霸主的地位，出现了巨额的贸易赤字。1986年，在美国国家科学基金会和企业界的支持下，美国麻省理工学院的工业生产率委员会开始深入研究衰退原因和振兴对策。研究结论是一个国家若想生活得好，必须生产得好。该研究结论重申了作为人类社会赖以生存的物质生产基础产业——制造业的社会功能，并提出发展技术先进、有强大竞争力的制造业来夺回生产优势的振兴对策。在所提出的一系列制造业发展战略中，1988年由美国通用汽车公司和美国理海大学共同提出的一种新的制造企业战略——敏捷制造最受重视。为此，成立了美国国家制造科学中心，得到了美国国家科学基金会、美国国防部、美国商务部和许多企业的支持。敏捷制造已经成为有重要影响的研究、开发和应用领域，被称为21世纪制造企业战略。

（二）敏捷制造的实质

敏捷制造（Agile Manufacturing）是美国在各项技术迅速发展、国际市场竞争日益激烈的形势下，为维护其世界地位、维持美国的高水准生活，而提出的一种制造生产组织模式。敏捷制造是基于对市场发展和未来产品的分析提出的。一方面，随着生活水准的不断提高，人们对产品的评价标准也逐渐发生变化，从质量、功能的角度转变为资源保护、污染控制的角度，产品市场总的发展趋势也从标准化和批量化转变为多元化和个性化；另一方面，在工业界存在一个普遍而重要的问题，那就是商务环境变化的速度超过了企业跟踪、调整的速度。再有，美国的信息技术比较发达。因此，将敏捷制造应用于制造业，旨在以变应变。

（三）敏捷制造的内涵

敏捷性是指企业在不断变化、不可预测的经营环境中善于应变的能力，它是企业在市场中生存能力的综合表现。敏捷制造是指制造企业采用现代通信手段，通过快速配置各种资源，以有效和协调的方式响应客户需求，实现制造的敏捷性。敏捷制造依赖各种现代技术和方法，而最具代表性的是敏捷虚拟企业（简称虚拟企业）的组织方式和虚拟制造的开发手段。

虚拟企业（Virtual Enterprise），又称企业动态联盟。竞争环境的快速变化，要求企业做出快速反应。当前产品越来越复杂，对于某些产品，一个企业已经不可能快速、经济地进行独立开发和制造。根据任务，由不同企业按照资源、技术和人员的最优配置，快速组成虚拟企业，才有可能迅速完成既定任务。这种虚拟企业的组织方式可以降低企业风险，使生产能力得到前所未有的提高，从而缩短产品的上市时间，减少相关开发的工作量，降低成本。这种虚拟企业，可以利用各方的资源优势，迅速响应客户需求，是21世纪生产方式——社会级集成的具体表现。实际上，虚拟企业并不限于制造业，但制造业却是最令人感兴趣、最困难的领域，它更清晰地体现了过程的集成，且控制概念在运行结构中占有重要地位，这些特点使虚拟企业的形成更具有挑战性。

虚拟制造（Virtual Manufacturing），又称虚拟产品开发。它综合运用仿真、建模、虚拟现实等技术，提供三维可视交互环境，对产品从构想、设计到制造的全过程进行模拟实现，以期在真实制造之前，预估产品的功能及可制造性，研究产品的实现方法，从而缩短产品的上市时间，减少相关开发的工作量，降低成本。虚拟制造的开发手段：由从事产品设计、仿真模拟等方面的工作人员组成虚拟产品设计小组，通过网络沟通进行工作。虚拟制造的应用过程：以数字形式，虚拟地创造产品，在计算机上建立产品的数字模型，并对该模型的形式和功能等进行评审、修改。这样只需操作一次就能获得产品的实物原型。

以上两项是敏捷制造区别于其他生产模式的显著特征。敏捷制造的精髓在于提高企业的应变能力，因此对于一个具体的应用，并不是说必须具备这两项内容才算实施敏捷制造，而应该理解为通过各种途径提高企业的应变能力都是在向敏捷制造前进。

（四）敏捷制造的概念

美国研究敏捷制造的组织将敏捷制造定义为能在不可预测的、持续变化的竞争环境中使企业繁荣和成长，并具有对由客户需求驱动的市场做出迅速响应的能力。

（五）敏捷制造的要素

敏捷制造的三大组成要素列举如下。

1. 集成

具体来讲，企业组织结构已经逐渐从金字塔式的多层次生产管理结构向扁平式的网络结构转变；从以技术为中心向以人、组织、管理为中心转变。在企业物理集成、信息集成和功能集成的基础上，可以实现企业的过程集成、部门集成。

2. 高速

具体来讲，就是要实现企业对市场机会的迅速响应，从而缩短产品的开发周期和交货周期，加快产品的周转等。

3. 具备责任心和自主意识的工作人员

任何先进的制造系统都离不开工作人员的努力。离开了人的因素，根本谈不上先进思想的贯彻。工作人员不但要具备劳动技能、专业知识，而且要具备责任心和自主意识。

敏捷制造强调柔性的、先进的、实用的制造技术，强调熟练掌握劳动技能的、高素质的工作人员以及企业的内、外部管理这三者的有机集成，从而实现整体最优化，对千变万化的市场做出快速反应。

（六）敏捷制造要求企业具备的特征

敏捷制造要求企业具备以下特征。

1. 技术研发能力

高技术含量的产品可以为企业带来高附加值。技术成为决定产品利润的重要因素。精益生产主要通过降低成本来提高利润。就敏捷制造而言，决定产品成本、产品利润和产品竞争力的主要因素是开发、生产该产品所需的知识的价值，而不是材料、设备或劳动力。

2. 生产能力

生产潮流逐渐由大批量生产转变为小批量、多品种生产，因此刚性生产也逐渐转变为敏捷化生产。通过可重组的、模块化的加工单元，实现新产品和各种各样变型产品的快速生产，从而使小批量、多品种生产能够达到与大批量生产同等的效益，令产品价格与生产批量无关。

3. 个性化生产

敏捷制造使企业按订单组织生产客户定制的个性化产品。这种模式取代了单一品种的生产模式，以合适的产品满足了多种多样的客户需求。

4. 企业之间动态合作

敏捷制造要求企业对内部的生产工艺、流程、机构迅速地进行重组，从而对市场机遇做出敏捷反应，生产出客户所需要的产品。当企业发现不能单独做出敏捷反应时，就要在企业之间进行动态合作。

5. 激发、培养员工

敏捷制造要求企业营造一种能够充分激发员工积极性、创造性的环境，以巩固和提升企业的创新能力。有远见的领导者将具备创新能力的员工看成是企业的重要财富，把对员工的培养作为企业的长期投资行为。

6. 新型的客户关系

敏捷制造要求企业与客户建立一种崭新的战略依存关系，强调客户参与产品制造的全过程。企业发现，最好的产品不是企业为客户设计的，而是企业和客户一起设计的。若想满足客户越来越多的需求，回应客户越来越高的期望，最好的方法就是把客户吸引到产品制造的全过程中来。

二、敏捷制造与精益生产的特征比较

（一）相同特征

敏捷制造和精益生产都强调运用市场知识集成供应链和缩短产品的交货周期，这都是敏捷制造和精益生产的基础。供应链中的所有业务都针对最终用户，最终用户直接决定哪种生产模式更合适。不管采用哪种生产模式，业务流程必须协同工作以集成供应链，以便能够满足最终用户的需求。

（二）不同特征

精益生产和敏捷制造的特征分别是消除浪费和供应链的快速重构。精益生产要求消除一切浪费；而敏捷制造意味着生产过程能够对市场变化做出快速响应，强调供应链的快速重构。

精益生产寻求零部件和在制品库存的最小化，精益生产适用于商品需求量大、种类少且可预测性高的情况。敏捷制造的关键是核心企业的上下游都有敏捷的合作者，敏捷制造适用于商品种类要求高、可预测性低的情况。

三、精益供应链与敏捷供应链的比较

精益供应链运用的制造方法是精益生产，而敏捷供应链运用的制造方法是敏捷制造。精益供应链与敏捷供应链的比较如表 4–1 所示。

表 4–1　　精益供应链与敏捷供应链的比较

项目	精益供应链	敏捷供应链
产品范围	标准产品	新产品
生产计划	根据订单制订	根据客户定制的规模制订
产品生命周期	大于2年	3个月到1年
市场	当前市场	新市场
组织结构	静态、低层次	虚拟组织、战略联盟
供应商选择	低成本、高质量	快速、柔性、高质量
存货策略	高周转、低存货	按照客户需求制定
产品设计策略	最大化业绩、最小化成本	满足个性客户的需求
人力资源	职能部门工作团队	分散决策的跨职能工作团队
集成供应链	主要	主要
消除浪费	主要	次要
快速重构供应链	次要	主要

第三节　约束理论与最优生产技术

一、约束理论的基础理论

目前，构建一个信息化系统或再造一个企业系统的成功率非常低，许多企业在投入了大量的资金后，才知道风险所在。那么，构建系统的难度在哪里？

由于市场竞争，企业有了许多不确定的因素。在传统工业经济中，通常是大批量的推式生产，企业内部很平稳，企业内部管理也比较容易进行；一旦要满足客户定制的要求，就必须进行小批量、多品种生产，这样必然增加企业内部的不确定性，从而增加了企业内部管理的难度。

在非连续制造业中，一般机械加工与装配车间的生产系统属于离散事件动态系统，因此在生产过程中必然存在着计算复杂性。想得到一种优化的结果是很困难的。在实际的生产过程中，存在着大量的非线性与非结构化的问题，这些问题无法用现有的理论和数学方法进行描述。因此，在构建系统的过程中，不能完全用线性的、结构化的方式来进行，而要采用非线性的、非结构化的、动态的方式来进行，从而解决企业的实际问题。

同理，企业在构建供应链之前或进行供应链变革之前，要注意以下几点。

（1）企业要结合战略和战术变化。

（2）企业要思考一个完整的、系统的方法。

（3）企业应从端到端考察供应链。

（4）企业应对供应链所有的部分进行持续不断的改造。

（5）企业要考虑收益、成本和资产利用。

对供应链的构建来说，约束理论提供了系统的思考方法，当然，这种系统的思考方法并不能直接提供解决以上所述问题的方法，但是却能提供解决问题的可能性。

（一）约束理论的概念

约束理论（Theory of Constraints）是于20世纪80年代，由以色列物理学家及企业管理大师艾利·高德拉特提出的。他在20世纪70年代末提出了最优生产技术（Optimized Production Technology，OPT），约束理论是在此基础上发展起来的。他的第一部作品《目标》大胆地借用小说的笔法，说明如何通过近乎常识的逻辑推理，解决复杂的管理问题，反映了他对管理问题的种种思考。

约束理论是企业识别并消除在实现目标过程中存在的制约因素（即约束）的管理理念和原则，与企业目标过程再造、绩效提升有关。企业必须突破在实现目标过程中存在的制约因素，从而提升企业绩效。约束理论主要有两个方面的内容。

1. 思维过程

（1）解决战略问题的思维过程。

（2）解决战术问题的思维过程。

（3）解决营销问题的思维过程。

2. 后勤应用

（1）动作管理——鼓点—缓冲—绳索（Drum-buffer-rope）系统。

（2）分销管理——补货。

（3）项目管理——供应链关键部分。

（4）财务管理——产销率会计。

（二）约束理论的思维过程

约束理论还提供了一套逻辑思考的工具，包括思考的程序及其应用范围。在工业界，约束理论可以应用在财务、生产、工程、分销、市场营销、制定策略等方向以及管理技能等方面。同时，约束理论还可以使全面质量管理（Total Quality Management，TQM）和精益生产更加完善。在企业供应链管理系统的构建或再造过程中，就应用到了约束理论的思维过程。

约束理论关注企业活动间的关联性。约束理论把企业供应链管理系统看成链状的系列关联系统，其中环与环中的链接是关注的重点。无论是企业内还是企业间，都存在着这种链状的关联性，因此用约束理论来解决企业供应链管理系统的构建或再造问题是非常合适的。

根据以上所述，如果企业知道系统中存在约束，企业就要设法解除约束，可以应用约束理论的思维过程进行思考。严格按照因果逻辑回答以下几个问题。

（1）改进什么？

（2）改进成什么样子？

（3）怎样实现改进？

二、最优生产技术的基础理论

（一）最优生产技术概述

最初，最优生产技术曾被称为最优生产时间表。最优生产技术在不长的时间里获得了广大企业的认可。最优生产技术是一项新的组织生产方式。最优生产技术的基本思想列举如下。

（1）不追求生产能力与市场需求的永久平衡，追求内部物流的平衡。

（2）系统的约束决定了非瓶颈资源的利用程度。

（3）资源的“活力”和“利用”是不同的概念。

（4）在瓶颈资源上损失的时间就是在整个系统上损失的时间。

（5）在非瓶颈资源上节省的生产时间不能增加系统的产销率。

（6）瓶颈资源决定产销率。

（7）工序间运输批量可以不等于（有时候应该不等于）加工批量。

（8）批量大小应是可变的，而不是固定的。

（9）编排作业计划时考虑系统的资源约束，提前期是作业计划的结果，而不是预定值。

这些基本思想是实施最优生产技术的基础。目前，有关最优生产技术的应用软件和控制算法就是按照这些基本思想设计的。这些基本思想也可以直接用于指导实际的生产管理活动。在企业供应链管理系统的构建中，这些基本思想对于供应链优化来说也是很有参考价值的。

（二）最优生产技术中的瓶颈资源

在最优生产技术中，资源是指企业要达到市场目标所涉及的各方面因素。例如，制造资源是指生产产品所需的全部资源，包括机器、工人、厂房等。

瓶颈是指资源的瓶颈，也就是说，这个资源的能力小于或等于达到一个市场目标所需要的能力。因此，这里的资源也被称为瓶颈资源。在制造业中，瓶颈资源就是实际生产能力小于或等于生产负荷的资源。这一类资源限制了整个企业的发展。其余的资源则被称为非瓶颈资源。识别一个资源是否为瓶颈资源，应该从资源的实际生产能力来考察，可以从企业间的角度来识别，也可以从企业内的角度来识别，具体视情况而定。

一个简单的供应链流程，可以根据瓶颈资源所在的位置识别是企业内瓶颈资源，还是企业间瓶颈资源。如果企业不能在供应链中向市场提供所需的产品，那么供应链中的资源一定存在着瓶颈资源。

阅读以下例子，进行简单分析。

【例一】某种产品的市场需求是100件/月。通过零售商或批发商向企业发出订单，企业收到订单后，可能会在完成订单的过程中发生如下状况：原材料供应商不能为企业提供每月生产100件产品所需要的原材料；企业本身没有能力每月生产100件产品；运输部门没有能力完成每月100件产品的运输任务。

从这里可以看出，供应链中企业的外部成员可能成为企业完成订单的制约因素。

【例二】某种产品的市场需求是100件/月，企业的生产能力是120件/月，企业的生产能力大于该产品的市场需求，那么制约因素就是市场。

当某种产品有一定的市场需求，在原材料供应商供应充足、运输部门能够完成运输任务的情况下，企业内还有什么资源可能成为瓶颈资源呢？这是需要思考的问题。实际上，企业内完成订单的流程比较复杂，涉及物流环节、生产环节、原材料采购环节、原材料和产品仓储环节等。此外，资金流不畅有可能会影响原材料采购环节。

为了方便说明，把许多资源都看成恒定的非瓶颈资源，而简单地将问题集中在生产环节上。从企业内生产流程来看，依赖于企业的生产能力，企业是否可以按需求向市场提供产品。如果企业不能按时交货，那么原因何在？这就需要考虑造成企业不能按时交货的瓶颈资源是什么。企业内生产流程中有许多设备，假设企业有设备A、B、C。

【例三】某种产品的市场需求是100件/月。设备A的生产能力是50件零配件/月；设备B的生产能力是70件零配件/月；设备C的生产能力是90件产品/月。显然，从这个企业的生产状况看，即使所有设备满负荷运转也没有能力向市场每月供应100件产品，所以设备A、B、C都是瓶颈资源。

为了满足市场需求，企业对设备A、B进行了改造，这时出现了其他状况。

【例四】某种产品的市场需求是100件/月。设备A的生产能力是120件零配件/月；设备B的生产能力是150件零配件/月；设备C的生产能力是90件产品/月。

设备A、B生产出的零配件会在设备C前积压，设备C即使满负荷运转，也不可能实现每月生产100件产品的目标，这样就不能满足市场需求，所以设备C就是瓶颈资源。企业在设备改造的过程中，应该参照总体的市场需求，对设备C进行改造，而不应该为了增加产量，只对设备A、B进行改造。现在设备A、B生产出的零配件的数量已经超过了市场需求量，因此要改造设备C，集中力量开拓市场。

综上所述，寻找企业内生产流程中的瓶颈资源是很关键的。有时，瓶颈资源有很多个，企业必须逐个解决这些瓶颈资源，进行企业内生产流程的变革。变革时，如果不针对瓶颈资源，变革往往会失败，仍有许多企业没有注意到这一点，收效甚微。

三、最优生产技术的基本思想

（一）不追求生产能力与市场需求的永久平衡，追求内部物流的平衡

市场是最活跃的因素，企业不能追求生产能力与市场需求的永久平衡，实际上这是做不到的。市场永远在变，市场需求是一个相对的概念。例如，如果某种产品的市场需求是100件/月（订单与市场需求一致的情况），由于市场变化，市场需求变为80件/月，这时企业设备的生产能力还是100件/月，那么该产品就会积压。在许多情况下，订单数量只是市场需求数量的一部分，企业在市场需求下降时面临着更激烈的竞争，因而必须去争夺市场份额才能与其生产能力平衡。因此，企业不必追求生产能力与市场需求的永久平衡。如果企业每月接到来自市场的订单的数量永久不变，那么企业就可以进行瓶颈资源投资，以提高生产能力。然而，市场并不是恒定的。基于最优生产技术的观点，企业要集中精力追求内部物流的平衡。对超过瓶颈资源和低于瓶颈资源的作业工

序进行调整，使整个作业工序与瓶颈资源同步。

（二）系统的约束决定了非瓶颈资源的利用程度

从例四中可以看出，企业的生产能力是由设备C（瓶颈资源）决定的，而不是由设备A、B（非瓶颈资源）决定的。如果充分利用设备A、B，使其满负荷生产，就会导致浪费，造成零配件的积压、企业运营费用的增加。因此，系统的约束决定了非瓶颈资源的利用程度。

（三）资源的“活力”和“利用”是不同的概念

基于最优生产技术的观点，资源的“活力”和“利用”是不同的概念。“活力”是指资源所包含的生产潜力，例四中的设备A（非瓶颈资源）具有的“活力”是120件零配件/月，也就是它具有的生产能力。在例四中，由于瓶颈资源是设备C，它的生产能力是90件产品/月，设备C对设备A实际上的生产需求是90件零配件/月，这就是“利用”，而不必按照设备A具有的“活力”，每月生产120件零配件。“利用”强调了资源的有效性，“活力”则强调了资源的可行性。从系统效率的角度来看，资源的“利用”更重要；从平衡内部物流的角度来看，要调整“活力”过多的非瓶颈资源，让其适当闲置，使非瓶颈资源与瓶颈资源的“活力”处于动态平衡。

（四）在瓶颈资源上损失的时间就是在整个系统上损失的时间

生产时间包括准备时间和加工时间。系统效率是由瓶颈资源决定的，瓶颈资源的生产时间决定了系统的产量。在瓶颈资源上损失的时间就是在整个系统上损失的时间。企业必须尽量减少准备时间、增加加工时间，从而提高系统效率。因此，企业在流程管理中应该注意瓶颈资源的时间有效性。

（五）在非瓶颈资源上节省的生产时间不能增加系统的产销率

非瓶颈资源除了生产时间之外，还存在闲置时间。在非瓶颈资源上节省了生产时间，实质上是增加了非瓶颈资源的闲置时间，这并不能增加系统的产销率。但这也是有意义的，适当增加非瓶颈资源的闲置时间，可以降低库存，达成非瓶颈资源与瓶颈资源的物流平衡。

（六）瓶颈资源决定产销率

约束理论中的产销率是用来衡量企业单位时间内能够出产、销售产品且最终获利的能力。数学计算中，产销率等于单位时间内实现的销售收入减去取得相应收入而发生的销售成本。产销率受企业生产能力和市场需求量的制约。如果市场需求量不大，企业生产能力再强也不能提高产销率（见例二）。企业内的许多资源都可能成为瓶颈资源，如果把这些资源都看成恒定的非瓶颈资源，那么生产环节上的瓶颈资源就决定了产销率。由于瓶颈资源决定了产销率，非瓶颈资源就应该与瓶颈资源同步，维持内部物流的平衡，保持一定的库存水平。

在以色列物理学家及企业管理大师艾利·高德拉特的第一部作品《目标》中，把产销率定义为一个系统通过产品或劳务销售来实现盈利的速度，并提到处于生产阶段的产品对实现企业盈利目标没有直接帮助，只有那些销售出去的产品才能够帮助企业真正实现盈利目标。

（七）工序间运输批量可以不等于（有时候应该不等于）加工批量

车间现场管理的一个重要方面就是工序间物料移动的批量确定，它会影响企业的库存和产销率。最优生产技术采用了一种独特的动态批量系统，它把半成品库存分为运输批量和加工批量两种不同的批量形式。运输批量是指工序间运输一批半成品的数量，加工批量是指一次加工所用到的同种半成品的数量。在自动生产流水线上，加工批量可以衡量设备的加工能力。在实际作业中，要考虑运输批量与加工批量的平衡。工序间运输批量可以不等于（有时候应该不等于）加工批量。

（八）批量大小应是可变的，而不是固定的

在最优生产技术中，运输批量是从半成品的角度来考虑的，加工批量是从资源类型的角度来考虑的。在车间现场管理中，同类加工对象可以在瓶颈资源加工时采用不同的加工批量，在工序间移动时采用不同的运输批量。批量大小应根据实际需要动态确定。

（九）编排作业计划时考虑系统的资源约束，提前期是作业计划的结果，而不是预定值

编排作业计划时要考虑系统的资源约束，提前期是作业计划的结果，而不是预定值。根据物料需求计划（Material Requirements Planning，MRP），传统车间的作业步骤一般包括确定批量、计算提前期、安排优先级、根据实际调整作业计划。在最优生产技术中，提前期是批量、优先级和其他因素的函数，因而不采用固定的提前期。先以瓶颈资源工序为基准，用有限能力计划法安排在瓶颈资源工序上加工的关键部件的生产进度，然后再安排瓶颈资源工序之前、之间、之后的工序，并进行优化，最后制订非关键部件的作业计划。

四、鼓点—缓冲—绳索系统

最优生产技术理论认为，企业计划与控制的目标就是使企业有能力满足客户需求，企业中的瓶颈资源决定企业的能力，非瓶颈资源应与瓶颈资源保持一致。最优生产技术的计划与控制是通过鼓点—缓冲—绳索系统实现的。

（一）“鼓点”的含义

“鼓点”是一个企业运行最优生产技术的开端，即识别一个企业的瓶颈资源所在。瓶颈资源控制着企业内生产的节奏，称为“鼓点”。“鼓点”的目标是使产销率最大。如何使企业的生产资源得到优化配置？如何保持企业各部门、各生产环节同步？如何维持企业生产能力和市场需求的平衡？企业内的生产存在着一系列问题。其中，一个主要问题就是企业如何做到既能满足市场需求，又能保持一定的库存水平。在企业安排生产计划之前，要对市场行情进行准确的预测，同时还要按客户订单上的交货期给予客户一定的优先权，根据优先权安排生产，并对上下游的工序进行排序，使实际交货期与客户订单上的交货期相符。

为了使实际交货期与客户订单上的交货期相符，就要控制在瓶颈资源上的批量规模。生产时间包括准备时间和加工时间。增大在瓶颈资源上的加工批量，可以减少准备时间，

使在瓶颈资源上的有效生产能力得到提高。但是，这样会减少系统的柔性，增加半成品的库存。“鼓点”反映了系统对约束资源的利用，企业对约束资源应制订详细的生产计划，以保证对约束资源的充分利用。

（二）“缓冲”的含义

一般来说，“缓冲”分为“时间缓冲”和“库存缓冲”。“时间缓冲”是指将所需要的物料比计划时间提前一段时间提交，以防随机波动，它以在瓶颈资源上的加工时间为计量单位。“库存缓冲”强调保证有一定数量的半成品，其库存位置、库存量的确定原则同“时间缓冲”一样。

（三）“绳索”的含义

“绳索”的作用是使库存量最小。瓶颈资源决定着生产线的产出节奏，在其上游的工序实行拉式生产，就等于用一根看不见的“绳索”把瓶颈资源与这些工序联系起来，从而使物料依照生产计划快速通过非瓶颈资源的作业，保障瓶颈资源的需要。由此可知，“绳索”起到了传递作用，驱动系统中的所有资源按照“鼓点”的节奏进行生产。通过“绳索”控制，使非瓶颈资源均衡生产，同时又不使瓶颈资源停工待料。减少加工批量和运输批量，可以减少半成品库存。“绳索”是对瓶颈资源的上游的工序发出生产指令的媒介，没有“绳索”，生产就会混乱，要么半成品库存过多，要么出现停工待料现象。

五、约束理论的应用

约束理论是以系统的观点看待供应链。供应链构建是一个系统工程，着眼于系统的约束，从四个方面进行科学的管理，即思考过程、日程安排、产销率会计、工程管理。供应链构建存在着许多约束，这些约束是实施最佳业务和计划的障碍，影响着供应链效率。企业要最大限度地突破约束，提高供应链效率。

约束一般来源于企业内或企业外。最典型的企业外约束就是市场缩小，“供过于求”，企业生产的产品数量超过市场需求量。企业内约束主要包括内部实体约束、决策过程约束、管理过程约束、资金约束等。经营管理上的约束对供应链有极大的影响。从企业经营管理的角度出发，因为供应链效率受各种约束影响，所以应依据约束理论来思考如何突破约束，思考结果归纳如下。

（1）找出造成现实问题的原因。

（2）寻找解决问题的方法。

（3）确定方法的可行性。

（4）预测未来会遇到的困难。

（5）实现解决问题程序化。

约束理论不仅对突破企业内约束有效，还对突破企业外约束有效。企业管理者在供应链构建完成后还要掌握相应的理论知识。

供应链管理的重点是在达成产出最大化的同时，实现剩余资产（如库存）最小化，通过同步生产，使原材料、半成品、成品库存最小化。因此，在制订供应链管理计划时，必须将原材料供应和企业的生产能力考虑在内，同时还必须提供技术支持。

产销率会计的特点是着眼于现金收支的决策管理。从约束理论出发，产销率会计注重现金的决策支持。产销率会计的特征：支持企业多种生产形式，让企业自主做出决策，如是否外包；实现供应链可视化，使企业把握现金的增减，从而做出财务上的正确决策。为了能够把握现金的周转，企业要注意企业和供应链的运行情况。

企业所负担的固定费用要按照一定的标准加到产品的生产成本中。当企业的开工率不足时，企业所负担的固定费用就要增加，进而产品的生产成本也要增加，这样甚至会造成产品竞争力降低。在这种情况下，企业必须寻求一些解决方法，如将产品的生产外包出去。若供应链运行良好、企业生产率偏高，则企业所负担的固定费用就不会增加，也就没有必要考虑将产品的生产外包出去了。因此，企业要根据设备状况、人员状况等进行综合决策。

第四节　快速反应与有效客户反应

一、快速反应

（一）快速反应产生的背景

20 世纪 80 年代，美国本土生产的鞋、玩具以及家用电器的市场占有份额下降至 20%，尤其是在纺织与服装行业，进口商品大约占到纺织与服装行业总销量的 40%。针对这种情况，美国纺织与服装行业的企业要求政府采取措施来限制进口，同时还对生产设备进行了投资来提高企业生产率。1984 年，美国纺织与服装行业和化纤行业的一些主要经销商倡导成立了一个委员会，名为“用国货光荣委员会”。一方面，利用媒体宣传国货，同时一些主要经销商开展共同的促销活动；另一方面，该委员会委托零售业咨询公司——克特·萨尔蒙（Kurt Salmon）公司对行业进行提高竞争力的调查。克特·萨尔蒙公司在经过了大量充分的调查后指出，虽然纺织与服装产业供应链各环节上的企业都十分注重提高各自的经营效率，但是整个供应链总体的效率却并不高。为此，克特·萨尔蒙公司建议零售业者和纺织与服装生产厂家合作，共享信息资源，建立一个快速反应（Quick Response）系统，来实现销售额增长、投资回报率和客户满意度最大化以及库存量、商品缺货风险和商品减价最小化的目标。

微课：快速反应产生的背景

（二）快速反应的含义

我国国家标准《物流术语》（GB/T 18354—2021）对快速反应的定义：供应链成员企业之间建立战略合作伙伴关系，利用电子数据交换（EDI）等信息技术进行信息交换与信息共享，用高频率小批量配送方式补货，以实现缩短交货周期，减少库存，提高顾客服务水平和企业竞争力为目的的一种供应链管理策略。

微课：快速反应的含义

（三）快速反应的实施

快速反应的实施有以下三个阶段。

微课：快速反应的实施

（1）所有的商品单元条码化，采用电子数据交换技术传输订购单和发票等文档。

（2）加强内部业务处理，采用电子数据交换技术传输更多的文档，如发货通知、收货通知等文档。

（3）与贸易伙伴密切合作，采用更高级的策略，如采用联合补货系统，以对客户需求做出迅速反应。

（四）快速反应的构建

快速反应的基本思想是在以时间为基础的竞争中占据优势，建立一整套对环境能够做出敏捷和迅速反应的系统。因此，快速反应是将信息系统和物流系统结合起来，以实现“在特定的时间和特定的地点将特定的产品交予客户”的产物。快速反应的构建主要依靠信息技术，特别是电子数据交换技术、条码技术和带有激光扫描仪的电子销售系统等。尽管对信息技术的投资通常很高，但是其回报是巨大的。早期经验表明：在实施快速反应两年后才能得到预期回报。

从根本上说，快速反应背后所隐含的意义是获取需求信息、实时贴近客户。需求信息直接影响物流的反应速度。例如，宝洁从沃尔玛的收银台直接获取销售数据，运用这些数据来制订生产计划、配送计划，同时沃尔玛在保证不缺货的前提下将库存保持在最低水平。宝洁得益于对需求的可预知性，能更经济地进行生产、运作物流，同时沃尔玛的销售额也得到了提高。

快速反应系统起初出现于美国的时装行业，在这个行业中，原来多采用的是传统的基于库存的系统，也就是说，客户要提前做出采购决策。快速反应系统的特点是通过加快处理速度来减少大量前置时间，这是减少库存量、减少反应次数的关键。

快速反应关系到厂商是否能及时满足客户需求。信息技术缩短了完成物流作业、交付存货所需要的时间。快速反应可以规避过度储备存货的现象，并把物流作业的重点转移到以装运的方式及时满足客户需求上来。

随着企业全球化经营，快速反应迅速在各国企业界发展。航空运输保障了国际快递的时效。快速反应成为企业提高竞争优势的工具。

二、有效客户反应

（一）有效客户反应产生的背景

有效客户反应的产生可归结于20世纪商业竞争的加剧和信息技术的发展。20世纪90年代以后，在美国日杂百货业，零售商和生产厂家的交易关系由生产厂家占据支配地位转换为零售商占据主导地位，在供应链内部，零售商和生产厂家争夺供应链主导权，为争夺零售店铺货架空间份额展开激烈竞争，使得供应链各个环节间的成本不断转移，供应链整体成本上升。

从零售商的角度来看，新的零售业态（如仓储商店、折扣店）大量涌现，美国日杂百货业的竞争更趋激烈，业内企业开始寻找新的管理方法。从生产厂家的角度来看，为了获得销售渠道，直接或间接降价，牺牲了自身利益。生产厂家希望与零售商结成更为紧密的联盟，对双方都有利。另外，从消费者的角度来看，过度竞争忽视了消费者需求。许多企业通过诱导型广告和促销来吸引消费者转移品牌。可见有效客户反应要求从消费者需求出发，提供满足消费者需求的商品和服务。

为此，美国食品市场营销协会联合可口可乐、宝洁等对供应链进行调查、总结、分析，得出了改进供应链管理的详细报告，提出了有效客户反应的概念体系，该体系被零售商和生产厂家采用，广泛应用于实践。

有效客户反应是真正实现以消费者为核心，转变生产厂家与零售商的关系，转变供应与需求一整套流程的有效途径。

（二）有效客户反应的含义

有效客户反应（Efficient Customer Response，ECR），即高效消费者反应，是在美国发展起来的一种供应链管理策略。20 世纪 90 年代初，日本食品加工业和日用品加工业开始模仿美国服装业的快速反应，并形成自己的体系。

有效客户反应是一种通过对制造商、批发商和零售商各自经济活动的整合，以最低的成本，最快、最好地实现消费者需求的流通模式。有效客户反应强调供应商（制造商、批发商）和零售商的合作，尤其在企业间竞争加剧和需求多样化发展的今天，产销之间迫切需要建立相互信赖、相互促进的协作关系，通过现代化的信息技术和手段，协调彼此的生产、经营和物流管理活动，进而在最短的时间内应对客户需求变化。

有效客户反应是零售企业满足客户需求的解决方案和核心技术，目标是最高效地满足消费者不断增长、多样化的需求。只有更好地满足消费者需求，零售商、批发商和制造商才能生存和发展，才更有竞争力。有效客户反应是流通供应链上各个企业，以业务伙伴方式紧密合作，了解消费者需求而建立的一个以消费者需求为基础和具有快速反应能力的系统。它以提高消费者价值、提高整个供应链的运作效率、降低整个系统的成本为目标，从而提高企业竞争力。

有效客户反应是随着零售业发展壮大、市场竞争不断激烈、信息技术发展而发展起来的。有效客户反应的两个主要原则是以消费者为核心、合作。持续的商业成功靠的是提供给消费者的产品与服务持续满足和超过他们的需求与期望。

有效客户反应的最终目标是供应商和零售商组成联盟，一起为消费者最大满意度以及最低成本而努力，建立一个敏捷的消费者驱动系统，实现精确的信息流和高效的实物流在整个供应链内的有序流动。有效客户反应在四个领域里的主要实践就是供应、需求、使能技术和整合。通过有效客户反应构建商业，减少成本、增加消费者价值，对消费者来说是一个三赢的事，因为它能在正确的时间、正确的地点、正确的价格上得到更好、更新鲜的产品。

（三）有效客户反应系统的特征

1. 有效客户反应系统重视采用新技术、新方法

首先，有效客户反应系统采用了先进的信息技术，在生产企业与流通企业之间开发了一种利用计算机技术的自动订货系统（CAO）。自动订货系统通常与销售时点系统结合使用，利用销售时点系统提供的商品销售信息把有关订货要求自动传向配送中心，由该

中心自动发货，这样就可能使零售企业的库存降为零，并缩短了从订货至交货的周期，提高了商品鲜度，减少了商品破损率，使生产企业快捷地得到自己的商品在市场是否适销对路的信息。

其次，有效客户反应系统还采用了两种新的管理技术和方法，即种类管理和空间管理。种类管理的基本思想是不从特定品种的商品出发，而是从某一种类的总体上考虑投资收益率最大化。就软饮料而言，不考虑其品牌，而是从软饮料这一大类上考虑库存、柜台面积等要素，按照投资收益率最大比原则去安排品种结构。其中有些品种能赢得购买力，有些品种能保证商品收益，通过相互组合既满足了顾客需要，又提高了经营效益。空间管理的基本思想是促使商品布局、柜台设置最优化。过去许多零售商也注意此类问题，不同点在于ECR系统的空间管理是与种类管理相结合的，通过两者的结合实现单位销售面积的销售额和毛利润的提高，因而可以取得更大的效果。

2. 有效客户反应系统建立了稳定的伙伴关系

在传统的商品供应体制上，制造商、批发商、零售商联系不紧密，发生的每一次订货都有很大的随机性，这就造成生产与销售之间商品流动的不稳定性，增加了商品的供应成本。而有效客户反应系统恰恰克服了这些缺点，在制造商、批发商、零售商之间建立了一个连续的、闭合式的供应体系。改变了相互敌视的心理，结成了相对稳定的伙伴关系，克服了商业交易中的钩心斗角，实现了共存共荣，这是一种新型的产销同盟和产销合作形式。

3. 有效客户反应系统实现了非文书化

有效客户反应系统充分利用了信息处理技术，使产购销各环节的信息传递实现了非文书化。无论是企业内部的传票，还是企业之间的订货单、价格变更函、出产通知等文书，都通过计算机间的电子数据交换技术进行自动处理。由于利用了电子数据交换技术，生产企业在出产的同时，就可以把出产的内容电传给进货方，作为进货方的零售企业只要在货物运到后扫描集运架或商品上的条码就可以完成入库验收等处理工作。由于全面采用了电子数据交换技术，该系统可以根据出产明细自动地处理入库，从而使处理时间近似为0，这对迅速补充商品、提高预测精度、大幅度降低成本起了很大作用。

（四）有效客户反应的三个重要战略

零售业中，有效客户反应的三个重要战略：顾客导向的零售模式（消费者价值模型）、品类管理和供应链管理。

顾客导向的零售模式（消费者价值模型）：通过商圈购买者调查、竞争对手调查、市场消费趋势研究，确定目标顾客群，了解自己的强项、弱项和机会，确定自己的定位和特色，构建核心竞争力；围绕顾客群选择商品组合、经营的品类，确定品类在商店经营中承担的不同角色；确定商店的经营策略和战术（促销、新品引进等），制定业务指标衡量标准，制订业务发展计划。

品类管理：把品类作为战略业务单位来管理，着重于通过满足消费者需求来提高经营效益的流程。品类管理是以数据为决策依据，不断满足消费者的过程。品类管理是零售业精细化管理之本。主要战术是高效的商品组合、高效的货架管理、高效的新品引进、高效的定价和促销、高效的补货。

供应链管理：建立全程供应链管理的流程和规范，制定供应链管理指标；利用先进的信息技术和物流技术缩短供应链，减少人工失误，提高供应链的可靠性和快速反应能力；通过规范化、标准化管理，提高供应链的数据准确率和及时性；建立零售商与供应商数据交换机制，共同管理供应链，最大程度地降低库存和缺货率，降低物流成本。

只有全面实施品类管理和供应链管理，才能实现ECR，给消费者带来更多的价值，取得竞争优势。

（五）有效客户反应的构建

1. 有效客户反应的四大要素

有效客户反应的四大要素包括快速产品引进、快速商店分类、快速促销、快速补充，有效客户反应四大要素的表现方式如表4–2所示。

表4–2　**有效客户反应四大要素的表现方式**

要素名称	表现方式
快速产品引进	开发新产品，制订产品的生产计划，以降低成本
快速商店分类	通过第二次包装等手段，提高货物的分销效率，使仓库及商店空间的使用率最优化
快速促销	提高仓储、运输、管理和生产效率，减少供应商库存的仓储费用，使贸易和促销系统效率最高
快速补充	通过电子数据交换技术，实现以需求为导向的自动连续补货和计算机辅助订货，使补充系统的时间和成本最优化

2. 实施有效客户反应的原则

要实施有效客户反应，首先应联合整个供应链所涉及的企业，改善供应链中的业务流程，使其合理有效；然后，再以较低的成本，使这些业务流程自动化，以进一步减少供应链的成本和时间。这样，才能满足客户需求，给客户提供最优质的产品和适时准确的信息。实施有效客户反应的原则包括以下五个方面。

（1）以较少的成本，不断致力于向供应链客户提供性能更优、质量更好、品种更多的产品以及更加便利的服务。

（2）实施有效客户反应必须由相关的商业巨头带动。通过互利双赢的联盟关系来代替传统的输赢关系，达到获利的目的。

（3）必须利用准确、适时的信息以支持有效的市场、生产及后勤决策。这些信息将通过EDI的方式在贸易伙伴间自由流动。

（4）产品的流动过程是其不断增值的过程，从生产至包装，直至流动到最终客户的购物篮中。整个过程应确保客户能随时获得所需产品。

（5）必须采用共同、一致的工作业绩考核和奖励机制，着眼于系统整体的效益（即通过减少开支、降低库存以及提高资产利用率来创造更高的价值），明确地确定可能的收益（如增加的收入和利润）并且公平地分配这些收益。

【关键术语】

精益思想	Lean Thinking
丰田生产系统	Toyota Production System
准时生产	Just-in-time
精益生产	Lean Production
敏捷制造	Agile Manufacturing
虚拟企业	Virtual Enterprise
虚拟制造	Virtual Manufacturing
约束理论	Theory of Constraints
最优生产技术	Optimized Production Technology
全面质量管理	Total Quality Management
最优生产时间表	Optimized Production Timetable
快速反应	Quick Response
有效客户反应	Efficient Customer Response

【练习与思考】

1. 试述精益生产的含义和目标。
2. 简述精益思想的原则。
3. 试述精益制造提出的背景。
4. 简述敏捷制造的概念及其特点。
5. 试将精益生产和敏捷制造进行比较。
6. 约束理论有哪些主要内容？它对供应链管理有什么意义？
7. “鼓点”“缓冲”“绳索”分别有哪些具体含义？
8. 简述快速反应的实施阶段。
9. 简述有效客户反应系统的特征。
10. 简述实施有效客户反应的原则。

【课后案例】

数据赋能驱动制造企业实现敏捷制造

青岛红领集团有限公司（青岛酷特智能股份有限公司的前身）是一家传统的服饰生产企业。2000年后，随着改革开放的深化，中国服装制造业由繁荣转入低迷，面临颠覆性电子商务模式带来的挑战，服装制造业举步维艰。青岛红领集团有限公司踏上了大规模定制的探索之路，于2007年改组成立青岛酷特智能股份有限公司（以下简称酷特智能）。酷特智能在转型之前与其他传统的服装制造企业情况相似，即低信息化、低自动化，投入约3亿元人民币对企业进行信息化改造。通过技术引进与自主创新的协同，促成生产经营方式转变，重新定义服装制造企业对数据的运用，实现数据驱动流水线定制的生产模式。酷特智能经过多年的探索，在敏捷制造方面取得了很大的成绩，打造了居世界前列的智能制造工厂，成为服装制造行业的佼佼者。综合来看，酷特智能的转型一方面体现为管理方式的转变，另一方面体现为生产模式的转变。酷特智能在敏捷制造方面取得的成绩与其生产方式有必然的联系，其可以快速地获取和处理用户的需求信息，并快速整合企业资源。接下来，将从研发、生产和营销3个阶段分析酷特智能如何创新对数据的使用方法，实现对数据赋能，进而实现敏捷制造。

一、研发阶段

服装生产企业通过市场调研和预测或按照企业的主观判断，决定下阶段的潮流趋势。一个款式的开发设计通常需要多个部门的合作，经过漫长的设计过程才有设计成果。为检验设计成果的市场热度，往往需要进行小批量的试销来获知消费者的反馈，进而对产品进行改进和完善，最后才进行批量生产。如此繁杂的过程耗时、耗力、耗财，造成很大浪费。酷特智能创新了产品的设计过程。一方面，酷特智能通过签约世界知名设计师提升公司产品基样、更新设计理念，同时将设计成果数据化，实现公司产品基样的标准化。另一方面，酷特智能通过众包完成自己的产品研发，众包是挖掘公众智慧以完成相关任务和实时解决问题的有效手段，酷特智能从众包结果中选择优秀的设计作品。完成公司产品基样设计后，计算机根据服装各部位的基样整合生成可执行的基样集，以便消费者进行个性化设计组合。酷特智能的消费者通过客户端App自行设计组合服装，实现自身虚拟需求的可视化和具象化，再经由计算机将消费者设计成果转化成对应的数据，整个过程简单、快捷，加快了客户订单信息流入生产系统的速度。客户参与研发提高了企业对资源的整合速度，进而提高了企业的财务绩效。

二、生产阶段

酷特智能的生产模式，从客户量体下单开始，系统自动完成版型匹配并传输给生产部门，生产部门核对细节并录入电子标签，操作工人扫描电子标签并根据显示的指令进行操作，整个过程最短只需7天就能完成服装的生产制造。

首先，需求数据的采集。消费者可以通过在线量体指导视频自行测量，然后在客户端App输入测量数据；消费者可以在线预约量体师上门提供服务，完成客户身体数据和相关信息的录入。酷特智能在我国大中城市配有线下门店，同时设置了城市魔幻大巴专门提供即时的量体服务。

其次，订单驱动原料的准备。消费者通过在客户端App录入个性化的组合样式和其他信息生成订单，订单数据进入自主研发的版型数据库、工艺数据库、款式数据库、原料数据库，进行数据建模。酷特智能为原料商提供了租赁仓库，并根据历史消耗设定各种材料的仓储上限和安全线。原料商可以实时监督由消费者需求引发的原料波动，并且可以在线看到当前临时仓库中的原料存量，并通过酷特智能共享的原料过往消耗数据进行预测，原料商就可以决定何时供应多少原料，但要保证不影响酷特智能工厂的正常生产，否则就要支付一定的违约金。

最后，生产制造。在消费者的款式组合、材料、尺寸等需求数据收集完毕后，这些数据直接驱动物料流到生产线起始点。根据客户身体数据转化的对应版型样式裁剪尺寸大小，通过 CAD 自动化裁剪设备得到总体样式。后续操作工人将前期采集并转化的客户身体数据直接刻录进已经清空的卡片，然后将卡片附在衣物主体上进入生产线。标准的生产线规定了衣物制作的流程，悬挂式的自动流转设备带着衣物主体向前运转。经过每个环节时，操作工人在识别设备上刷卡，得到具体的操作指令。后期成品衣物进入循环的自动分拣设备，成套生产的产品会被分拣到一起然后出库，单件的产品直接出库。在数据驱动的生产线上，酷特智能的管理人员可以清楚地看到服装在各个环节的时间消耗，通过分析大量的操作数据，设置合理的环节操作时间，尽可能地减少操作工人劳动时间的浪费。

可以看出，酷特智能的生产流程高度自动化，信息流通畅，几乎没有操作等待。原料仓库是租赁给原料商的，而且设置仓储上限和安全线，能帮助原料商加强动态响应能力。

三、营销阶段

传统企业的销售通常需要经过多级代理，中间环节产生的费用大都转嫁给消费者。在酷特智能的大规模流水线定制模式下，出库信息通过互联网直接对接物流商，合作快递商必须在接收到成品产成信息后 8 个小时内提货发出，否则同样要支付延误金。因此，成品出库后可以得到及时处理，只产生过渡库存，不会形成积压库存。一方面，酷特智能开展的是产品定制业务，成品直接对接消费者，跳过了中间商，避免了传统营销的高附加值，为消费者带去了更多的优惠，生产加工商也能赚取更多的利润；另一方面，通过电子商务的模式，消费者的需求订单通过互联网直接传给企业，成品发货信息联网实时呈现给消费者。总而言之，酷特智能的大规模定制模式在营销阶段降低了营销成本、提高了产品的竞争力。

综上所述，敏捷制造的特征是在全球化市场中以最短的交货期和更经济的方式，按照消费者需求生产出让消费者满意的产品。实现敏捷制造的前提是信息的高效对接。制造企业要对数据赋能以驱动其实现敏捷制造，就需要对消费者的需求和企业的资源进行数据化、标准化和联网化处理，将原本在流通环节的数据处理工作分放到信息流通链的两端，消除信息在流通中的延迟，响应需求数据的呼唤，提高企业的资源配置效率，释放数据本身的潜能。

〖问题讨论与思考〗

1. 酷特智能如何创新对数据的使用方法，实现对数据赋能，进而实现敏捷制造？具体的做法是什么？

2. 从数据驱动角度看，制造企业实现敏捷制造的核心能力是什么？

第五章课件

第五章　供应链成本与绩效管理

【本章导读】

党的二十大报告强调，“加快构建新发展格局，着力推动高质量发展”。提高中国经济发展质量，必然要求经济增长方式由规模速度型向质量效益型转型。在这样的时代背景下，速度要服务于质量提升，提高经济发展质量的核心首先是降成本。从宏观经济运行角度来讲，成本主要有三个方面：劳动力成本、原材料成本、物流成本。当前，劳动力成本上升趋势是不可逆的。原材料成本曲线虽然有波动，但由于原材料的稀缺性，长期来看其上升趋势也是不可逆的。那么，降成本的重点就在于降低物流成本。但是单个企业很难把物流成本降下来，唯有通过创新供应链、整合资源、优化流程，促进企业、产业和地区协同来降低物流成本，推动降本增效，提高经济发展质量。供应链成本管理水平已成为衡量供应链企业核心竞争力的重要指标之一，企业应建立卓越的供应链管理系统，在关键供应链绩效指标上实现纵向发展和横向超越，通过合理的供应链绩效提升方法实现高质量的供应链发展。

【学习目标】

通过本章的学习，了解供应链成本及供应链绩效的基本含义，了解供应链成本管理的作用和基础理论；熟知供应链成本管理过程中带来的客户收益、直接产品收益以及供应链绩效提升的方法；掌握几种常用的供应链成本管理方法和供应链绩效评价方法。

第一节　供应链成本概述

一、供应链成本管理

供应链成本包括企业在采购、生产、销售过程中为支撑供应链运转所发生的一切物料成本、劳动力成本、运输成本、设备成本等。供应链成本管理可以说是以成本为手段的供应链管理方法，也是有效管理供应链的一种新思路。供应链成本管理把企业成本管理的视角从企业内部延展至整个供应链。在供应链的高度上考虑其盈利性，从全局化的角度关注供应链企业的作业成本和交易成本，给企业更大的空间寻找价值增值点，这是一种跨企业的成本管理，可以优化供应链总成本。

（一）供应链成本管理产生的必要性

21 世纪，降价现象也许不是普遍趋势，但有一点是毫无疑问的，现在的企业面临着更激烈的价格竞争。在许多国家，商业街和购物城的商品都在持续降价，不仅如此，供应链上游的原材料和工业产品也都在降价。全球竞争加剧，形成这种市场环境的原因主要有以下几个方面。

第一，国外竞争者涌入市场，参与竞争，而国外竞争者的生产成本比较低。

第二，贸易壁垒的撤除，市场自由度的增加都使新的竞争者易于进入市场。这一现象使许多行业的企业过剩，导致供给过剩，增大了降价的压力。

第三，互联网技术的应用使价格信息的对比十分便捷。互联网技术在整个行业范围内应用，这也助长了降价的趋势。

第四，消费者越来越看重产品的价值。曾经，供应商品牌具有一定的价格号召力，因为当时人们认为不可能以较低的价格生产出高质量的产品。

为了缓解降价压力，保证一定的利润，企业必须寻求降低成本的方法，以度过降价带来的危机。由于企业已经实施了许多降低成本的策略，所以寻找到新的降低成本的方法将是一个很大的挑战。降低成本的机会就存在于供应链运作中。因此，加强供应链成本管理，降低供应链总成本已经成为企业提高效益的重要途径。

（二）供应链成本管理的基础理论

供应链成本管理理论是基于价值链管理理论发展而来的。供应链成本管理是以供应链成本为抓手的管理，将成本管理范围从企业内部扩展到整条供应链上。

供应链成本管理的发展主要分为四个阶段。第一阶段是企业内部的库存管理阶段，在该阶段原材料采购和库存控制是供应链成本管理的重点。但是仅关注库存资源并未体现出企业整体利益，无法实现企业整体均衡发展。因此，供应链成本管理发展成为企业一体化管理。第二阶段，企业将分散的各项成本管理活动当作一个系统性的整体进行管理，重视各成本要素之间的相互影响、相互作用。在保障各职能部门成本合理控制的同时，确保企业总成本达到最优。第三阶段是跨组织的成本管理阶段，企业逐渐认识到成本管理不能仅仅依靠企业内部，还需要与供应链上的其他企业合作，加强协同。与供应链上下游企业建立合作共赢关系，共同寻找低成本的合作方式，牺牲合作伙伴的利益以获取自身利益的方式并不能促进企业可持续发展。第四阶段是网络经营一体化阶段，所有的供应链企业都能够通过信息共享，实现共同合作，以保持供应链总成本最低。与传统成本管理不同，供应链成本管理考虑到了企业在采购和销售环节所产生的费用，达成了供应链上下游企业之间的紧密合作，实现了供应链总成本最小化，弥补了传统成本管理存在的不足。在此前的成本管理思想中，生产推动力是从原材料向产品方向进行传导，企业生产的原动力来自采购方。供应链成本管理是一种需求导向型的成本管理，以消费者需求为目标衡量企业采购、生产环节的作业量，适时适量地展开各项经营活动。在满足消费者需求的前提下，依据所需数量组织生产，以最低的资金占有量完成供应。

供应链成本管理虽然是20世纪90年代提出的一种新的成本管理模式，但其理论渊源与前人关于成本管理的各种研究是分不开的。供应链成本管理的基础理论主要包括价值链理论、委托代理理论、交易成本理论和组织间成本管理理论。

1. 价值链理论

价值链的概念由迈克尔·波特首先提出，他倡导运用价值链进行战略规划和管理，以帮助企业获取并维持竞争优势。价值链分析思想：每一个企业所从事的在经济上和技术上有明确界限的各项活动都是价值活动，这些相互联系的价值活动共同为企业创造价值，从而形成企业的价值链。比如，每一种产品从最初的原材料投入至到达最终消费者手中，要经历无数个相互联系的作业环节——作业链。这个作业链既是产品的生产过程，也是价值创造和增值的过程，从而形成竞争战略上的价值链。

价值链分为三种：企业内部价值链、行业价值链和竞争对手价值链。企业内部价值链在运作过程中可以分解为多个单元价值链，每个单元价值链既会产生价值，也会消耗成本。某一个单元价值链是否创造价值，关键是看它是否满足了后续单元价值链的需求，是否降低了后续单元价值链的成本。同时，任何一个企业均处于某行业价值链的某一段，价值链的上游是它的原材料或产品的供应商，下游是其分销商或最终顾客。这种价值链的相互联系成为降低单元价值链的成本及价值链最终成本的重要因素，而价值链中各个环节的成本降低则是企业竞争优势的来源。价值链分析对于供应链成本管理理论的最大贡献就在于它拓展了成本管理的视角，将成本管理的重心延伸到了组织边界，成本管理的对象不只是局限于企业内部，还包括了价值链伙伴。

2. 委托代理理论

委托代理理论的核心是解决在利益冲突和信息不对称的情况下，委托人对代理人的激励问题，即代理问题，目的在于提高代理效果和降低代理成本。从广义上说，存在合作的地方就存在委托代理关系，而供应链成本管理强调的就是关系管理，也就是合作与协调，因此委托代理理论为其提供了部分理论基础和方法框架。

根据委托代理理论来分析处于供应链中的企业，处于上游的企业所扮演的是代理方的角色，而下游企业相当于委托方的角色。存在委托代理关系就必然要发生代理成本，包括激励成本、协调成本和代理人问题成本等。对这些成本进行分析，以降低代理成本、优化代理效果，使链条间企业的代理成本最低的同时达到良好的合作效果。

3. 交易成本理论

交易成本，又称交易费用，最早由罗纳德·科斯在研究企业性质时提出，是指交易过程中产生的成本。交易成本包括谈判、签约、激励、监督履约等产生的费用。毫无疑问，利用外部资源将带来大量的交易成本。这就需要一种围绕核心企业，通过信息流、物流、资金流的控制，从采购原材料开始，制成中间产品以及最终产品，最后由销售网络把最终产品送到消费者手中的，将供应商、分销商、零售商和消费者连成一个整体的功能性网链结构模式。

依据交易成本理论，对供应链成本进行分析，可以发现供应链企业之间的交易成本大致包括寻找价格的费用、识别产品部件的信息费用、考核费用、贡献测度费用。

另外，供应链企业之间的长期合作建立在利益共享的基础上，利益共享的一个重要依据是各企业在供应链整体运作中的贡献。由于分解和考核各企业的贡献是困难的，这时会存在索取价格超过应得价格的情况，以致代理人的仲裁必不可少。因此，为了降低整个供应链的交易成本，企业之间应该建立紧密的合作伙伴关系，彼此信任，通过信息网络技术实现信息共享。

4. 组织间成本管理理论

组织间成本管理是针对供应链中有合作关系的相关企业的一种成本管理方法。目标是通过共同的努力来降低成本。为了完成这个目标，所有参与的企业应该认同这个观点——“同坐一条船”，并且要鼓励提高整个供应链的效率而不是单个企业自身的效率。如果整个供应链变得更加有效率，那么分得的利润也就更多。因此，组织间成本管理是一种能增加整个供应链利润的方法。由于它在很大程度上依赖协调，所以它只适用于精细型供应链，在精细型供应链中，买卖双方互相影响，信息共享程度也很高。为了使组织间成本管理行之有效，任何改进措施取得的超额利润应该让所有参与的企业共享。这种共享可以刺激所有参与企业共同合作。

根据组织间成本管理理论分析，在供应链中，企业可以有三种途径来应用组织间成本管理以协调降低成本的活动。第一，帮助企业和供应商寻求新的方法来设计产品，使企业在较低的成本下生产产品。第二，帮助企业及其供应商寻求方法，在生产的过程中更进一步地降低产品成本。第三，帮助企业寻求方法，使企业间的交接更有效率。

供应链成本管理的基础理论除了上述的理论之外，还包括博弈论、约束理论、生命周期成本理论等。

二、供应链成本核算内容

从传统上讲，管理和成本会计的重点都是将已经发生的成本进行反向分配。这时各个层次的管理人员进行成本分析和控制已经失去意义，但会改变企业的成本结构，甚至会造成间接成本的大幅上升。大量新成本管理工具由此产生。目标成本上升法和作业成本法就是其中最为常见的新方法，它们强调了成本数据在管理中的应用，并引发了前瞻式的成本管理。所有权总成本概念和跨组织成本管理理论为将供应链的相关问题整合进成本管理思想提供了理论依据。所有权总成本分析有助于分析企业与供应商之间的相互关系，它着眼于选择供应商和优化企业与供应商之间的相互作用。跨组织成本管理以精益管理为基础，产生了大量改善供应商网络的精益设计、运作和管理方法。如前所述，生产和关系两个方面都要考虑，但没有将二者联系起来的成本管理工具。因此，单一的成本管理工具都是分别进行这两个方面的阐述。

（一）供应链成本核算的层次结构

大多数成本管理方法都着眼于公司的内部成本，直接成本和间接成本根据引起这些成本的决策分别进行管理。许多供应链决策必须考虑供应商和客户的需要和能力才能做出，因此需要采用能够对供应链成本进行分类的管理工具，用这些工具分析和控制供应链中的成本。

这种供应链成本核算方法必须将生产成本和交易成本全部纳入考虑范围。有的术语来源于在新制度经济学中占据重要地位的交易成本的概念。在直接成本和间接成本的传统划分及作业成本法的基础上产生了三个成本层次的划分：直接成本、作业成本和交易成本（见图 5–1）。

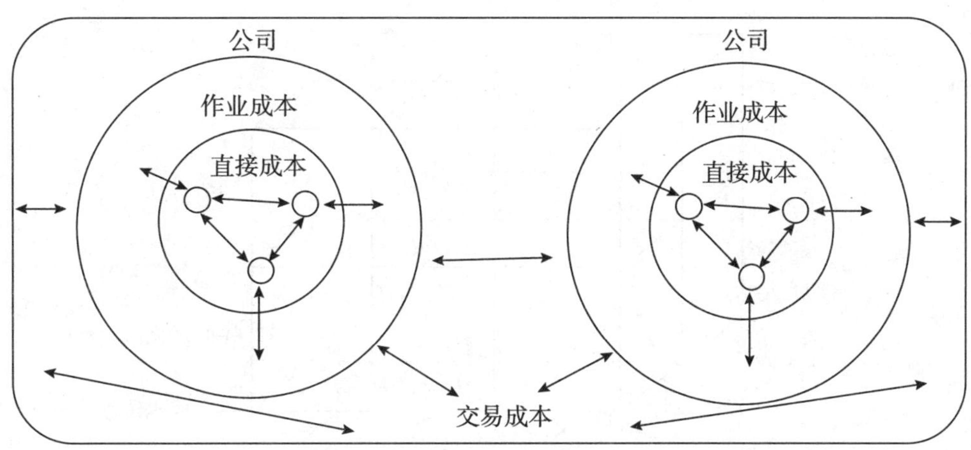

图 5–1　供应链成本核算中的三个成本层次

这三个术语的定义如下。

（1）直接成本，是由生产每一单位产品所引起的，包括原材料成本、人工成本和机器成本等。这些成本主要是由原材料和劳动力的价格决定的。

（2）作业成本，是由那些与产品没有直接关联，但与产品的生产和交付相关的管理活动所引起的成本。这些成本因公司的组织结构而生。

（3）交易成本，包括处理供应商和客户信息及沟通所产生的所有成本。因此，这些成本源自公司同供应链上其他公司的相互交流。

这三个成本层次为分析和优化供应链成本奠定了基础，但只有将它们整合为生产—关系矩阵才能产生作用。

（二）四个决策区域

1. 生产、关系和成本三个方面的整合

前面引入了作为供应链管理概念的生产—关系矩阵和三个成本层次。将这些源自供应链管理和成本管理的概念综合到一起就产生了一种供应链成本核算的概念框架（见图 5–2）。供应链成本核算需要分析和控制供应链中发生的全部成本。这一概念框架可以直接评估成本，但没有提到替代标准，如周期和库存。这种方法还融合了所有权总成本的观点，所有权总成本考虑了三个成本层次，但只考虑了生产阶段和交互界面优化。跨组织成本管理的概念也描述了生产和关系两个方面，但既没有进行融合，也没有将成本考虑进去。下面介绍生产—关系矩阵的四个决策区域的成本分析。

2. 四个决策区域的成本分析

（1）生产和网络的结构。

第一个决策区域是生产和网络的结构。决定提供哪些产品和服务及选择相关的合作伙伴等，这些决策通常可以看作独立的决定，因此不存在成本问题。采购主要考虑价格，因此只需考虑直接成本。战略外包决策必须有远见，必须考虑相关活动及与供应商和客户之间必不可少的交易。这可能会引起针对供应商和客户关系而进行的战略投资，引起

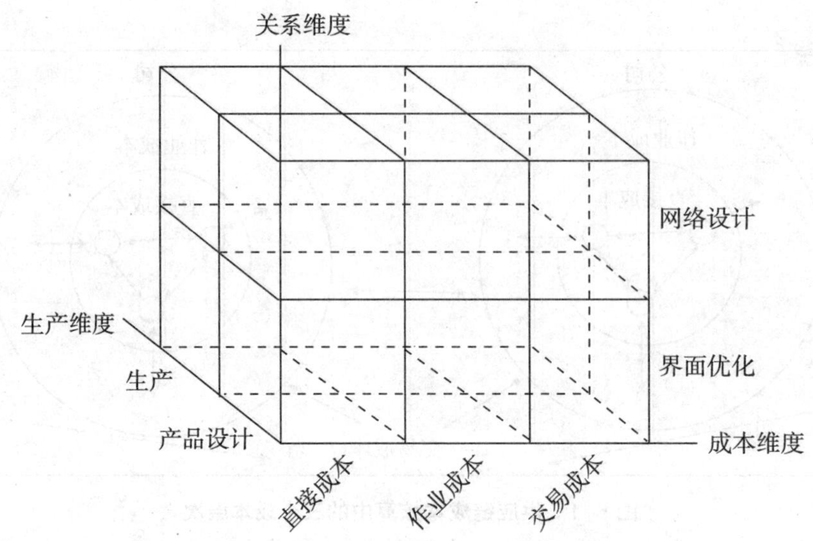

图 5-2　供应链成本核算的概念框架

极高的交易成本。这些交易成本通常是一次性投资，投资可以整合和优化供应链上各个公司之间的流程，因此可以通过长期合作降低作业成本而获得投资回报。随后将介绍相应的效果。通常在这一决策区域只会发生数量有限的直接成本。

（2）供应链中的产品设计。

不同产品和服务有不同的要求，有些产品和服务要求相关公司在设计阶段就进行紧密的合作。高级供应商负责提供复杂的零部件。公司之间的合作在很大程度上取决于产品及产品的特性，因此，初次建立合作关系时的交易成本将在总成本中占大头。供应商的能力较低，交易成本较高，因此通常需要频繁地同这类供应商签订严格的合同。

然而，成本重心是作业成本。研发活动的成本只能分摊到整体产品，而且要取决于内部结构。如果将专有技术转让给供应商，可能会缩短研发时间。这同样会增加交易成本，但会降低作业成本。由于在设计和开发环节需要用到某些原材料，因此会产生少量直接成本，但事实上，大部分直接成本都已经由这些决策决定了。

（3）产品网络的形成。

产品和供应链管理必须相互兼容，必须遵循这些决策所做出的成本要求。信息技术方面的投资必须能显著降低公司之间数据交换的运作成本，这样才会影响到交易成本和作业成本。然而必须遵守这种方法的限制。如果产品的需求稳定且可以预测，那就必须保证高效的供货。如果是服饰等时尚产品，那就需要定期检查供应链中的发货量和库存量。未售出的产品必须在季末削价处理，但失销机会则无法弥补。因此，要想设计出理想的供应链，就会经常在公司内部或供应链范围内的流程中引起交易成本和作业成本。

（4）供应链的流程优化。

供应链的流程优化上主要强调成本缩减措施，通常是缩减直接成本和作业成本。分析供应链整体的生产流程和库存点有助于找出供应链的薄弱环节，重新设计生产流程或优化公司与供应商之间的订单履行等。如果引入电子数据交换系统或者将决策提前到前一决策区域，信息所引起的直接成本和作业成本就会显著降低。

3. 整合供应链成本核算的四个决策区域

现在我们将四个决策区域的讨论综合为一体。如图 5–3 所示，随着供应链操作活动提高，成本一步步地从交易成本转向作业成本和直接成本。

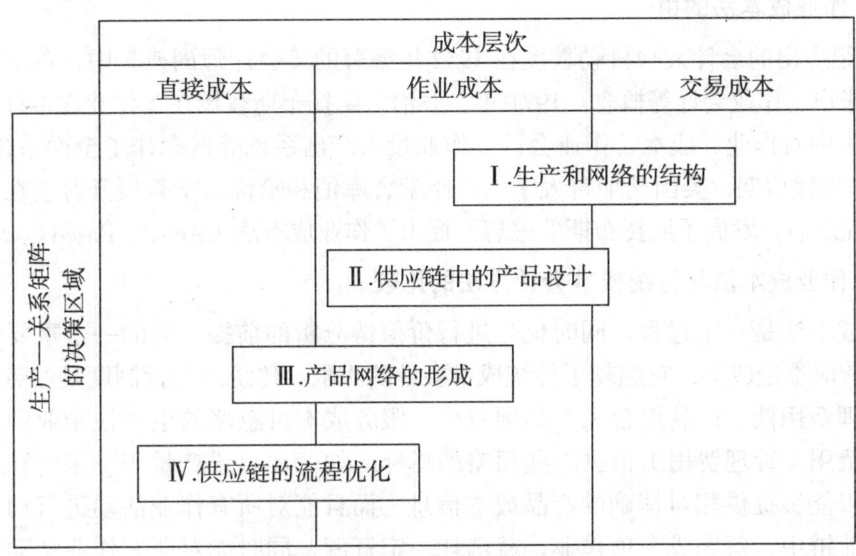

图 5–3　生产—关系矩阵中的主要成本

三个成本层次的相对重要性在很大程度上取决于企业提供的产品和服务。例如，生命周期较长的产品在供应商选择、关系构建及产品和流程设计方面所需的交易成本较低。流行周期或技术周期较短的产品在初期决策阶段所需的成本较大。由于这些产品在市场上流通的时间通常短于产品开发时间，因此投资无法收回的风险较高。这就决定了交易成本和作业成本的重要性，需要进行积极主动的管理。

从以上解释可以看出，决策区域之间的边界十分模糊。但供应链成本核算的概念框架被证实适用于供应链成本的分析和控制。生产、关系和成本包含了供应链中的所有重要决策，突出了它们在成本方面的影响。

目前为止，尚未考虑供应商和客户的交易成本和作业成本，这主要是因为公司更倾向于关注自己的生产线。但在竞争日益激烈的全球市场环境中，必须考虑供应链的整体竞争能力。建议形成一个针对供应链各个环节的一体化供应链管理部门。除此之外，增强供应链合作伙伴之间的信息沟通也十分重要，供应链合作伙伴应将供应链看作一个独立的实体，只有共同努力并关注共同利益，才能提升供应链的竞争能力和客户满意度。

第二节　作业成本法

要达到构建优化供应链的目标，仅仅依靠最新的软硬件技术或电子商务工具是不行的，还要依靠有效的方法。有效的方法只能在结合了电子商务工具和先进管理思想的商业流程中找到。这种流程、工具和管理的融合，通过应用行之有效的优化模型进行管理、均衡和监控。采用优化供应链的作业成本法（又称 ABC 成本法）来设计和改进流程，是模型和新技术取得成功的关键。

一、作业成本法的含义

（一）作业成本法的由来

20 世纪杰出的会计大师科勒教授在 1952 年编著的《会计师词典》中，首次提出了作业、作业账户、作业会计等概念。1971 年，乔治·斯托布斯教授在《作业成本计算和投入产出会计》中对作业、成本、作业会计、作业投入产出系统等概念作了全面系统的讨论。20 世纪 80 年代后期，美国芝加哥大学的青年学者库伯和哈佛大学教授开普兰在对美国公司调查研究之后，发展了斯托布斯的思想，提出了作业成本法（Activity Based Costing）。

（二）作业成本法与传统成本会计方法的比较

作业成本法是一个过程，同时也是进行价值链分析的前提。它的一个重要的特点是它不是仅就成本论成本，它超越了传统成本会计的界限。传统的会计制度是在劳动力高度密集、管理费用低、产品组合和产品项目少、服务成本可忽略的生产性企业中发展起来的，间接费用（管理费用）根据一些粗略的指标（如劳动量或产量等）来估算。而作业成本法不仅能够提供相对精确的产品成本信息，而且能对所有作业活动进行动态追踪反映。在作业链中，每完成一项作业，就消耗一定资源，同时能对所有作业活动进行动态追踪反映。它超越了传统成本会计的界限，将企业的直接成本与间接成本分配到各个主要活动中去，然后将这些活动分配给相关的产品和服务。通过把企业主要活动和特定的产品与服务联系起来，帮助管理者了解耗费资源的真正原因和每项产品与服务的真实成本（见表 5–1）。

表 5–1　　作业成本法与传统成本会计方法的比较　　单位：元

传统成本会计方法		作业成本法	
工资	100	门窗清理	40
设备	80	门窗油漆	75
供给	20	门窗检测	75
管理	45	门窗装配	55
总成本	245	总成本	245

作业成本法并不能够消除或者改变成本，它只是为我们提供成本是如何被消耗掉的真实信息。在表 5–1 所示的例子中，如果你打算降低成本，根据传统成本会计方法提供的信息，你只有选择降低工资成本或供给成本的可能，因为你不能细化设备或者管理成本。利用作业成本法所提供的信息，划分另外两项活动的成本，并把它们纳入企业的降低成本的行动中。

传统的会计系统中，成本分配方法是不精确的。例如，大批量生产的产品所耗费的管理成本通常比它们实际承担的成本要少 50%~200%。小批量产品耗费的管理成本通常比它们承担的成本要多 200%~1000%。这就意味着被认为高利润的产品或服务事实上可能在蚕食企业利润。当今，企业越来越多地向顾客提供定制化的产品和服务（通常产品生产批量为 1），在这种情况下，传统会计的不精确性问题就越来越严重。

为了正确地处理成本与产品和服务的关系，作业成本法按照活动所耗用的资源，把成本分配给单个的活动。然后，再把成本分配给成本对象，诸如按照生产产品或者提供服务所进行的活动把成本分配给产品或服务。作业成本法所提供的信息有助于定价、外包、资本支出、运作效率的分析和决策。

（三）作业成本法的基本思想

微课：作业成本法的基本思想

作业成本法是一种通过对所有作业活动进行动态追踪反映，计量作业和成本对象的成本，评价作业业绩和资源的利用情况的成本计算和管理方法。它以作业为中心，根据作业对资源耗费的情况将资源的成本分配到作业中，然后根据产品和服务所耗用的作业量，最终将成本分配给产品与服务（见图 5–4）。

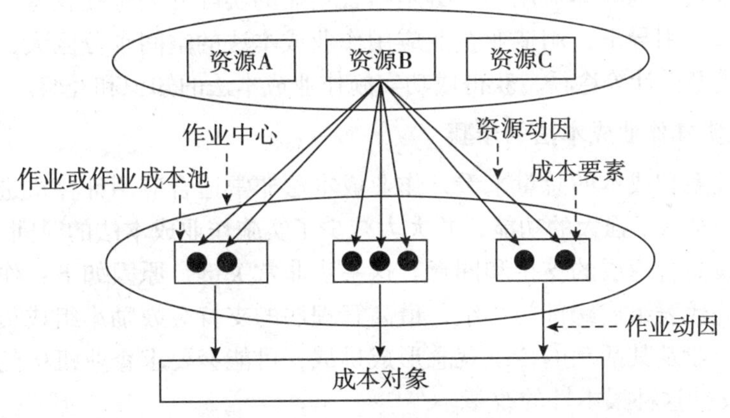

图 5–4 作业成本法的基本模型

资源：人和机器设备。

资源动因：活动消耗资源的频率和强度的量度标准。

作业：人和机器设备所执行的流程。

作业动因：成本对象所需活动的频率和强度的量度，使成本按照成本对象分配。

成本对象：生产的产品和提供的服务。

成本动因：影响一个活动成本的因素，如不合格的产品质量。

作业成本法的理论基础是：产品或服务消耗作业，作业消耗资源并导致成本的发生。其中资源动因反映了作业中心对资源的消耗情况，是资源成本分配到作业中心的标准；作业动因是将作业中心的成本分配到产品或服务的标准，它也是将资源消耗与最终产出相沟通的中介。

（四）作业成本法的基本步骤

（1）界定企业物流系统中涉及的各个作业。作业是工作的各个单位，作业的类型和数量会随着企业的不同而不同。例如，在一个顾客服务部门，作业包括处理顾客订单、解决产品问题及提供顾客报告三项作业。

（2）确认企业物流系统中涉及的资源。资源是成本的源泉，一个企业的成本包括直接人工成本、直接材料成本、生产维持成本（如采购人员的工资成本）、间接制造费用以及生产过程以外的成本（如广告费用）。资源的界定是在作业界定的基础上进行的，每项作业必涉及相关的资源，与作业无关的资源应从物流核算中剔除。

（3）确认资源动因，将资源分配到作业。作业决定着资源的耗用量，这种关系称作资源动因。资源动因联系着资源和作业，它把总分类账上的资源成本分配到作业。

（4）确认成本动因，将作业成本分配到产品或服务中。作业动因反映了成本对象对作业消耗的逻辑关系，例如，问题最多的产品会产生最多顾客服务的电话，故按照电话数的多少（此处的作业动因）把解决顾客问题的作业成本分配到相应的产品中去。

二、企业实施作业成本法的步骤和关键因素

作业成本法没有固定的框架和统一的模式，不同的企业有不同的实施目的和核算体系，因此在多个行业的具体应用中，必须结合企业的实际开展。在我国"信息化带动工业化"的国家战略引导下，制造业企业应用作业成本法的空间十分巨大，但企业必须通过理论学习、模型设计等途径，获得成功实施作业成本法的知识和经验。

（一）企业实施作业成本法的步骤

从数据、关系和成本的总量来看，作业成本法非常适合应用计算机进行操作。现有的相关软件已经显示了强大的功能，并大大减少了实施作业成本法的时间。

（1）获得最高管理层的支持和同意。这一步非常关键，原因如下：作业成本法要求企业不同部门的代表组成跨部门小组，最高管理层的支持会鼓励小组成员相互合作。作业成本法将对企业及其活动的传统观念形成挑战，可能会要求企业机构的改革。最高管理层必须能够支持这种根本性的改革。

（2）小组必须获得必要的信息以确定资源、活动成本指示器和成本对象。可以从企业的总账和平衡账目中获取必要的财务数据。这些资料提供了结构数据、资源的种类、活动的类型以及生产销售的产品或服务的信息，同时还提供了定期数据、资源的成本、消费量和产量的信息，结构数据一般保持稳定不变，而定期数据会随着作业成本法评估时期的变化而改变。

（3）跨部门小组利用企业总账及平衡账目的信息来为各个成本对象分配活动，为各项活动分配资源。到此为止，我们就能确定出各个产品和服务的实际成本和主盈利能力了。

（二）企业实施作业成本法的关键因素

经验表明，要成功实施作业成本法，其关键因素不仅包括上述最高管理层的支持和跨部门小组的合作，还应包括以下几个基本要求。

（1）要组织企业内部全体员工针对作业成本法进行学习。因为作业成本法有潜力渗透到企业内部的各个角落，因而有必要让每个员工了解实施作业成本法的过程、目的和好处。例如中层管理人员应了解作业成本法可以提供一些实际信息以帮助他们降低成本。

（2）要有适当的定位。必须把作业成本法当作一个积极行动来引进，这项行动不久将成为企业业务过程中不可分割的一部分，而不是作为一项会计政策，也不是一个短命的时髦新体系。

（3）企业要有清晰的目标，鼓励企业内部各部门提供各种帮助，并且识别相应的行为。企业内部的教育学习还应包括与作业成本法有关的其他相关信息。参与作业成本法实施过程的各个员工必须广泛地获取各种信息，收集来自各个部门的意见。

（4）要用实验项目开始实施过程。要在企业内部先对作业成本法进行实验，这个实验一定要包含企业业务过程中最重要的方面，从而既有利于成本的分配，又能显示可测量的结果。

（5）要能看到实施作业成本法所带来的好处。当实验完成以后，其结果应在企业内部进行传达，这样，在企业继续把作业成本法推广到其他业务时就能获得充分的支持。

（6）要确定好实施小组组长。这个人要能够始终将其精力全部放在作业成本法的实施上，并且至少要坚持到该项目建立之后。

三、作业成本法的应用实例

（一）应用实例一

为了观察传统成本会计方法转变为作业成本法的效果，我们可以假设一家工厂生产三种产品，总间接成本为1000元。这三种产品每周的产量分别是：X产品，1000单位；Y产品，600单位；Z产品，400单位。

根据产量分配成本，假设每单位产品所耗费的间接成本是相等的，则每种产品的间接成本分别是：X产品，500元；Y产品，300元；Z产品，200元。利用作业成本法分析出产生总量为1000元的间接成本的主要活动是机器安装，而产品Z的机器安装时间是产品X和产品Y的两倍，根据这些信息所确定的成本就应该是：X产品，250元；Y产品，250元；Z产品，500元。

微课：作业成本法的补充案例

（二）应用实例二

作业成本法可用于盈利能力分析，通过对收益进行作业成本法分析，可以对企业成本对象的盈利能力有所了解。

在传统的成本会计制度中，销售商经常使用总利润作为品牌盈利能力的衡量标准。表5-2显示了三种品牌的分析结果，品牌C的盈利能力最强。

表5-2　传统的成本会计制度中三种品牌的分析结果　单位：元

	品牌A	品牌B	品牌C
销售价格	1.59	1.59	1.49
直接成本	1.20	1.18	1.00
毛利润	0.39	0.41	0.49

然而，使用作业成本法得到的结果却完全是另一种情况，它会捕捉与三种品牌相关的所有活动，如表5-3所示，如果只考虑利润，似乎品牌C的盈利能力最强，但如果将所有成本和收益项目都考虑进去的话，品牌A的盈利能力是最强的。

表5-3　作业成本法的分析结果　单位：元

	品牌A	品牌B	品牌C
销售价格	1.59	1.59	1.49
直接成本	1.20	1.18	1.00
毛利润	0.39	0.41	0.49
交易资金	0.10	0.10	0.00
净收益	0.49	0.51	0.49
活动成本	0.40	0.50	0.45
利润	0.09	0.01	0.04

第三节　价值链分析法

一、价值链分析法的含义与价值链的特征

（一）价值链分析法的含义

价值链分析（Value Chain Analysis，VCA）法是由美国哈佛大学教授迈克尔·波特提出来的，是一种寻求确定企业竞争优势的工具。如果把企业作为一个整体来考虑，无法识别其竞争优势，这就必须把企业活动进行分解。企业可以通过考虑单个的活动本身及其相互之间的关系来确定自身的竞争优势。价值链分析法是国际知名公司麦肯锡和其他国际知名公司主要使用的方法。通过对委托者的价值链和资金状况入手，研究优势、劣势和管理（主要是财务管理）中存在的问题，从而对企业的发展提出研究报告。这种方法的特点是揭示问题方面简洁、明确，解决问题可操作性强。但价值链分析法的主要功效重点体现在优化方面，当委托者的问题由更为复杂的结构所决定时，作用成效就大大减弱了。

价值链分析是一个过程，用来评估当前的经营状况，评价拟订的改进措施的潜在影响。价值链分析法不同于传统方法，它为企业内部影响其产品或服务价值的所有活动分配成本，同时也能从贸易伙伴的角度来看待成本。运用价值链分析法进行成本动因分析，跳出了传统成本分析中以狭隘的会计科目、产量等少量的因素进行分析的方法，代之以更宽广、与战略相结合的方式来分析成本、了解成本，克服了传统的成本管理中成本分析和成本控制开始得太迟（从材料采购开始）、结束得太早（止于销售），忽视上下游价值链的缺点。在提升企业的价值方面，它要求不仅要从产品、销售等方面来分析如何提升企业价值，还要求开阔思路，从增强、扩展、重构和再造价值链方面来分析研究，使企业的价值获得提升。

（二）价值链的特征

1. 价值链分析法的基础是价值，各种价值活动构成价值链

价值是买方愿意为企业所提供的产品支付的价格，也代表着需求的满足的实现。价值活动是企业所从事的物质上和技术上的界限分明的各项活动。它们是企业制造对企业买方有价值的产品的基石。

2. 价值活动可分为基本活动和辅助活动

基本活动涉及产品的生产及其销售、转移给买方和售后服务的各种活动。辅助活动辅助基本活动并通过提供外购投入、技术、人力资源以及各种公司范围的职能以相互支持。

3. 价值链列示了总价值

价值链除包括价值活动外，还包括利润，利润是总价值与从事各种价值活动的总成本之差。

4. 价值链的整体性

企业的价值链体现在更广泛的价值系统中。供应商拥有创造和交付企业价值链所使用的外购输入的价值链，许多产品通过渠道价值链到达买方手中，企业产品最终成为买方价值链的一部分，这些价值链都在影响企业的价值链。因此，获取并保持竞争优势不仅要理解企业自身的价值链，而且也要理解企业价值链所处的价值系统。

5. 价值链的异质性

不同的产业具有不同的价值链。在同一产业，不同的企业的价值链也不同，这反映了它们各自的历史、战略以及实施战略的途径等方面的不同，同时也说明了企业竞争优势的潜在来源。

二、价值链分析法的内容

价值活动有两类：基本活动和辅助活动。

（一）基本活动

基本活动是指企业借以形成独特竞争优势的关键业务活动，通常可分为五大类：内部后勤活动、生产运作活动、外部后勤活动、市场销售活动、服务活动。

（1）内部后勤活动，与物流订单接收、计划安排、货物检验、物料搬运相关的业务活动。在内部后勤活动中，主要的内容有：汇总物流订单、核定物流需求计划、编制物流运作计划等。

（2）生产运作活动，将投入转化为产品的业务活动。

（3）外部后勤活动，将产品集中存储并发送给顾客的业务活动。

（4）市场销售活动，与销售物流服务和购买物流服务有关的业务活动。在市场销售活动中，主要的内容有：广告促销、渠道选择、渠道关系等。

（5）服务活动。其主要内容有：为顾客提供延伸服务；在物流服务中，维持产品的良好状态、保持产品的价值等。

（二）辅助活动

辅助活动可分为基础设施活动、人力资源管理活动、技术开发活动和采购活动。

（1）基础设施活动。企业“基础设施”通常包括总体管理、财务、会计、法律、政府事务和质量管理等内容。基础设施活动是指对整个价值链起支持作用的业务活动，通过整个价值链而不是单个活动起辅助作用。

（2）人力资源管理活动。人力资源管理活动是指涉及所有人员的招聘、雇用、培训、开发、报酬的业务活动。它不仅对单个辅助活动起作用，而且支配着整个价值链。

（3）技术开发活动。每项价值活动都包含着技术开发成分。技术开发活动可以改善产品的工艺。技术开发活动发生在企业中的许多部门，与产品有关的技术开发活动对整个价值链起辅助作用。

（4）采购活动。采购活动是指企业争取外部支持性活动的业务活动。

辅助活动还可分为以下几种类型。

（1）直接活动。直接为买方创造价值的各种活动。例如，零部件加工、产品设计等。

（2）间接活动。使直接活动持续进行成为可能的各种活动。例如，设备运维、原材料供应等。

（3）质量保证活动。保证其他活动质量的各种活动。例如，视察、监督、检测、核对、调整等。

这些活动有着完全不同的经济效果，对企业竞争优势的确立起着不同的作用，应加以区分、衡量，以确定核心活动和非核心活动。

（三）分析企业的竞争优势

企业竞争优势有三个主要来源。

1. 价值活动本身

它是构筑竞争优势的基石，企业从事各种不同的价值活动，虽然所有活动对企业的成功都是必需的，但是确认那些支持企业竞争地位的价值活动仍然很重要。因此，对一个企业而言，在关键价值活动的基础上建立和强化这种优势很可能获得成功。另外，由于价值活动已列在企业的价值链中，只要同其他企业对比，就不难发现自身竞争优势所在。

2. 价值链的内部联系

价值链并不是一些独立活动的汇总，而是由相互依存的活动构成的一个系统。价值活动是由价值链的内部联系联结起来的，基本活动之间、不同支持活动之间、基本活动与支持活动之间存在着联系，这些联系是某一价值活动进行的方式和成本与另一活动之间的关系，竞争优势往往来源于这些联系，如成本高昂的产品设计、严格的材料规格或严密的工艺检查也许会大大减少服务成本的支出，而使总成本下降。

3. 价值链的外部联系

联系不仅存在于企业价值链的内部，而且存在于企业价值链与供应商、渠道价值链和买方价值链之间，供应商、渠道、买方的各种活动进行的方式会影响企业活动的成本或利益，反之也是如此。供应商是为企业提供某种产品或服务的，渠道价值链包含企业产品流通的价值链。因此，它们各自的活动和它们与企业价值链间的各种联系都会为增强企业的竞争优势提供机会。

企业应对价值链的内部联系、外部联系给予高度的关注。对这些联系进行规划，既可以提供独特的成本优势，又可以以此为基础将企业的产品与服务和其他企业区分开来，从而实现差异化。而竞争者常常会效仿企业的某项活动或某个行为，但却很难抄袭到价值链之间的这些联系。

三、价值链分析法的步骤

在企业的价值活动中，并不是每一个环节都会使企业价值增值而具有竞争优势。企业作为一个整体，只有某些特定的活动或活动之间的联系是创造企业价值的关键环节。它可能来源于采购、设计、生产、人力资源管理、营销、服务等活动过程，也可能来自价值链活动中某两个或几个活动之间的联系，或者某个活动的细分活动。对于战略环节的确定，需要估算每项活动创造的价值及成本增量，求得每个环节的附加价值，进而确定企业价值链上的战略环节。价值链分析法的基本步骤如下。

第一，分析企业内部价值链，划分企业的主要价值活动。在划分过程中，关键在于确定影响各项价值活动的成本动因。成本动因主要分为两大类。一类是结构性成本动因，包括产品的规模、技术、范围、多样性等。另一类是执行性成本动因，包括员工责任感、质量管理、生产能力利用程度、产品设计合理程度等。这种可以量化的成本分析可以帮助企业找出自己优势的价值活动。

第二，分析外部产业价值链。企业要获得竞争优势，不能局限于内部价值链分析，还需要把企业置身于整个产业价值链，从战略高度分析、考虑是否可以利用产业链的上游、下游来帮助企业进一步降低成本，或者调整企业在整个产业价值链中所处的位置。

第三，分析竞争对手价值链。在充分识别竞争对手价值链和价值活动的基础上，通过对其价值链的调查、测算和模拟，确定本企业与竞争对手相比在各价值环节的优势和劣势。

通过以上对价值链的综合分析，就可以找出企业的战略环节。

第四节　客户收益分析与直接产品收益

一、客户收益分析

（一）客户收益分析的作用

常规核算体系常常很难回答这样一个基本的问题：此客户与彼客户相比较，盈利能力差别有多大？通常，客户收益都是以毛利润（简称毛利）为标准而计算。换句话说，也就是一个周期内客户所产生的净销售收入，减去购买的商品组合中产品的成本。然而，在可以明确知晓单独客户的真实盈利能力前，仍有许多费用需要考虑。同理，在确定不同细分市场或配送渠道的收益率时，也有更多的费用需要考虑。

按照物流战略逐步展开，由服务客户而产生的成本就显得意义重大。首先，客户收益分析通常能够揭示对企业业绩产生负面效应的客户的比例，如图 5–5 所示。这一现象产生的原因是，客户服务的成本千变万化，即使两个采购量相同的客户，他们的成本可能是完全不同的。

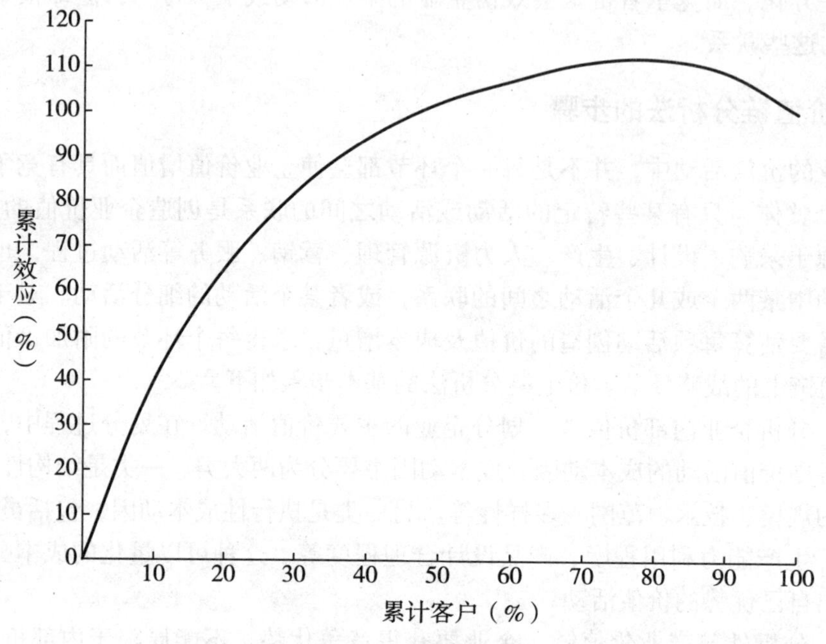

图 5–5　客户收益分析

如果我们考虑一家企业从接到客户订单到收到客户付款这一过程中的所有费用，客户与客户之间很可能存在十分重大的成本差异。同时，不同的客户订购的产品的组合也不尽相同，因此他们产生的毛利润也会相去甚远。

客户损益表如表 5-4 所示，要精确地计算客户收益，许多相关的成本需要得到确认。

表 5–4　客户损益表

收益	成本（仅指可归属成本）
净销售额	· 销售成本 · 佣金 · 客户管理时间成本 · 销售奖励及特殊折扣 · 订单处理成本 · 促销成本（显性成本及隐性成本） · 包装成本 · 库存持有成本 · 物料装卸搬运成本 · 运输成本 · 通信成本 · 退货成本 · 贸易信贷（实际付款周期）

（二）客户收益分析的相关模型

1. 客户收益分析的基本模型

明确客户收益的最好方法，是采用“可避免”成本与增量收益的概念，即先假设失去这位客户，然后分析企业能够省掉哪些成本和失掉哪些收益。运用这一原理，可以避开由于固定成本被各个客户分摊而引起的各种问题。

一般客户

某咨询公司所做的一项研究显示，客户导向产生的成本并不都是所有客户服务成本的均值，明显受到客户、订单数额、订单种类以及其他关键因素的影响。客户的平均成本可以很容易地被算出，但可能没有哪一位客户的服务成本正好是平均成本。我们要注意处于成本范围两端的客户。一方面，为他们提供服务可能会缩减利润；另一方面，即使为他们服务能够产生高利润，但与他们的交易也容易因为竞相减价而遭到破坏。表 5–5 所示为一些以客户为导向产生的成本的数值范围，由在净销售额中所占的百分比表示。这说明了运用均值会产生怎样的偏差。

表 5–5　客户成本在净销售额中所占比例　　单位：%

	低	中	高
订单处理	0.2	2.6	7.4
持有库存	1.1	2.6	10.2
装货和运输	0.3	0.7	2.5
运出货物	2.8	7.1	14.1
佣金	2.4	3.1	4.4

这一分析需要涉及哪些成本呢？客户收益分析的基本模型如图 5–6 所示，该图为与客户相关的可避免成本（也就是某客户退出交易后所省下的那些成本）的基本模型。

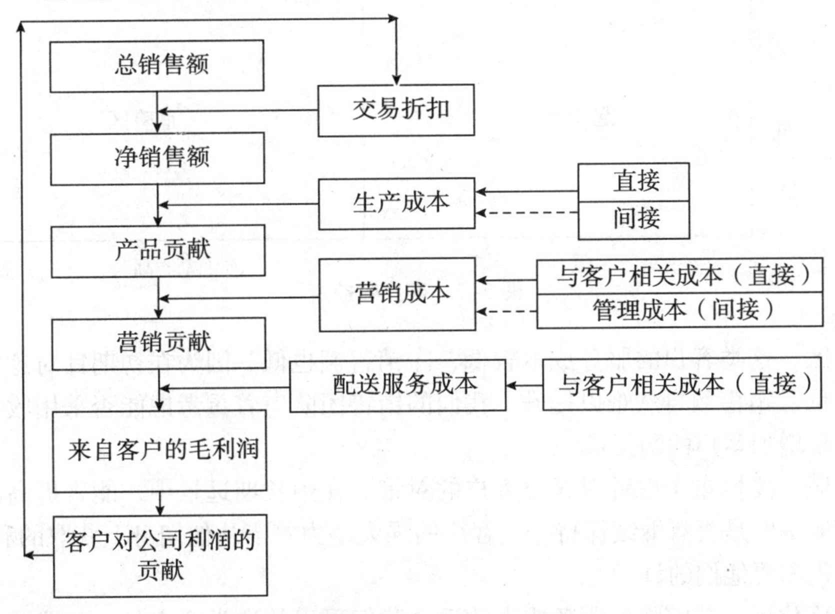

图 5–6　客户收益分析的基本模型

该模型以总销售额为起点，减去给予客户的折扣（交易折扣），得出净销售额，其中包含了直接生产成本和间接生产成本。除非间接生产成本均由客户产生，否则不能将全部的间接生产成本分摊给客户。同样的道理适用于销售和市场成本中的间接成本的分摊。例如，全国广告的费用若要硬性分摊，则有强迫和误导之嫌。随后，分配可归属成本以得到来自客户的毛利。最后，减去所有其他相关的成本，如贸易信贷、退货成本等，从而得出营运的净利润。

采用这种模型对客户收益进行分析是非常必要的。首先，在签订下一份销售合同时，我们可以将这些信息作为参考依据；其次，这些信息作为制定销售额目标和营销战略的基础，能直接帮助我们减少低利润的客户数，增加更多为企业盈利的客户；最后，在对服务成本高昂的客户进行管理时，这些信息可指导我们进行策略选择。在理想状态下，我们希望从所有的客户身上长期获得利润。而对于那些已经带来利润的客户，我们必须对其维护并进一步提升收益率。

2. 客户分类模型

还有一种方法是对客户进行分类，针对不同类型的客户采用个性化的提高利润的解决方案和客户服务策略，从而提高利润。客户收益矩阵如图 5–7 所示，该图是一个简单的客户分类模型。

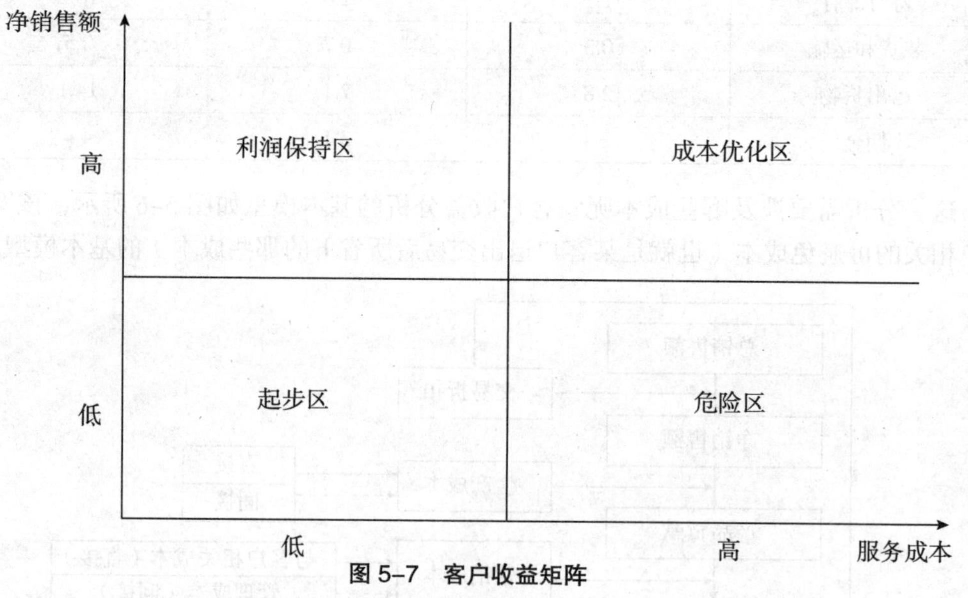

图 5–7　客户收益矩阵

起步区，这类客户的服务成本较低，净销售额也低。因为在初期针对这类客户投入的成本很低，销售额自然难以提升。我们的销售团队应着重考虑能否采用收益率更高的销售组合来增加客户的购买量。

危险区，要慎重考虑针对这类客户的对策。在中长期远景中，能否提高净销售额或降低服务成本？是否有继续保持这些客户的强大动力？当从他们身上获取的利润很低时，我们是否仍需要他们的订货？

成本优化区，能够降低服务成本的话，我们可以从这类客户身上获取更多利润。成本降低是否还有富余的空间？是否能够统一送货？如果在同一区域开发新客户，是否能让送货更加经济？是否有更低廉的方法（如运用网络）来收集这些客户的订单？

利润保持区，净销售额高、服务成本低的客户如黄金般珍贵。如何让这类客户放弃选择其他供应商是谋划策略的关键。同时，在严格控制成本的前提下，我们应当继续寻找增加这些客户购买量的机会。

在理想状态下，企业开发的会计系统能够收集和分析客户收益数据。但大多数成本核算体系更多地将重心放在生产方面而不是客户身上，成本报告通常情况下也是以职能部门为基础的，而不是以客户为基础的。事实上，一般情况下我们只知道总运输成本或者制造一件特殊产品的成本，但不能确切得知将某个特定的产品组合送达给某位特定客户所花费的成本。企业在应用产品导向的核算体系时，迫切需要建立客户和市场导向的核算体系，这两种体系应该并驾齐驱。正如我们所知，利润的源泉是客户，而不是产品。

二、直接产品收益

在物流成本分析上，直接产品收益（Direct Product Profitability，DPP）被广泛接受，特别在零售业更是如此。本质上，由于 DPP 试图确定的是一种产品或一份订单通过整个流通渠道时产生的所有相关成本，这使得它有些类似于客户收益分析。

DPP 的含义在于，在许多交易中，客户除了按产品价格支付费用外，还要支付其他的费用，这些成本通常称为所有权总成本。有时这些成本会被隐藏，而实际上又数额高昂，高到能够降低甚至削减某类特定产品的净利润。

由于供应商以低成本运作的能力受产品通过其物流系统时所引起的费用影响，所以理解 DPP 的意义对供应商来说非常重要。

某特定客户的成本与收益分析如表 5-6 所示，描述了如何经过一系列步骤后，未处理的毛利润变成精确的 DPP。

对于供应商来说，DPP 的重要性在于，它能明确客户服务战略的关键目标——“减少客户的所有权总成本”。换句话说，供应商应着眼于它的产品，同时应通过改变所销售的产品的特征或者配送产品的方法，来提高客户的 DPP 值。从设计包装开始的一系列活动，生产商或供应商可以对许多因素做出调整，进而以积极的方式影响客户。

第五节　供应链绩效概述

一、供应链绩效的含义

供应链绩效是指供应链的运作绩效或运作效果。供应链的绩效与一般单个企业绩效的最大不同之处在于：供应链绩效不仅受到该节点企业或供应商运营绩效的影响，而且还要考虑该节点企业或供应商的运营绩效对其上层节点企业或整个供应链的影响等。而单个企业的绩效则更多地注重加强企业自身内部调整和内部的效率，很少考虑本企业与其他企业间的合作和信息沟通。供应链绩效一般包含三个方面的内容：内部绩效、外部绩效及供应链综合绩效。内部绩效主要指供应链上企业的内部绩效，包括成本、客户（同

表 5-6　　某特定客户的成本与收益分析

		金额（英镑）
总销售额		100000
减　折扣	10000	
净销售额		90000
减　已售货物直接成本	20000	
毛利		70000
减　销售和市场成本：		
销售拜访的费用	3000	
合作促销成本	1000	
推销成本	3000	
	7000	
		63000
减　配送成本：		
订单处理费用	500	
储存及装卸搬运费用	600	
库存的金融成本	700	
运输费用	2000	
包装费用	300	
拒收货物成本	500	
	4600	
客户创造的毛利		58400
减　其他与客户相关的成本：		
信用融资	1500	
退货成本	500	
	2000	
客户创造的净利润		56400

顾客）服务、生产、管理、质量等方面的内容；外部绩效主要指供应链上企业之间的运行状况，包括用户满意度、最佳实施基准等方面的内容；供应链综合绩效指供应链的整体绩效，包括供应链运作的总体效果方面的内容。

供应链绩效的含义也可以从价值链的角度来理解，即将供应链绩效看作供应链各成员通过信息协调和共享，在供应链基础设施、人力资源和技术开发等内外资源的支持下，通过物流管理、生产操作、市场营销、顾客服务、信息开发等活动增加和创造的价值总和。其中的“价值总和”由两部分组成：顾客价值和供应链价值。前者是外部消费者/顾客通过购买产品（包括核心产品和形式产品）或者接受服务（延伸产品）来获得价值，它由基本价值和额外价值组成；后者则是指供应链各成员企业通过各种活动增加和创造的价值，它由各种活动单独产生的价值和共同产生的价值，以及供应链满足顾客需求的价值组成。

供应链绩效的获取主要来源于三个方面。

（1）信息化所带来的管理效率提高，以及企业对市场反应时间的缩短。以美国零售业霸主沃尔玛为例，它的计算机系统规模庞大，在其总部的信息中心存储着大量信息，支持着超过 18 万个用户，每周处理超过 12 万个复杂提问，每分钟可接受 840 万条商品信息。管理者把目光敏锐地盯在顾客身上，以分、秒来衡量经营业绩。

（2）高效率的物流配送体系大大降低了库存率，加快了资金周转。

（3）供应链可以使一个企业在更大的范围内进行资源的集成和整合，从而提高供应质量，保证最终产品的品质。

二、供应链绩效提升的方法

一般而言，提升供应链绩效的方法主要包括以下几个方面。

1. 供应链管理战略支撑体系的建立

供应链管理应该把管理的主要精力放在企业的关键业务上。核心企业通过和供应链中上下游企业之间建立战略伙伴关系，实行强强联合，可使每个企业都发挥各自的优势。同时，供应链的战略伙伴关系应重在重塑全球范围内的业务伙伴关系，使战略伙伴企业在价值增值链上达到共赢的效果。

2. 供应链的成本管理

供应链成本包括订货成本、原材料取得成本、库存持有成本，以及与物流有关的财务成本、制造成本等。供应链的总体运营成本策略应致力于全面成本领先，在满足服务需要的同时，为了使得系统成本最小而把供应商、制造商、仓库和零售商有效地结合成一体来生产商品，并把符合客户质量要求的正确数量的商品在指定的时间内配送到正确地点。作业成本核算模型应被作为供应链的成本优化及决策工具。

3. 供应链体系的建立或重组

供应链管理要求企业与关键的核心企业之间实现业务流程的集成。有效的供应链管理需要供应链中各个成员的相互合作，充分考虑供应链成员间的利益平衡，建立有效的激励机制，利用博弈论深入分析供应链成员的决策问题以及成员之间的竞争行为，预测实际会达到的均衡结果，设计具体的协调方案和参数，具体分析各成员的利益需求，设计激励机制等。理想的激励机制能够使供应链成员密切合作，激励成员提供真实的信息和参数，激励成员采取供应链合作协议所规定的行为，实现供应链合作收益的合理分配。

4. 供应链信息的管理与分析

供应链中每个环节的商品库存状况和预测商品需求波动的信息是否畅通，整个供应链的决策贯彻是否彻底，工作效率是否按系统的目标在运作等都是供应链信息管理的重要内容。实时信息的共享和电子数据的交换，将使供应链中各成员之间的预测差异缩小，降低供应商的库存，减少供应链中资源的浪费，推动供应链管理水平的提高。

5. 客户关系及服务的改进

提升供应链绩效，还应改进客户关系及服务。对客户要进行跟踪访问，使客户不仅接纳企业，付钱给该企业，甚至还会热切地向别人推荐该企业。

6. 供应链企业间的网络硬件建设

企业内部与企业之间的物料供应与需求管理应基于供应链管理的设计与制造管理，企业间资金流管理应基于 Internet / Intranet 的硬件建设。

三、供应链绩效评价

（一）供应链绩效评价的含义和作用

1. 供应链绩效评价的含义

任何管理工作都要通过对工作的效果进行度量和评价，才能判断这项工作的绩效及其存在的问题。21 世纪的竞争是供应链与供应链之间的竞争，因此供应链绩效成为关键。而供应链绩效评价既是判别供应链有效性的基本手段，也是供应链绩效改进的基本前提。

绩效评价是指运用数量统计和运筹学方法，采用特定的指标体系，对照统一的评价标准，按照一定的程序，通过定量、定性分析，对特定主体在一定期间内做出的效益和成绩，做出客观、公正和准确的综合评判。从系统分析角度来看，绩效评价是整个系统分析的一个有机组成部分。其目的主要有两个：一是判断各方案是否达到了各项预定的性能指标，能否在满足各种内外约束条件下实现系统的预定目标；二是按照预定的评价指标体系评价方案的优劣，做好决策支持，为进行最优决策和选择系统实施方案服务。

目前国内对供应链绩效评价的概念未能统一。一般认为，供应链绩效评价是指围绕供应链的目标，基于供应链业务流程，对供应链整体、各环节运营状况，以及各环节之间的运营关系等所进行的事前、事中和事后分析评价。供应链绩效评价指标以非财务指标为主，包括反映供应链动态运营状况，以及上下节点企业之间运营关系的一系列评价指标。对供应链绩效评价而言，其目的是辅助供应链成员企业进行战略、战术与运营的决策，及时发现供应链中存在的问题，规范各成员的行为。其主要内容是通过评价供应链运作结果的有效性，分析供应链创造价值、满足顾客需求的能力；通过建立科学、客观的绩效评价体系，判断供应链运作是否有助于企业战略的实现，并根据供应链目标的实现程度对运作过程进行调整和优化，选择最适宜的供应链类型，最终提高整个供应链的竞争力。

2. 供应链绩效评价的作用

（1）通过供应链绩效评价，供应链节点企业能够明确自身对供应链所做的贡献，从而更好地协调企业自身战略目标和供应链战略目标的关系。

（2）通过供应链绩效评价，供应链节点企业有了统一客观的参照体系，能够明确自身在供应链中所处的地位，以及在供应链中的运行状况，从而及时调整自身的运行状态，以更好地适应供应链的需求。

（3）通过供应链绩效评价，对供应链节点企业起到激励作用，包括核心企业对非核心企业的激励，也包括供应商、制造商和分销商之间的相互激励。

（4）通过供应链绩效评价，供应链决策者能适时掌握供应链的运行状态，经过分析与研究，及时调整和改进供应链的业务流程和运行状态，充分发挥供应链管理的作用。

（5）通过供应链绩效评价，可以对整个供应链的运行效果做出客观评价，并通过与同行业的竞争者进行比较，决策者能明确自身的优势与劣势，促进供应链在竞争中不断进步与发展。

（二）供应链绩效评价与传统企业的绩效评价的区别

由于供应链管理是以部门、组织、流程及地理分布上的物流网络集成为基础的，这种特征决定了其不同于一般企业的基于所有权的控制管理及层次型的纵向集成，更为强调组织之间的协调、合作和运营的管理，这也就决定了其绩效评价的内容和特点不同于传统企业的绩效评价。

1. 评价目标不同

传统企业的绩效评价的主要目标是通过对企业内部各职能部门或员工工作完成情况的评价，促进企业效率和效益的提高。而供应链绩效评价的主要目标是站在系统的高度，综合考虑企业内部及成员企业之间的业务流程衔接、上下游关系、整个供应链系统效率和效益等因素，以优化供应链的资源配置，降低整个供应链的运作成本。

2. 评价基点不同

传统企业的绩效评价是基于内部职能部门或员工的评价，而供应链绩效评价则是基于业务流程的评价。由于供应链要对各个企业的不同功能、不同过程以及影响这些过程的体制进行整合，包括不同目标（压缩库存、加速供应、降低成本等）的协同、不同经营主体（供应商、制造商、销售商、物流商等）的组合、不同组织机能（购买、制造、仓储、配送、销售、增值服务等）的整合，这决定了供应链绩效评价必须是基于业务流程的评价，以保证供应链上所有企业保持高效率的运作。

3. 评价范围不同

供应链管理的范围包括由供应商的供应商、客户的客户所构成的网链结构及所涉及的资源范畴，相对传统企业的绩效评价，供应链绩效评价除了对企业内部运作做基本评价之外，还注重外部链的测控，以保证内外绩效一致，因此供应链绩效评价更为集成化。这种方法使企业能更好地从整个供应链的角度分析问题，而不是单独从一个企业自身的角度进行分析，从而反映整个供应链的优化。

4. 评价时效不同

传统企业的绩效评价主要通过财务指标进行事后分析与评价，时间上存在滞后性，而供应链绩效评价则强调将财务指标与非财务指标相结合，采用实时分析与评价。这是由供应链网络关系这一特征决定的，因为节点企业之间即使存在联盟关系也是一种松散的关系，完全不同于企业内部各职能部门之间关系的紧密程度。

（三）供应链绩效评价应遵循的原则

供应链绩效评价应遵循的原则列举如下。

（1）指标应分出评价层次，在每一层次的指标选取中应突出重点，要对关键的绩效指标进行重点分析。

（2）要能反映整个供应链的运营情况，而不仅仅反映单个节点企业（或部门）的运营情况。

（3）应重视对供应链业务流程的动态评价，而不仅仅是对静态经营结果的考核衡量。

（4）要能反映供应链各节点企业（部门）之间的关系，注重相互间的利益相关性。

（5）应尽可能采用实时分析与评价的方法，要把绩效度量范围扩大到能反映供应链实时运营的信息，这比仅做事后分析有价值。

（6）要采用能反映供应商、制造商及用户之间关系的绩效评价指标，把评价的对象扩大到供应链上的相关企业。

（7）定性衡量和定量衡量相结合，内部评价和外部评价相结合，并注意相互间的协调。对某个特定绩效指标的维持和改进不应以牺牲其他任何指标为代价，否则，任何绩效都是无法接受的。同时，还应重视对企业长期利益和长远发展潜力的评价。

（四）供应链绩效评价体系

1. 供应链绩效评价内容

根据供应链管理运行机制的基本特征和目标，供应链绩效评价应该不仅能反映供应链整体运营状况，而且还能反映供应链上各个节点企业之间的运营关系。因此，供应链绩效评价主要包括内部绩效评价、外部绩效评价、供应链综合绩效评价三个方面的内容。

（1）内部绩效评价。

内部绩效评价主要是对供应链上的企业内部绩效进行评价，侧重于考虑供应链对企业的激励。这与传统的企业绩效评价不同，虽然企业自身绩效的评价仍然是供应链企业考核的重要内容，但是此处关注的重点在于供应链带来的企业业绩的提升以及企业对供应链整体运营绩效的贡献，而非单纯以货币计算的净损益。因此，进行供应链绩效评价需要立足于供应链整体，而不同于传统的企业立足于自身。评价的主要内容包括成本、质量、顾客服务、生产率、资产等。内部绩效评价将注意力集中在内部效益的产生或服务客户的活动上，并可与最强的竞争对手或其他行业中表现最佳的公司进行比较。这种比较可以帮助企业调节内部比较所产生的不切合实际的安全感、骄傲情绪，以及员工之间的敌对情绪，并将这种情绪转化为面向市场的竞争力。内部绩效评价的传统方法着重于财务指标的衡量，包括盈利能力、资本营运状况、偿债能力等。近几年企业发展能力和风险管理能力等也得到了关注。

（2）外部绩效评价。

外部绩效评价主要是对供应链上的企业之间的运行状况进行评价，包括从客户满意度的角度评价上下游企业之间的合作伙伴关系、核心企业对其他节点企业的激励，以及供应商、制造商、分销商之间的相互激励等。因为供应链是一个相互关联的战略联盟体，各节点企业只有充分合作，实现利益共享、互惠互利，才能保证所有成员发挥最大能动性，从而促进供应链绩效的实现与提高。也正因为如此，供应链外部绩效的评价是供应链绩效评价的一个重要方面。其度量的主要指标有客户满意度、上下游企业合作关系、最佳实施基准等。客户满意度指标反映了供应链上下节点企业之间的关系融洽程度，是衡量外部绩效的主要指标。

国内有学者提出了客户满意度指标的量化公式，即：

满意度 $C_j=\alpha_j\times$ 供应商 j 准时交货率 $+\beta_j\times$ 供应商 j 成本利润率 $+\lambda_j\times$ 供应商 j 产品质量合格率

式中，α_j、β_j、λ_j 为权数，且 $(\alpha_j+\beta_j+\lambda_j)/3=1$。权数的取值可随着供应商的不同而不同，同一层次供应商应取相同值。

这样，通过客户满意度指标就可以评价不同供应商的运行绩效，以及不同的绩效对其上层供应商的影响。

供应商成本利润率反映的是供应商的盈利能力，而顾客关心的是供应商的报价，即上层节点企业提供给下层节点企业的利润空间，同时顾客满意度函数应该是多元函数，而不仅仅是三元函数。因此，顾客满意度指标量化公式可以设计为：

$$满意度\ C_j=\alpha_j\times 供应商\ j\ 准时交货率+\beta_j\times（顾客对产品或服务的期望价格/实际价格）+\lambda_j\times 供应商\ j\ 产品质量合格率+\cdots$$

式中，α_j、β_j、λ_j为权数，且$(\alpha_j+\beta_j+\lambda_j+\cdots)/n=1$，$n$为自变量。

外部绩效评价的另一个重要指标是最佳实施基准，该指标的评价是将目标企业运作状况与该行业或相关行业，甚至非相关行业的优秀企业进行比较，这种方法又叫标杆法。标杆法隐含这样的假设，即企业成功的结果与被识别的因素密切相连，通过模仿这些因素，其他企业也可以获得类似的成功。我们确信用一个特定企业的成功经验来推论或营造其他企业成功的因素是困难的，不熟悉目标企业的运作规律，草率地下一些结论是一种危险的做法。标杆法是结果的比较，重要的是要采用逆向查找的方法找出公司的最优决策。必须明确，向目标企业看齐旨在识别企业行动背后的普遍原则，发现企业存在的问题，从而创造新的超越对手的途径。因此，采用此方法的前提是充分地获取目标企业的信息。

（3）供应链综合绩效评价。

供应链综合绩效评价主要是从整体角度考虑不同供应链之间的竞争，为供应链在市场中的生存、组建、运行、撤销的决策提供依据。其主要目的是通过绩效评价，获得对整个供应链运行状况的了解，找出供应链运营中的问题，及时予以纠正。评价内容主要包括成本、时间、顾客满意度、资产等几个方面。

2. 企业对供应链绩效评价的侧重点

侧重于物流评价。从这个角度分析，是将供应链和物流集成系统视为统一。人们已经提出了很多基于时间、阶段的库存管理工具，如分销需求计划、物料需求计划、制造资源计划等。物流的改进对于改进整个供应链的顾客服务水平、减少库存量、降低运输成本都起着很大的作用。从供应链物流的角度评价，评价内容主要包括：物流速度，即物流中相关行为的数据传递、计划变动及执行的速度；物流可变性，主要指对客户需求变动及运输方面的柔性处理能力；物流可视性，描述了内部员工参与内部计划的程度，与合作伙伴的信息共享程度，以及合作伙伴进入企业内部服务器获取相关信息的程度等。

侧重于采购与供应评价。从这个角度分析，供应链管理是要扩展传统企业外的行为，通过达到一个共识的优化和效率目标建立交易伙伴关系，形成供应链战略伙伴关系。该角度的评价内容主要包括提前期评价和成本评价。提前期评价是一种有效考虑整个组织经营的全面评价，仅降低提前期就可触及订货、设计蓝图的问题，如过长的调整准备期、频繁的停机时间、不协调的工作日程、不可靠的供应商、过长的运输时间及大规模的存货等一系列问题。过长的提前期可能导致供应链管理的运输、加工、储存的高额成本。成本评价从采购和供应的角度来考虑供应商，供应链成本集中在供应链总运营成本，供应链总运营成本包括供应链通信成本、供应链库存费用及各节点企业的外部运输总费用，用以反映供应链运营的效率。供应链通信成本包括各节点企业之间的通信费用、供应链信息系统开发和维护费用等。供应链库存费用包括各节点企业在制品库存和成品库存费用、各节点企业之间的在途库存费用。各节点企业的外部运输总费用是指供应链所有节点企业之间运输费用的总和。

侧重于组织评价。供应链的组织和业务流程重组相关。在构建特定的供应链组织结构基础上，评价供应链组织绩效对提高整体重组效果很重要。该角度的评价内容主要包括柔性、集成性、协调性和稳定性。柔性，即更好地适应激烈竞争的市场，提高对用户的服务水平，及时满足用户要求，如交货期、交货数量、商品质量，以及用户的某些特殊要求等。柔性已成为评价供应链组织结构合理性的一个重要指标。由于围绕不同核心企业所构建的供应链组织结构有所不同，因此要求供应链组织结构的构建必须能适应市场需求。集成性是使供应链中企业的资源能够共享，获得优势互补的整体效益的能力。具体涉及信息集成、物资集成、管理集成等。集成性的高低或者说整体优势发挥的大小，关键在于信息集成。协调性主要是指供应链各节点企业之间的协调能力。供应链是不同企业个体结成的链网，每个企业又都是独立的利益个体，所以它比企业内部各部门之间的协调更加复杂和困难。供应链的协调主要包括利益协调和管理协调。利益协调必须在供应链组织结构构建时将链中各企业之间的利益分配加以明确，管理协调则要求适应供应链组织结构要求的计划和控制管理，以及信息技术的支持，协调物流、信息流的有效流动，降低整个供应链的运行成本，提高供应链对市场的响应速度。稳定性是指供应链整体及节点企业抗扰动的能力。供应链是一种相对稳定的组织结构形式，影响供应链稳定的其中一个因素就是供应链中的企业，它必须是具有优势的企业，即要有竞争力。如果供应链中的企业不能在竞争中长期存在，必然影响到整个供应链的存在。另一个因素是供应链的组织结构，比如说供应链的长度，如果供应链的环节过多，信息传递中就会存在信息扭曲，造成整个供应链的波动，稳定性也就会相应较差。

3. 供应链绩效评价指标体系

根据供应链绩效评价内容，可以设计供应链绩效评价指标体系。结合前述相关内容，提出如下供应链绩效评价框架，如图 5–8 所示。

四、供应链绩效的改进

现代供应链的运作是高度复杂和动态的，涵盖了实现顾客需求的所有组织和部门。其最大的特征就是不断调整各供应链伙伴间的合作关系与资源配置，并通过运用各种制造技术去满足顾客需要。当前，供应链的最终目标可以说就是供应链价值最大化，而顾客满意度则是供应链价值得以最大化的源动力。但这种能力无法依靠单个组织或部门来提供，管理的焦点必须集中于作为一个整体的供应链绩效的提升与改进。

（一）供应链绩效改进的驱动因素

1. 供应链业务流程

供应链业务流程是一系列相互关联的活动、决策、信息流和物流的结合，该业务流程运作的差异将导致供应链整体绩效的差异。如果能减少流程的运作时间，当然有助于为顾客带来更多的价值，并提高供应链的整体绩效。

2. 供应链内部各成员企业的关系

供应链的有效运作高度依赖于供应链内部各成员企业之间的信任、组织相容、文化相容、管理一致、良好合作等。只有这些因素很好地发挥作用，才能使供应链中各企业

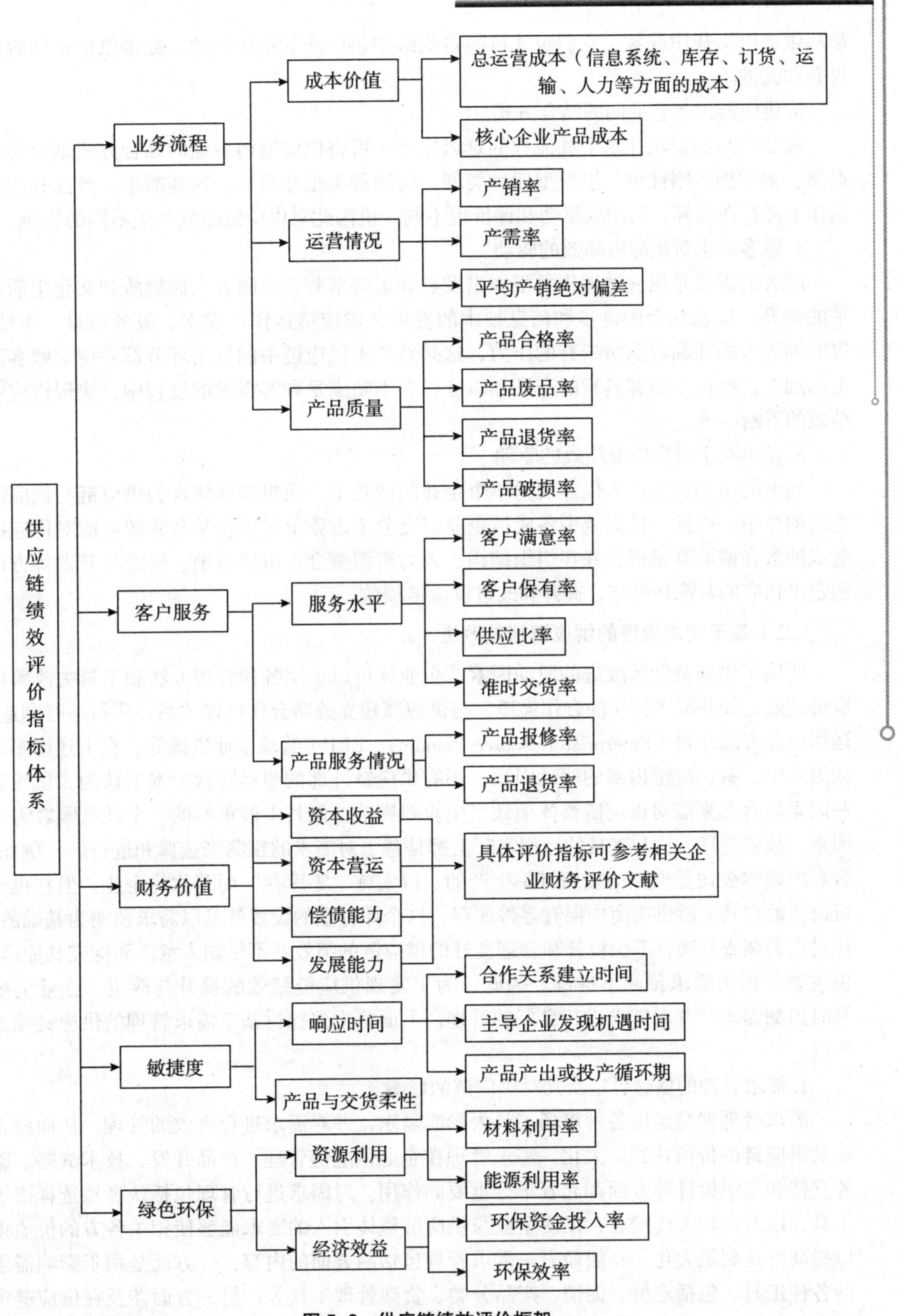

图 5-8　供应链绩效评价框架

都从供应链运作中获益，它们也才可能自觉维护供应链的整体利益，促进供应链绩效的提升和改进。

3. 供应链内各企业间的结合方式

按照产品的模块化水平和流程的延迟原则，可将供应链内企业的结合方式划分为延迟型、柔性型、刚性型、模块型四种类型。这四种类型在目标、顾客需求、产品和流程运作上都存在差异，其绩效驱动和评价也不同，也因此对供应链绩效产生不同的影响。

4. 顾客需求对供应链绩效的驱动

顾客的需求是供应链运作的根本出发点和最终落脚点。随着人们物质和文化生活水平的提升，以及社会的进步和信息技术的发展，供应链运作在成本、服务质量、柔性、提前期等方面面临着前所未有的压力，这必然要求供应链中的每个环节都要树立顾客至上的理念，提供令顾客满意的产品和服务，在不断满足顾客需求的过程中，实现供应链绩效的不断改进。

5. 竞争对手对供应链绩效的驱动

当前的市场竞争已不仅体现为单个企业间的竞争，而更多地体现为供应链与供应链之间的竞争。因此，供应链中各成员企业应充分考虑竞争对手在某些领域可能对供应链造成的潜在威胁和机遇，并在组织结构、人力资源整合、市场营销、研究与开发等方面制定出相应的对策和措施，提升和改进供应链绩效。

（二）基于需求管理的供应链绩效改进

明确了供应链绩效改进的驱动因素，企业就可以运用各种管理方法和工具去改善供应链绩效，如开辟多样化的合作渠道，与供应商建立战略合作伙伴关系，实行适时制造，运用企业资源计划（Enterprise Resource Planning，ERP）管理企业资源等。在上述诸多驱动因素中，有供应链内部的驱动因素，还有供应链外部的驱动因素。本书认为，虽然这些因素综合起来能对供应链整体绩效产生重要影响，但其中最重要的一个就是顾客需求因素，很多管理方法和工具的运用实际上都是基于对需求的预测来选择和进行的。例如，著名的戴尔公司是典型的按照订单生产的、以实施“零库存”而著称的企业，但它也不可避免地在其上游供应商中保有零件库存，这个库存量的设置就是以需求预测为基础的。经过相关调查发现，不少设计和管理良好的供应链的绩效并不尽如人意，而探究其原因，也主要是因为需求预测不准确。因此，为了实现供应链绩效的提升与改进，企业需要及时预测需求，并对需求进行良好的管理。下面将主要探讨基于需求管理的供应链绩效改进。

1. 需求管理的概念界定及其对供应链的影响

需求管理就是运用各种市场工具去影响需求，并对需求进行有效的管理，从而使企业及供应链的价值达到最大化。需求管理在企业供应链管理、产品开发、技术战略、服务支持和组织设计等方面都起着十分重要的作用。对需求进行管理包括认真地选择市场工具，以及密切关注顾客，以使企业与供应链整体引入的需求能够使相关各方的价值得以提高并达到最大化。一般而言，需求管理包括两方面的内容：一方面是用于影响需求的各种工具，包括定价、促销、产品分类、货架管理工具等；另一方面涉及在供应链中运用市场工具时各供应链成员间的相互合作。如果制造商通过降价或其他方法促销，但无法与零售商以同等的方式进行合作，这种促销的努力就相当于白费。因此，在供应链中的不同环节使用市场工具时应该相互配合，这样才能取得期望的最佳结果。很多实例告诉我们，缺乏需求管理，不懂得正确运用市场工具去影响需求并取得各环节之间的相互配合的供应链，无法使供应链的服务水平、库存水平和响应速度同时达到权衡后的最佳状态，有时甚至会处于非理想状态。通过需求管理，充分运用市场工具，可以为企业带来快速提升供应链绩效的巨大机会，这种绩效提升所获得的效果超过用其他方法改进供应链所获得的效果，可为企业和供应链创造出巨大的价值。但市场工具的运用过程必须是科学的，特别是要注意充分计算和分析供应链中的制造成本。一旦决策正确，除供应链的整体绩效将有一个大的飞跃外，所创造出来的价值也将是非常大的。

2. 改进供应链绩效的市场工具

在需求管理中可使用的市场工具很多，主要涉及定价、促销、产品设计、产品分类管理、货架管理、广告牌管理、价格保护、退货政策等方面的运用。每样工具对提升和改进供应链绩效的作用均有所不同。

首先，定价包括价值定价和差别定价。价值定价是指用低价购买高质量的供应品的定价形式。该定价形式认为价格应满足消费者强烈的物超所值的期望。价值定价法并非只是销售产品的价格比竞争对手低，它是对公司经营的一种调整，它不是牺牲质量来降低价格，而是为了吸引更多根据价格认识挑选产品的顾客，使需求得以增长的同时，保持生产的平稳。这种定价方法是宝洁在 20 世纪 90 年代初期首创的，它运用这一方法使其供应链获得了很大的成功。差别定价则是根据顾客、产品、地理位置等方面的差异来对同一产品或服务设立不同的基价。它描述了这样一种情况，即公司以两种或两种以上不反映成本比例差异的价格来推销一种产品或提供一项服务。差别定价运用得当，可以增加供应链的销售量和利润，并在服务、库存、速度各方面全面改进供应链绩效。实行差别定价的最重要的前提是市场必须能够细分，而且这些细分市场要显示出不同的需求程度。实际上，绝大部分的市场都是可以细分的，因为不同的销售地点、销售渠道所面对的顾客在年龄结构、消费水平、消费习惯等方面都各有区别。

其次，促销是使用各种短期性的刺激工具，来刺激消费者和零售商较迅速或较大量地购买某一特定产品的销售形式。促销可分为消费者促销和交易促销。主要的消费者促销包括样品试用、优惠券打折、价格折扣、免费赠品、抽奖等活动形式。若企业在某一时期提供促销优惠，这一时期的需求一般将趋于上升，这种上升的需求是以下三种因素综合作用的结果：①市场增长——来自新顾客或现存顾客对产品消费的增长；②市场份额的增大——消费者用该企业的产品取代了竞争对手的产品；③提前购买——顾客将未来的购买行为提前到现在。前两种因素可以增加企业产品的整体需求，而后一种因素只是简单将未来的需求提前到现在。在通常情况下，大多数的促销都不能巩固整条供应链的总销售额，而只能维持短期销售额，但是如果运用得当，还是能够对改进供应链绩效起到一定的促进作用。

再次，产品设计作为一种市场或产品形象的支持手段，直接影响着市场需求和供应链绩效。世界上领先的家具零售商宜家就是通过产品设计的改善成功开创了家具零售的新模式。宜家把家具设计成块状，可以紧凑包装，并在郊区的大卖场陈列其全部产品。由于产品设计新颖、合理，库存成本大幅降低，因此每一种产品都可以有一定数量的库存，顾客可以在看到的同时马上在商店里取出现货，在家里装配。这样供应链的顾客响应速度就相当快，服务水平也远高于原来的家具销售模式，于是顾客需求直线上升。而且由于这些家具模块包装紧凑，体积小，运输变得非常容易，从而大幅降低了供应链的运输成本，同时宜家具有规模经济优势，宜家能以比竞争对手低的价格销售同样质量的家具，赢得了较大的市场占有率。

最后，除了上述工具以外，介绍顾客关系营销、退货政策等用于处理市场特殊情况的工具。在顾客转换成本高的情况下，顾客关系营销常常被用于留住现有的顾客，销售人员通过主动联系顾客，了解产品的使用情况，为顾客提供良好的售后服务，并为顾客提供最新的产品资料和优惠信息，从而与顾客建立一种长期的伙伴关系。客源的稳定有利于了解顾客的真正需求，使需求的波动性小，企业可以在无须设置高安全库存的情况下仍能维持相当高的服务水平，企业用于广告、促销等的成本也可以大幅减少。退货政策既是一种在产品质量出现问题时降低顾客不满程度的售后服务手段，也是一种市场工具，在很大程度上影响着市场的需求。适度的退货政策是必需的，因为它可以给顾客一种购买的信心，增加产品的需求。但如果退货政策过于宽松，则会造成市场需求的假象，造成供应链运作的混乱。

为了正确使用这些工具，跨企业的市场销售人员在供应链的各个环节必须紧密配合，并且这种配合不仅仅停留在信息共享的层次，对相互间运作的了解也是十分重要的。事实上，许多企业的市场和销售部门的工作人员对供应链的其他环节的运作，尤其是生产环节的运作一无所知，工作人员更不会去计算由促销带来的生产成本，以致常常做出许多超出供应链生产能力的促销计划，使供应链绩效急剧下降。此外，我们还必须意识到不同工具的运用对需求的影响是相互的，应该深入理解并考虑这些工具使用程度的变化对相关产品造成的影响；清楚企业的管理目标与供应链的条件限制；综合考虑并计算使用这些工具所造成的需求变化和所引起的成本；将需求管理的决策与供应链计划的执行紧密联系在一起，这样才能相互促进；认真衡量与监控实际的供应链绩效。

【关键术语】

供应链成本　Supply Chain Cost
作业成本法　Activity Based Costing
价值链分析　Value Chain Analysis
客户收益　Customer Revenue
直接产品收益　Direct Product Revenue
供应链绩效管理　Supply Chain Performance Management
绩效评价　Performance Evaluation

【练习与思考】

1. 分析供应链成本管理产生的必然性。

2. 什么是作业成本法？有什么特征？与传统的会计方法相比，有什么不同？

3. 什么是价值链分析法？它主要解决什么问题？我们应如何进行价值链的分析？

4. 为什么要进行客户收益分析？客户收益分析的方法有哪些？

5. “绿色低碳、共享经济、现代供应链”等理念下，如何通过合理的供应链绩效提升方法实现高质量的供应链发展？

【课后案例】

美的供应链成本控制

我国制造企业花费在物流上的时间很多，物流仓储成本占总销售成本的30%~40%。创立于1968年的美的集团（以下简称美的），是一家以家电为主，涉足多个领域的大型综合性现代化企业集团。美的针对供应链的库存问题，利用信息化技术手段，从原材料的库存管理做起，追求零库存标准，并针对销售商，以建立合理库存为目标，从供应链的两端实施挤压，加速资金、物资的周转，实现供应链的整合优势。

一、零库存梦想

美的在降低市场费用、压低采购价格等方面，频繁变招，其路数始终围绕着成本与效率，如为终端经销商安装进销存软件，实施供应商管理库存（VMI），管理经销商库存。

对于美的来说，其较为稳定的供应商有数百家，其零部件有数万种。美的利用信息系统，在全国范围内实现了产销信息的共享。有了信息平台的保障，美的拥有的多个区域仓实现8小时内配送。这样一来，美的流通环节的成本降低了15%~20%。运输距离长的外地供应商，一般都会在美的区域仓（仓库所有权归美的）里租赁一个片区，并把其零部件放到片区里储备。

在美的需要用这些零部件的时候，就会通知供应商，然后再进行资金划拨、取货等工作。这时，零部件的产权才从供应商转移到美的。在此之前，所有的库存成本都由供应商承担。此外，美的在ERP基础上与供应商建立了直接的交货平台。供应商在自己的办公地点，通过互联网就可登录，查阅订单内容（如品种、型号、数量和交货时间等），供应商确认信息后，这样一张采购订单就合法化了。实施供应商管理库存后，供应商不需要像以前一样疲于应付美的的订单，只需储备适当的库存即可。供应商不用备很多货，一般能满足3天需求即可，其零部件库存也由原来5~7天需求的存货水平，降低为3天需求的存货水平，而且这些库存也由供应商管理并承担相应成本，大幅提高库存周转率。一系列相关的财务“风向标”也随之“由阴转晴”，资金占用率降低，资金利用率提高，资金风险下降，库存成本直线下降。

二、消解分销链存货

在业务链后端的供应体系进行优化的同时，美的也加紧对前端销售体系的管理进行渗透。在经销商管理环节，美的利用销售管理系统统计经销商的销售信息，近年来则公开了与经销商的部分电子化往来。传统、繁杂、阶段性的手工对账，则变为业务往来的实时对账和审核。

在前端销售环节，美的作为经销商的供应商，为经销商管理库存。这样的结果是，经销商不用大规模备货了，不存在淡季打款。经销商缺货，美的短时间内就会安排配货，且无须经销商提醒。经销商的库存实际是美的的库存。这种存货管理上的前移，可以使美的有效削减、精准控制销售渠道上昂贵的存货，而不是任其堵塞在销售渠道中，占用经销商的大量资金。

美的对整条供应链资源进行整合，更多的优秀供应商被纳入美的的供应体系，美的供应体系的整体素质有所提升。依照企业经营战略和重心的转变，为满足制造模式“柔性”和“速度”的要求，美的对供应资源布局，并进行结构性调整，供应链布局得到优化。通过厂商的共同努力，整体供应链在“成本”“品质”“响应期”等方面的专业化能力得到了不同程度的提高，供应链能力得到提升，因而在激烈的市场竞争中取得了较好的经济收益。

〖问题讨论与思考〗

1. 美的是如何降低其供应链成本的？它的基本思想是什么？

2. 结合案例，思考美的对我国其他类型的企业在降低供应链成本方面有哪些启示？

第六章课件

第六章　供应链流程管理

【本章导读】

供应链流程管理应兼顾经济效益和生态效益。其实质是通过整体优化和局部优化来降低供应链各流程、各节点、各环节的环境影响，从而实现传统供应链单程经济向循环经济转变的过程。其核心在于引入生态文明思想，对产品的整个供应链流程，实施以“最大程度的资源利用和最小程度的消耗及环境影响”为宗旨的管理，通过供应链中各企业之间以及企业内部各流程之间的紧密合作，使供应链在社会、经济、环境管理方面实现协调统一。构建以国内大循环为主体、国内国际双循环相互促进的新发展格局，为重构供应链流程管理模式指明了实现路径。供应链的组织能力得到了进一步升级，由模块化管理发展为流程化管理。基于数字化应用，供应链管理形成了全流程化的组织方式，组织效率提升，成本降低，同时形成了不断创新的机制。

【学习目标】

通过本章的学习，掌握供应链流程管理的含义、供应链流程管理的作用、市场对时间越来越敏感的主要原因、前置时间与前置时间差的概念、缩短前置时间差的方法，熟悉供应链渠道管理的理论知识。

第一节　供应链流程管理概述

供应链管理体系，不是不同企业管理模式“1+1”的积木式组合，更不是由网络联结起来的虚拟联盟，而是一个具有战略意义的由伙伴关系构成的业务流程集合。因此，在供应链管理体系构建过程中，不仅应该关注单一企业的业务流程优化，而且更应该关注整个供应链管理体系的业务流程优化。随着供应链管理理论广泛应用于各个行业，供应链网络的复杂性大大增加，整个供应链网络中协调工作的必要性大大加强，供应链流程管理也应运而生。

一、流程、活动与流程分析方法

（一）流程

不同的研究者对流程的定义都各有不同。迈克尔·哈默认为，流程是把一个或多个输入转化为对客户有价值的输出的活动。托马斯·H·达文波特认为，流程是一系列结构化的、可测量的活动集合，它为特定的市场或特定的客户产生特定的输出。斯切尔认为，流程是在特定时间产生特定输出的一系列客户、供应商关系。约翰逊认为，流程是把输入转化为输出的一系列相关活动的集合，它增加了输入的价值，并创造出更为有效的输出。究其本质，流程就是一系列将输入转化为输出的活动组合，这一组合接收各种输入要素，包括信息、资金、人员、技术等，通过流程产生客户所期望的结果，包括产品、服务等。简而言之，流程就是为特定的客户或特定的市场提供特定的产品或服务而精心设计的一系列活动。它明确表述了若干作业项目和工作环节，以及责任人之间的相互关系。

（二）活动

活动是构成流程最基本的要素，因此，活动分析是流程分析的基础。通常，一个活动是接收某一种类型的输入，并在某种处理规则的控制下，利用某些资源，经过特定流程转化为输出的过程，可描述如下：

活动 =｛输入，处理规则，资源，输出｝

其中，资源不是一般的输入要素，而是活动的执行者在执行这一活动时所依赖的方法或凭借的手段。与活动密切相关的两个概念分别是作业与动作，作业是通过某些活动或工作方式而形成的一定的结果，相应地，相互独立的相关活动共同形成的结果就是流程；动作则是单个特定的运动或运动方式，人们若想完成一个活动，产生一个特定结果，都要通过一系列动作来实现。系统与流程关系示意如图 6–1 所示。流程与活动关系示意如图 6–2 所示。

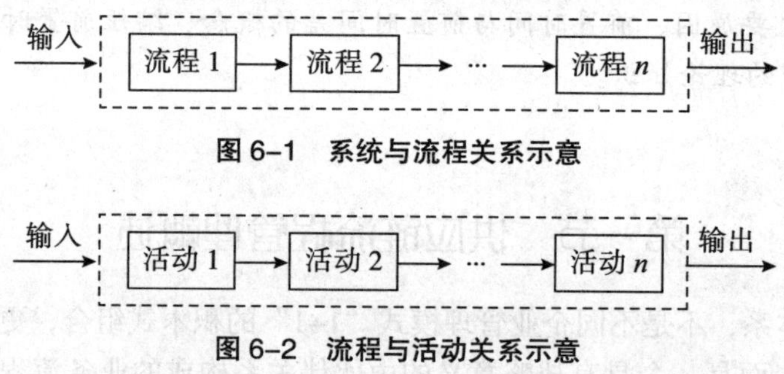

图 6–1　系统与流程关系示意

图 6–2　流程与活动关系示意

从图 6–1 和图 6–2 中可以看出，组成流程的各种活动的类型差异与其相互之间的复杂关系，这决定了流程的性质。梳理活动与活动之间的关系、流程与流程之间的关系，便可得出各种各样的流程图，它们生动地描述了企业组织的业务流程。

（三）流程分析方法

在流程管理中，流程分析是其核心工作。而流程分析又直接与流程分析方法相关。因此，我们要更加慎重地对流程进行全面分析，选择符合实际的流程分析方法。

1. 选择流程分析方法的原则

（1）流程分析方法必须与流程分析的目标高度吻合。流程分析方法本身不存在绝对的好和绝对的坏，只有达成流程分析的目标的流程分析方法，才是有效的。

（2）流程分析方法必须简便、易学、易用。高深的流程分析方法会使大众化的企业难以普及，只能停留在研究层面，无法在实践中运用。

（3）流程分析方法必须与流程本身的性质和特征相吻合。在有些流程中，时间并不是一个关键的资源，用时间主导分析，就会失去意义。

2. 流程分析方法的分类

（1）成本导向的流程分析方法。

这是一种最基本的流程分析方法，通过对特定流程进行成本分析，来辨别并减少那些使资源投入增加或成本上升的因素。该方法适用于对产品价格或成本影响较大的活动。操作的前提是不能损害那些必要的或关键的流程或活动。

（2）时间导向的流程分析方法。

这是一种在降低产品周期方面运作得越来越广泛的流程分析方法。其特点是能够对整个流程中各环节的占用时间以及各环节间的协同时间进行深入的量化分析。

（3）重组性的流程分析方法。

这是一种立足长期发展，而对整个流程进行根本性再设计的方法。该方法强调在企业组织的现有业务流程绩效及其战略发展需要之间寻找差距与改进空间。

3. 流程分析的时机

通常，若发现以下三种现象，企业就可以考虑有选择地开展流程分析工作。

（1）流程所占用时间或成本存在改进的可能。

（2）瞄准标杆的结果表明，与竞争者相比，企业在产品配送或技术支持的响应速度上存在明显的劣势。

（3）在流程中，发现了对满足客户需求贡献甚微或几乎无贡献的活动。

4. 流程分析的作用

将非增值性步骤从业务中剔除出去或尽可能简化，能有针对性地提高为客户提供产品与服务的效率，同时也能增强质量管理环节的监控能力。流程分析的作用主要表现在以下四个方面。

（1）提高响应能力，这主要表现在为客户提供的产品配送服务。由于每个子环节的周期速度加快，就促使紧随其后的环节跟进性动态改进，最终提高了客户满意度。

（2）降低成本，彻底消除无效预算。

（3）降低次 / 废品率，随着那些容易导致次 / 废品出现的无效低能环节的减少，次 / 废品率也将明显下降。

（4）提高员工满意度，降低流程的无效性和复杂性，意味着员工将被授予更多权力，对自身工作进行具体决策，这无疑会大大激发员工参与工作的热情和干劲。

二、供应链流程管理

（一）供应链流程管理的含义

供应链流程的分类纷繁复杂，按其物流流动过程可以分为物资流、服务流、信息流、资金流，按其职能可以分为采购管理流程、库存管理流程和营销管理流程等。

供应链流程管理就是站在供应链战略角度、从满足客户需求出发，进行流程规划与建设，建立流程组织机构，明确流程管理责任，监控与评审流程运行绩效，适时进行流程变革。

（二）供应链流程管理的作用

供应链流程管理以流程为中心，目的在于使流程能够适应行业经营环境，能够体现先进实用的管理思想，能够有效融入供应链战略要素，能够引入跨企业、跨部门的协调机制，降低供应链成本、缩减时间、提高质量、方便客户，提升综合竞争力。供应链流程管理对供应链上的企业必将产生积极的影响和重大的意义。

1. 提高效率，增强整体竞争力

供应链流程设计、供应链流程再造等是供应链流程管理的重要内容。供应链流程管理是供应链上的企业提高运营效率和经济效益的重要举措，也是企业战略发展的重要步骤。企业可以通过相应的结构调整、供应链流程管理，明确工作责任，明晰各部门、各职位的责权关系，从而提高内部效率和整体效率，提高企业核心竞争力。

2. 以流程为中心，有利于企业转变

长期以来，我国大多企业都实施职能式管理，引入供应链流程管理后，企业将由以职能为中心的传统型企业，转变为以流程为中心的流程导向型企业，实现企业经营方式和管理方式的根本变革。在市场竞争日益激烈的今天，企业可以根据不同阶段战略的差异，及时、迅速地调整经营、管理方式，从而在市场中夺得先机，占据有利地位。

如今，市场日趋完善，竞争愈演愈烈，认识供应链流程管理的重要性，合理设计、管理企业流程已成为每个企业的必修课。总的来说，供应链流程管理实施得好，企业执行力就强，其成功的概率也就更大。

三、供应链流程的形式

在供应链流程分析中，既要保证企业特有的流程得到充分体现，又要使流程分析在企业管理中发挥出作用，切合实际地把供应链利益表达出来，其首要任务就是了解供应链流程的形式。

（一）采购流程

采购流程的基本任务有三个：一是要保证企业所需的各种物资的供应；二是要从资源市场获取各种信息，为企业物资采购和生产决策提供信息支持；三是要与资源市场供应商建立友好和有效的关系，为企业营造一个宽松的资源环境。其中第一个是最重要、最基本的任务。采购流程如图 6–3 所示。

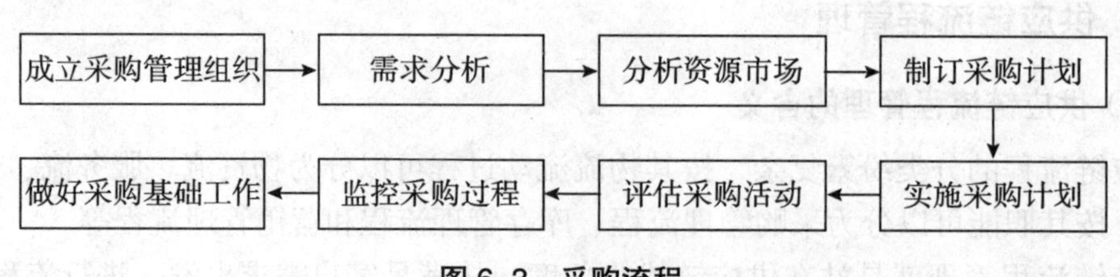

图 6–3　采购流程

（1）成立采购管理组织。它是采购流程最基本的组成部分，需要一个合理的管理机制、一个有效的管理机构以及相应的管理人员和操作人员。

（2）需求分析。弄清楚企业希望采购什么物资，采购量多少，什么时候需要什么品种等问题。同时还应当掌握企业较长时期的物资需求情况，制订物料需求计划，为制订科学合理的采购计划做准备。

（3）分析资源市场。根据企业所需要的物资品种，分析资源市场的情况，包括资源分布情况、供应商情况、品种情况、价格情况、交通运输情况等。资源市场分析的重点是供应商分析和品种分析。分析的目的是为制订采购计划做准备。

（4）制订采购计划。根据品种情况和供应商情况，制订出切实可行的采购计划，选择供应商、供应品种，考虑具体的订货策略、运输进货策略以及监督具体的实施进度，明确什么时候订货、订购多少、向谁订、怎么订、怎么进货、怎样支付等。要为整个采购制定一个具体实施的蓝图。

（5）实施采购计划。把上面制订的采购计划分配落实，根据既定的进度实施。具体工作包括联系指定的供应商、进行贸易谈判、签订订货合同、运输进货、到货验收入库、支付货款以及善后处理等。

（6）评估采购活动。在一次采购活动完成后对这次采购活动进行评估，或月末、季末、年末对一定时期内的采购活动进行总结评估。评估采购活动的过程、效果，总结经验教训，找出问题，提出改进方法。通过总结评估，可以肯定成绩，发现问题，制定措施，改进工作，不断提高采购管理水平。

（7）监控采购过程。对采购活动、各方相关人员、采购资金等进行监控管理。

（8）做好采购基础工作。为建立科学、有效的采购系统，需要做好采购基础工作，包括管理基础工作、软件基础工作和硬件基础工作等。

（二）库存流程

研究库存流程就是为了分析哪些环节可以影响库存量的大小，进而改进库存流程，提高对市场的响应速度，减少企业成本。库存流程如图 6-4 所示，大致包括以下四步。

（1）订货流程。它是库存流程的开始，是指从决定订货起、进行订货谈判，再到订货成交、签订订货合同为止的一段过程。它实现了商品所有权的转移，由卖方转移到买方，订货流程使库存量在账面上增加，这种账面上的库存量又称“名义库存量”，这并不是仓库中的实际库存量。

（2）进货流程。它是订货成交后利用运输工具把货物从货物所在地运进仓库的过程。因此，进货流程是一个物流过程。进货入库之后，所采购的货物数量就成为仓库中的实际库存量，所以进货流程增加了库存量。

（3）保管流程。货物入库后就进入了仓库的保管流程，该流程通过各种保管措施，保持货物的使用价值不变，直到货物销售出去为止。因此，保管流程是保持库存量不变的过程，保管流程也是一个物流过程。

（4）出库流程。货物保管一段时间后，就要被销售或者被领用而出库。出库流程是库存量减少的过程。此过程既是商流过程，又是物流过程。这个过程既发生商品所有权的转移，又发生货物空间位置的转移。

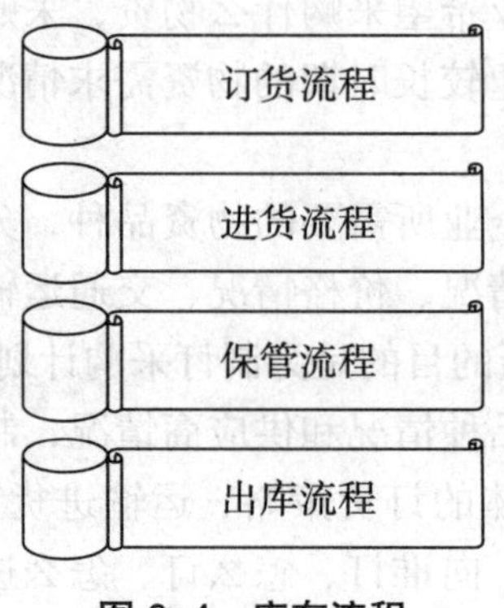

图 6–4 库存流程

（三）销售流程

要了解市场营销，首先看看业务目标。任何业务的目标都是要向市场传递价值，实现盈利。传统观点认为业务就是生产产品，然后销售。它认为，市场营销发生在整个过程的后半段，企业应该知道生产什么产品，给企业带来利润。

这种传统观点有可能在经济不发达地区和商品短缺情况下有效。消费者只关心他们能够购买到商品，并不对商品的质量、性能或规格提出要求。然而，这种传统观点在竞争性的市场经济中无法立足，市场营销应置于整个业务规划程序的开始，销售流程如图6–5所示，它包含了选择价值、提供价值和沟通价值三个阶段。

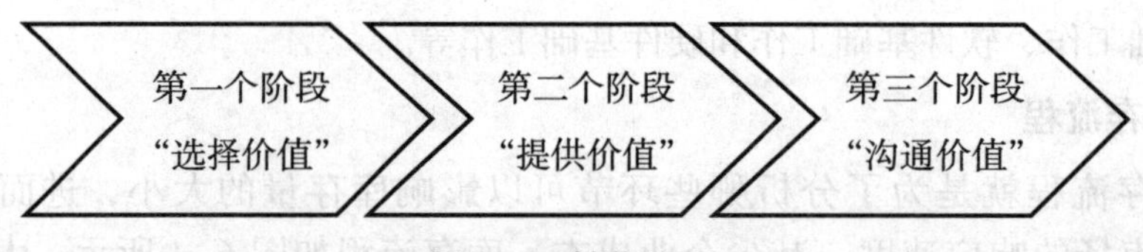

图 6–5 销售流程

1. 选择价值

在任何产品存在之前，必须进行“内务工作”。营销人员要做好市场细分，选择合适的目标市场，以及进行产品的价值定位。

2. 提供价值

一旦选择了传递价值的目标市场，就应准备“提供价值”。此刻，有形的产品和无形的服务必须得到具体确定，目标价格必须确立。在这个阶段需要制订具体的产品分销计划，这也是战略营销的一部分。

3. 沟通价值

这时需要运用进一步的市场营销手段，向市场传递企业的供给信息，实现企业与市场的有效“沟通”，指导企业生产。

无数事实证明，从供应链流程角度来对供应链进行研究是有效的。无论什么项目，都有各自的流程，企业要根据不同流程的特点，选择合适的流程分析方法，从企业自身的需要出发，构建出灵活机动、顾客至上的流程。

第二节　供应链前置时间管理

时间对供应链管理者来说不仅意味着成本，而且过长的前置时间还会影响客户服务水平。首先，就成本而言，供应链渠道的长度与其中的存货量有着直接的关系，供应链渠道越长，存货量也就越大，而客户每天都要为处在其中的产品支付库存持有成本；其次，过长的前置时间意味着对客户需求反应的延迟。在目前的国际竞争环境下，高成本与缺乏客户响应能力导致许多企业在激烈的竞争中走向衰败。

应用时间导向的流程分析方法，对整个供应链流程中各环节占用时间，以及各环节间的协同时间进行深入的量化分析。通过对供应链前置时间的管理，实现供应链流程管理的目标。

一、市场对时间越来越敏感的主要原因

市场经济是以市场为基础配置资源的，其重要特征就是高效率、快响应。为何有些本身价值不高的商品非得不惜血本用飞机运输？因为市场不等人，赢得了时间就赢得了市场。在所有市场中，无论是工业品市场还是日常消费品市场，对时间的依赖都变得越来越明显。在社会高度发展的今天，市场对时间越来越敏感。这一点也可以从消费者的购买行为上反映出来。试想：当你在商场购物时，如果陈列的货架上没有你需要的品牌，那么你很可能会选择购买类似的替代品。

在过去，价格往往是影响购买决策的主要因素，如今，消费者在考虑价格的同时越来越注重时间价值了。因为在等待配送或选择替代品时所花费的时间，使他们不得不承担额外的时间成本。

（一）产品生命周期不断缩短

产品生命周期就是产品从投入市场到最后淡出市场的时间，一般来说，产品都会经历导入期、成长期、成熟期、饱和期和衰退期。产品生命周期如图 6–6 所示。

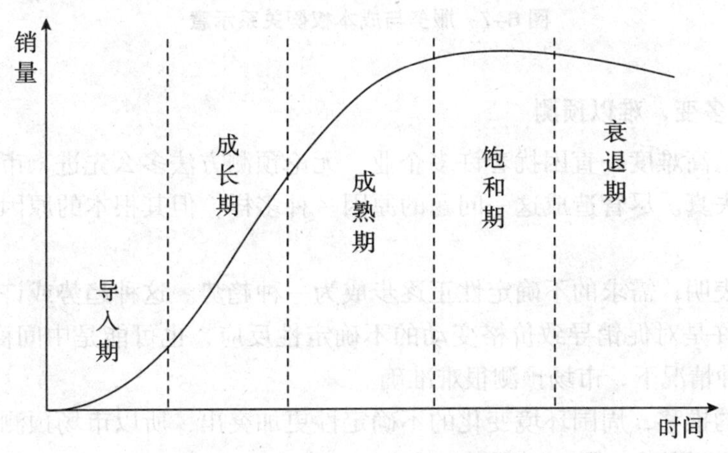

图 6–6　产品生命周期

随着人类社会的不断发展，理论研究的日趋成熟，企业发展日新月异，产品生命周期也越来越短。以打字机为例，电动机械打字机的出现，极大缩短了机械打字机的生命周期，很快，电子打字机又完全取代了电动机械打字机。在这样的形势下，快速产品研发、生产及物流成为企业竞争战略的关键因素。

然而，将产品及时投入市场仅是第一步，供应链企业还要根据市场需求的变化迅速做出反应。产品生命周期的缩短不仅可以提高客户服务效率及响应速度，同时还可以减少在供求环节中的库存积压。因此，补货的前置性决定了企业在产品生命周期中挖掘产品需求的能力。显然，在当今市场竞争中，谁能提前推出新产品，谁就更容易赢得市场。

（二）企业降低库存的需求

近些年来，对库存的深入研究告诉企业：企业可以着手降低库存，无论是原材料、在制品还是产成品的库存。库存不仅占用了大量的资金，而且阻碍了现金流。通过减少库存，降低库存持有成本，这能大大减少企业运营成本，同时也能提高企业的客户响应速度。

对于供应商来说，提供及时配送是十分必要的。这意味着在客户要求的时间内足额完成订单。传统观念认为，给客户提供及时配送的唯一方法就是由供应商代替客户保有库存。尽管由供应商持有库存，但是这些成本负担通过供应链的一部分转到另一部分，实际成本可能还会由此提高。

敏捷反应就是一种很好的途径。物流渠道的缩短，不仅可以为客户提供更加快捷的服务，还可以降低成本。企业不再从高水平与低成本两者中做出抉择，而是可以在两者中找到平衡点。服务与成本权衡关系示意如图 6-7 所示。

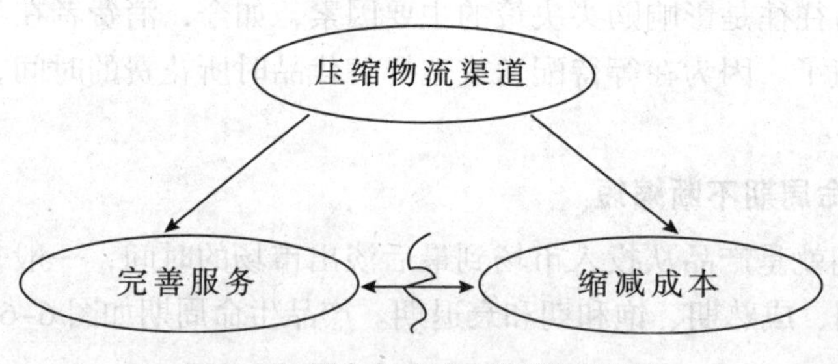

图 6-7　服务与成本权衡关系示意

（三）市场多变，难以预测

市场预测的高难度一直困扰着许多企业。无论预测方法多么先进，市场的不确定性都会导致预测失真。尽管造成这一问题的原因多种多样，但其根本的原因还是前置时间的延长。

众多证据表明，需求的不确定性正逐步成为一种趋势。这种趋势或许是由于竞争活动引起的，或许是对促销导致价格变动的不确定性反应，也可能是中间商“牛鞭效应”的结果。在这种情况下，市场预测很难准确。

随着时间的推移，周围环境变化的不确定性更加突出，所以市场预测的结果也会越来越不准确。预测误差如图 6-8 所示。

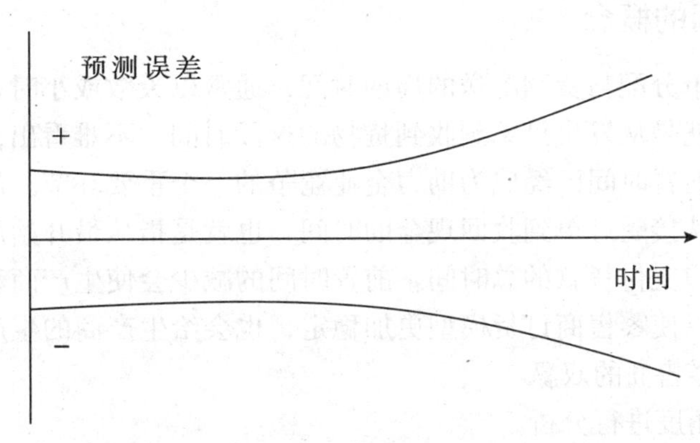

图 6–8 预测误差

对于这种问题，传统的方法就是增加安全库存以抵消预测风险。然而，更好的方法是通过缩短前置时间来减少预测错误、提高预测的精确度，从而相应减少库存成本。图 6–9 给出了不同环节对应的服务成本和对需求变化的反应速度。

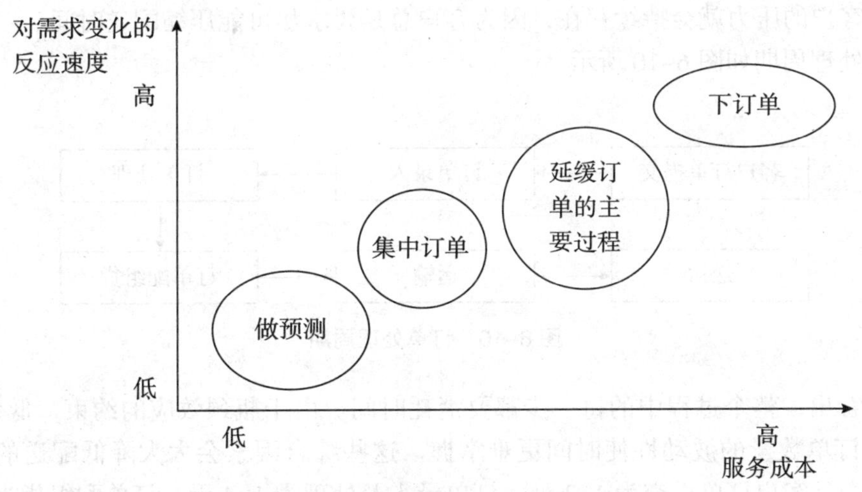

图 6–9 不同环节的情况示意

许多企业为了缩短生产时间，投入了大量资金用于实现生产自动化，大大加快了产品生产，使企业的产程进度变为以小时甚至分秒来计算。然而自相矛盾的是，企业一方面斥巨资实现生产自动化，另一方面却把产品长时间堆在仓库或配送中心坐等买家。这种行为是不可取的，企业要从供应链整体的角度出发，在不同的阶段设计适合供应链发展的方案。

最近，很多企业又希望能在理想的情况下实现零前置时间。然而，现实却摆在眼前，如果客户下订单，商品就能马上送到客户手中，那么市场预测、处理库存等都是多余的了。所以，面对现实，企业的目标应该是在物流渠道的每个阶段尽可能使前置时间趋于零。

二、前置时间的概念

前置时间是订单分配与货物配送的周期时间，通常以天数或小时计算。从客户的角度来说，前置时间就是从发出订单到收到货物的这段时间。不难看出，随着市场对时间越来越敏感，缩短前置时间已经成为助力企业竞争的一个重要环节。从供应商的角度来看，前置时间是指从接受订单到收回现金的时间，也就是指从最开始用生产资金购买原材料到最后收到客户支付货款的总时间。前置时间的减少会使生产商和零售商平均库存水平降低，而且可以使零售商订货模型更加稳定，也会给生产商的生产决策带来很大好处，保证生产商和零售商的双赢。

下面，从不同角度进行分析。

（一）从订货到配送的周期

从市场的角度看，从接到客户的订单到发货的时间是十分关键的。在今天这种准时化、即时化盛行的时代，较短的前置时间是企业获得竞争优势的一种重要手段。同时，企业也不能忽视配送的可靠性，事实表明配送的可靠性比客户订货周期的长度更为重要。因为无法及时配送的后果更严重。若存在较长的前置时间，就需要对更长时期进行预测，那么来自客户的压力就会持续存在，因为客户总是要求尽可能压缩配送时间。

订单处理周期如图 6–10 所示。

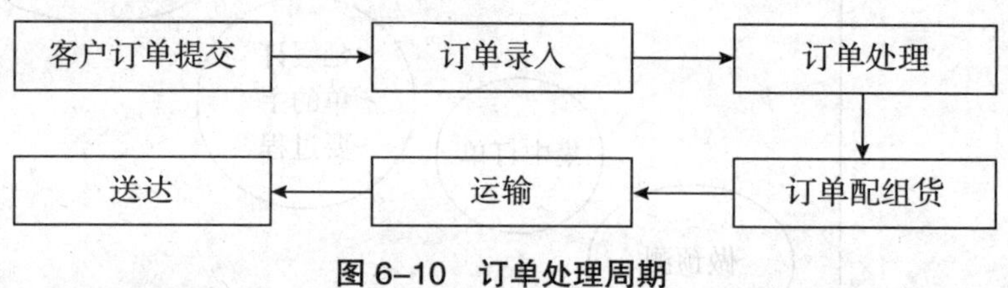

图 6–10　订单处理周期

可以看出，整个过程中的每一步都要消耗时间。由于瓶颈效应的约束，低效率的处理过程和订单数量的波动性使时间更难掌握，这些综合因素会大大降低配送的可靠性。例如，某产品客户订单提交为 1~3 天，订单录入及处理为 1~4 天，订单配组货为 1~2 天，运输和送达为 2~3 天。那么，此产品的订单处理周期就为 5~12 天。整体来看，随着订单影响因素的增加，订单处理周期的时间跨度也越变越长。

如果库存不能满足订单的需求，需要外包生产、装配或从其他供应商那里采购，那么很显然前置时间会进一步延长。同时，从订货到配送过程中的不确定性因素也可能随之增加。前置时间构成如图 6–11 所示。

从图 6–11 中可以看出，前置时间的影响因素复杂多变，企业要尽量找出影响因素，各个击破，争取从细节着手，从本质上减少企业的前置时间。为企业争取更大的利润空间，赢得更广阔的市场。

（二）从订单到现金的周期

企业最关心的基本问题：订单转化为现金需要多长时间。事实上，这一时间的长短

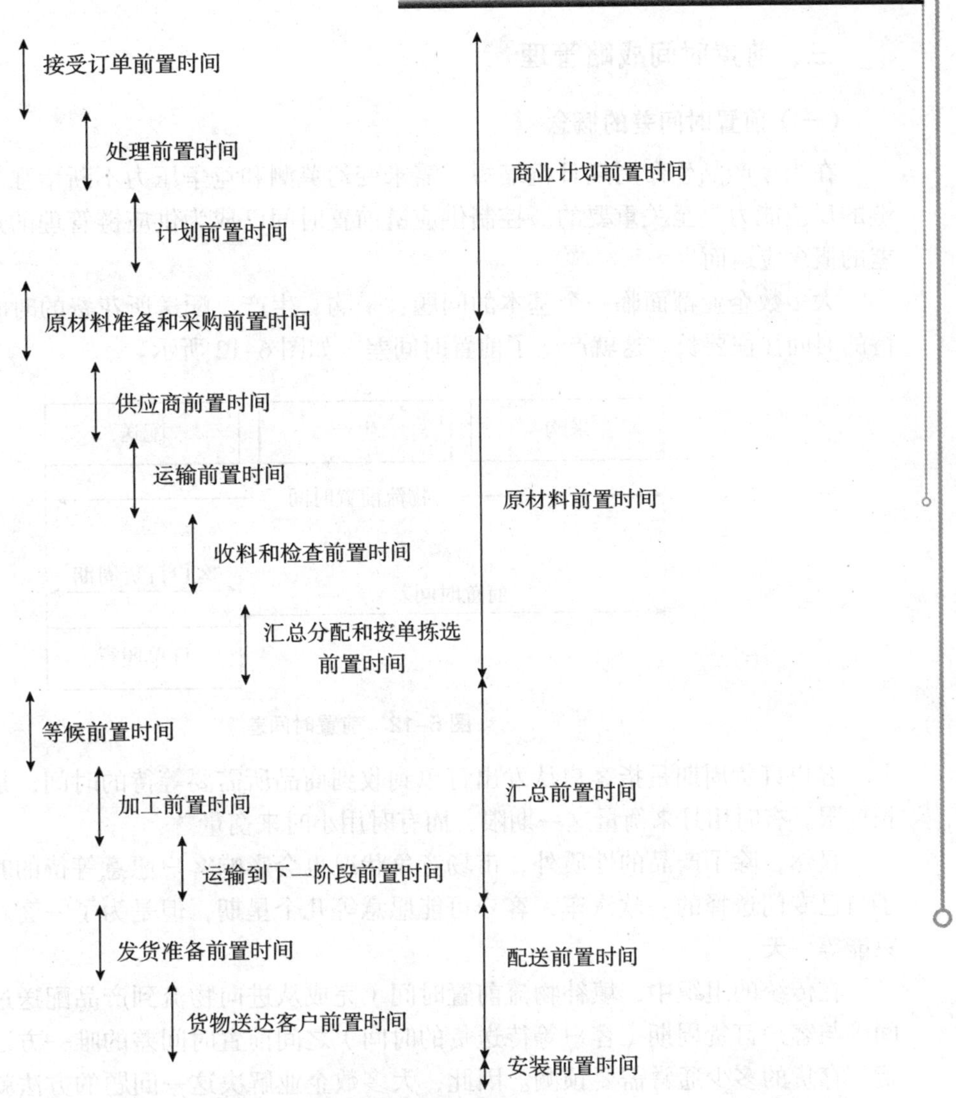

图 6-11　前置时间构成

不仅取决于订单处理、开发票和收货款所消耗的时间长短，而且要看从原材料采购到最终产成品制成这个渠道究竟有多长，因为整个渠道都在不断消耗着资源，需要运营资金的支持。从原材料及零部件的采购、制造、组配到最后的配送，整个过程一直在不断地消耗时间，包括：库存时间，原材料、在制品和产成品运输时间，订单处理时间，补货时间，生产时间，等候时间及由于瓶颈所造成的延误时间等。对总体过程的控制就是供应链前置时间管理的内容。

渠道越长，系统就越缺乏对需求变动的应变能力。另外，渠道太长会使最终需求的可见性变得模糊，因此制造和采购的决策就可能与市场需求脱节。我们必须在供应链的每个环节建立库存作为缓冲。安全库存量取决于渠道长度的平方根。要克服这些问题，保持适时对不断变化的需求做出反应，需要一种新型的、与现有本质区别的前置时间管理方法。

三、前置时间战略管理

（一）前置时间差的概念

在当今产品生命周期日益缩短、需求变幻莫测和竞争压力不断增强的环境下，供应链的反应能力是至关重要的，控制供应链前置时间已成为供应链管理的焦点，前置时间差的概念应运而生。

大多数企业都面临一个基本的问题：采购、生产、配送所花费的时间比客户愿意等待的时间往往要长。这就产生了前置时间差，如图 6–12 所示。

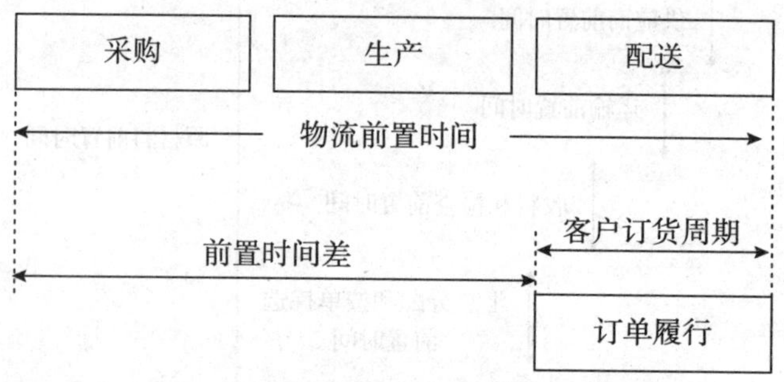

图 6–12　前置时间差

客户订货周期是指客户从发出订单到收到商品所需要等待的时间，是订单履行的最长期限。有时用月来衡量这一期限，而有时用小时来衡量。

显然，除了产品的性质外，市场竞争状况也会影响客户愿意等待的时间。例如，为了自己专门选择的一款汽车，客户可能愿意等几个星期，但是为了一套新轮胎，他也许只能等一天。

在传统的组织中，填补物流前置时间（完成从进向物流到产品配送过程所花费的时间）与客户订货周期（客户等待送货的时间）之间前置时间差的唯一方法，就是持有存货。存货的多少通常需要预测。因此，大多数企业解决这一问题的方法就是想办法预测市场需求，然后提前准备存货。遗憾的是，无论预测技术多么成熟，预测总是不够完美。预测中所有的误差最终都归结为库存问题——库存太多或者太少。

当我们把提高预测的准确性作为期望的目标时，问题的答案也许不在于投入更多的资金和精力提高预测技术，而在于缩减前置时间差。为了缩减前置时间差，首先要减少物流前置时间，同时增强需求的可视化。显然，如果企业能够妥善处理物流前置时间和客户订货周期之间的矛盾，就不需要进行预测，也不需要库存，然而，这终究只是个理想。既然不能消除前置时间差，那么供应链流程管理面临的挑战就是努力寻求可以缩减前置时间差的方法。

（二）缩短前置时间差的方法

为了缩小前置时间差，首先要缩短物流前置时间（从供应链的一端到另一端的时间），同时还需要增强需求的可视化。

由于企业常常无法较好地管理供应商与最终客户之间的原料流和信息流，所以在提高过程效率方面还有很大潜力可挖。那些没有认识到把供应链作为一个整体系统管理的重要性的企业，通常在总过程中毗邻阶段的无效程序之间消耗了大量的时间。由于没有从全局的角度来考虑，所以也就无法找到从总体上缩短供应链时间的最有效的方法。例如，某公司多年来始终没有意识到，尽管在工厂里其生产时间已经从几天缩短到几小时，但其产成品存货仍旧要在仓库里存储三周。原因是产成品存货是配送部门的责任，不是生产管理部门的分内之事。

为了能够甄别出缩减供应链时间的机会，基本的出发点是构建一张供应链图。供应链图反映了物料或产品在供应链中流动的过程和活动时间。同时，这张图也指明了这些物料或产品作为存货静止状态所消耗的时间。

通常要区别“水平”时间和“垂直”时间。水平时间是指在过程中消耗的时间，包括在途时间、制造时间、装配时间和生产计划时间等。水平时间不包括那些已经创造了客户价值但工作仍在继续的时间。垂直时间是指什么也没有发生，物料或产品作为存货静止状态所消耗的时间。垂直时间没有增加价值，只有成本支付。

图 6–13 中有“水平”和“垂直”两个轴，它们各自代表水平时间和垂直时间。图 6–13 描述了内衣的制造和配送过程。从图中可以看出水平时间是 60 天，换句话说，采集原料、纺纱、织布、染色、缝制等花费了 60 天，完成了从开始到结束的过程。水平时间是很重要的，因为它决定着系统对增长的需求做出反应所需花费的时间。因此，如果存在可持续增长的需求，将花费很长的时间才能把产量逐渐提高到新的水平。相反，如果需求存在下降的趋势，那么时间跨度，也就是水平时间和垂直时间之和就成了关键点。换句话说，需要 175 天才能消化掉全部存货。在变幻莫测的商品市场上，供应链的时间跨度是决定业务风险的一个重要因素。

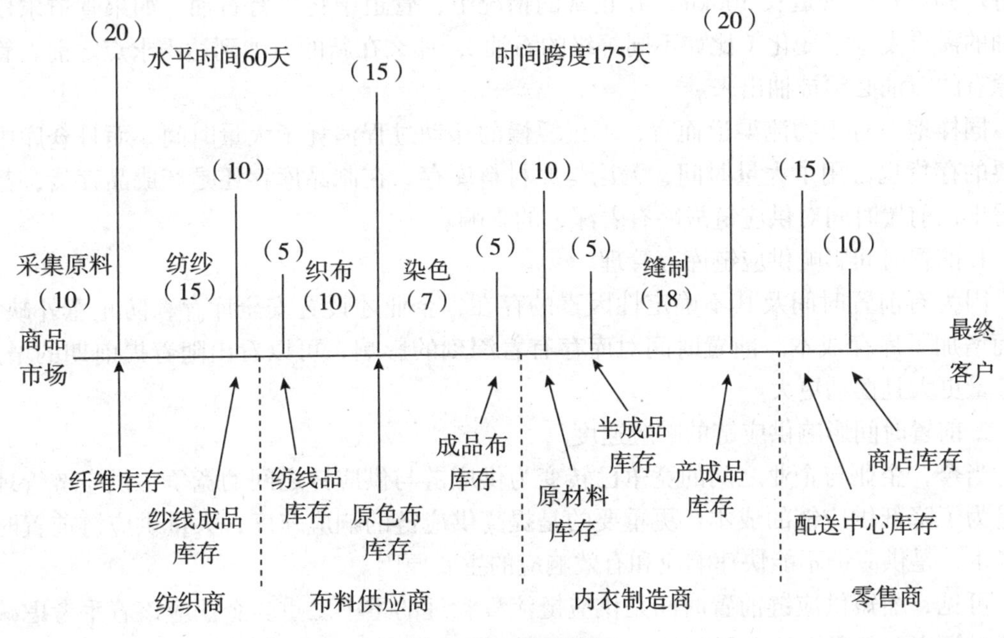

图 6–13 供应链图

供应链图还可以作为一个很有用的内部标杆，一天的过程需要一天的存货去满足，理想的状态是，存货只是为了满足物流前置时间的需要。因此，60 天过程需要 60 天存货。然而，图 6-13 的供应链中实际上有 175 天存货。显然，除非单个过程的时间变数很大，或者需求极不稳定，否则，存货就太多了。

在多品种经营中，每种产品具有不同的端到端的供应链时间，而且总供应链时间是由速度最慢的环节决定的。为生产家用空气清新剂而采购物料时，可能需要几个星期的供应链前置时间，这些前置时间都要计算到总供应链时间里。

供应链图为重新规划物流项目提供了一个强有力的基础。通过供应链，我们能够清楚了解总过程和与之相关的库存，那些缩减非增值时间的机会看起来也很明显了。在许多情况下，供应链中都存在着很多非增值时间，这是由于强加的或继承的一些规章制度造成的。

（三）前置时间战略管理的重要性

当今，是战略制胜的时代。物流战略规划作为企业战略规划的重要组成部分，它的成功与否关系到现代企业在市场竞争中的兴衰。随着社会的不断进步和经济的飞速发展，企业面临的社会、经济环境在不断变化，企业的物流战略规划存在着高度的不确定性。这时，以市场为导向，以顾客满意为目标制定企业的物流战略规划就显得十分重要。

前置时间战略管理的重要性在于，它促使我们质疑供应链的每一个过程和每个活动，并且提出这样的问题："这一活动能为客户或消费者增加价值吗？这一活动仅增加了成本吗？"

我们要注意的基本规则：供应链中消耗的时间都直接反映在库存的数量上，反而也决定了它对市场需求做出反应的时间。用石油管道的例子做个简单的类比。设想一个从精炼厂到港口的管道长 500km，在正常的情况下，管道中将存有石油。如果管道末段对石油的需求发生了变化（比如不同等级的石油），那么在新的石油到达需求点之前，管道中原有的石油必须被抽出来。

同样地，对于物流渠道而言，不仅缓慢的移动过程消耗了大量时间，而且仓库中不必要的存货也占用了大量时间，无论是原材料库存、在制品库存还是产成品存货，都可以看出，前置时间对供应链战略有着深远的影响。

1. 前置时间影响供应链库存管理

因为有前置时间及其不确定性因素的存在，企业才设置安全库存，防止意外缺货，从而增加了库存成本。前置时间对库存有着深刻的影响，可以看出随着提前期的增加，库存量更大且摆动更大。

2. 前置时间影响供应链的响应速度

当今，企业与企业之间的竞争已转变为供应链与供应链之间的竞争，供应链管理不仅是为了降低供应链的成本，更重要的是提高供应链的响应速度，大量供应链前置时间的产生，是供应链不能快速响应和有效响应的主要原因。

可见，缩短供应链前置时间是供应链流程管理的重中之重。企业应该着手考虑减少前置时间来取得更大的发展前景。

第三节 供应链渠道管理

一、供应链渠道管理的含义与目标

（一）供应链渠道管理的含义

从技术意义上说，渠道是一群企业，在从原始物主到最终买卖的营销过程中，进行产品的物权交换。随着社会的发展，竞争的加剧，如今的市场环境也正发生着天翻地覆的变化，渠道管理在供应链渠道中也显得越发重要。无论是上游的生产企业还是实力强大的代理商，供应链渠道已经成为企业生死存亡的首要因素。

微课：供应链渠道管理的含义

成功控制供应链前置时间的关键是实施供应链渠道管理。供应链渠道管理是指供应链上的企业为实现企业目标而对现有渠道进行管理，以确保渠道间、企业和渠道间、企业与企业间相互协调和通力合作的一切活动。

供应链渠道管理要求把生产与采购的前置时间同市场需求联系起来。同时，供应链渠道管理也要求加快反应速度来满足市场需求，以适应竞争带来的挑战。当企业与企业之间构成供应链时，供应链的竞争也自然反映到渠道上来，渠道为王是企业经营的高度总结，供应链渠道管理能力的提升价值自然就因此而凸显出来。销售管理、分销管理、客户关系管理都会在这方面发挥作用。

（二）供应链渠道管理的目标

供应链上企业繁多，有各种不同类型的工作必须完成，以满足市场需求。企业通常要把各种能力综合起来进行供应链渠道管理。供应链的前景使供应链渠道管理致力于提高效率、加强合作。

微课：供应链渠道管理的目标

供应链渠道管理的目标：更低的成本；更高的质量；更强的灵活性；更快的反应速度；更广阔的市场。实现这些目标需要将供应链作为一个整体进行管理，并力求缩短整个渠道的长度，同时加速物品在渠道中的流通。复杂的渠道动态性是无法更改的事实。供应链上分销商、批发商、零售商及消费者的日益成熟迫使各个企业更加关注渠道目标的实现。

二、增值时间与非增值时间

所有企业的最终目的为以某种方式向客户传递大于价格的价值，并在价值传递过程中追求企业的效益。企业改选现有流程或重新设计现有流程的工作重点，就是要消除价值传递中的非增值活动，并调整核心增值活动。

（一）增值时间与非增值时间的含义

增值，顾名思义就是提升价值、创造价值。增值时间是指为客户创造某些价值（客户愿意为此支付）而消耗的时间。因此，我们可以把生产归为增值活动。“把正

微课：增值时间与非增值时间的含义

确的商品在正确的时间送到正确的地点”这句话概括出了客户增值活动的思想。因此，任何有助于实现这一目标的活动都可以被认为是增值的。

非增值时间是指即使取消也不会影响客户利益的某些活动所消耗的时间。有些非增值活动是必需的，但也要花费成本，所以这些活动应尽量减至最少。非增值活动包括过量生产或过量供应、运输、失控处理、故障返工、重复任务等。

（二）区分增值时间与非增值时间的方法

微课：区分增值时间与非增值时间的方法

区分增值时间与非增值时间，对于理解如何改进供应链流程具有决定性的意义。如果我们想要通过重新设计供应链流程来提高生产率，那么设计供应链流程图则是首要任务。

第一步是将这些供应链流程的管理者召集到一起进行讨论，最后判断哪些供应链流程是增值的。显然结果不易统一，因为每个管理者都认为自己负责的部分给客户带来了增值。第二步是绘制草图来直观反映增值活动和非增值活动花费了多少时间。大多数增值活动都发生在供应链流程的前期，因此持有库存就要付出更多的成本。产品在前期就以特殊形式配置或包装。

供应链效率是用产出效率来衡量的。它的计算方式如下：

$$供应链效率 = \frac{增值时间}{全过程时间} \times 100\%$$

如果产出效率低到 10%，就意味着供应链中的大多数时间都是非增值时间。

增值时间与成本增加时间的关系如图 6–14 所示。

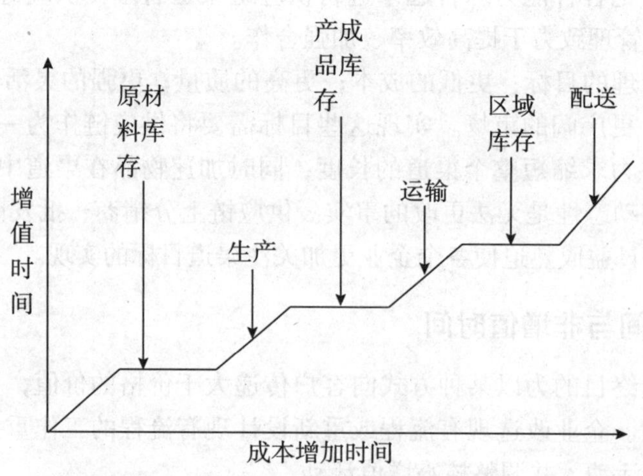

图 6–14　增值时间与成本增加时间的关系

供应链渠道管理的难点是找到可以提高增值时间与成本增加时间比率的方法。供应链流程管理的难点是优化增值时间和成本增加时间。前置时间战略管理的目标：通过缩短前置时间来压缩供应链，以此来缩减成本增加时间。

供应链渠道管理可以克服渠道中导致库存增加和反应时间延长的各种障碍。造成这些障碍的原因：过长的生产准备时间或转产时间，瓶颈效应，过多的库存，连续的订单处理，渠道的可视性差。

为了优化物流过程，我们需要将前置时间看成一个整体，而不是分割成各个独立的部分，尤其要仔细检验各个环节之间的联系，这为供应链流程管理提供了充足的空间。

第四节 供应链协同管理

一、协同的内涵

协同的概念源自科学研究中系统科学领域的协同学理论。协同一词来自希腊文，意为共同工作。1969 年，联邦德国理论物理学家赫尔曼·哈肯提出协同学这一名称，并于 1971 年与格雷厄姆合作撰文介绍了协同学。协同学亦称协同论或协和学，是研究不同事物共同特征及其协同机理的新兴学科，是近几十年来获得发展并被广泛应用的综合性学科。它着重探讨各种系统从无序变为有序时的相似性。

协同论揭示了物态变化的普遍程式："旧结构、不稳定、新结构"，即随机"力"和决定论性"力"之间的相互作用把系统从旧状态驱动到新组态，并且确定应实现的那个新组态。协同学把它的研究领域扩展到许多学科，并且与完全不同的学科相互促进。协同论是软科学研究的重要工具和方法。协同论认为，千差万别的系统，尽管其属性不同，但在整个环境中，各个系统间存在既相互影响又相互合作的关系。通常的社会现象有不同单位间的相互配合与协作、部门间关系的协调、系统间的相互制约等。协同作用是指在复杂的大系统内，各子系统的协同行为产生的超越各要素自身的单独作用，从而形成整个系统的统一作用和联合作用。协同论表达了系统整体的价值大于各独立组成部分价值的简单之和。这为企业协同管理和协同商务以及供应链协同管理思想提供了理论基础。

二、供应链协同的内涵

供应链管理理论的发展将协同战略的概念由单个企业扩展到了整个供应链网络，在供应商、制造商、分销商和零售商之间建立特定的联系，这种特定的联系包含协调一致、相互匹配、优势互补、互助应变的战略合作伙伴关系，这种联系将会带来供应链协同效应，供应链的竞争优势即来自这种效应。在供应链协同模式下，企业共同构建与管理供应链，协同战略具有互助性、兼容性、协作性。

供应链网络的各节点企业以及其内部的各个单元，通过自我调节、自我适应和相互协作，表现为风险共担、收益共享的协同运作，联合减弱了不确定性、牛鞭效应、物流供应延迟等带来的风险，从而使整个供应链系统从低级平衡走向高级平衡，这个平衡的转化过程就是供应链协同的过程。

三、供应链协同的层次划分

供应链协同的层次划分，通常有 3 种不同的角度。

1. 从组织关系的角度来划分

对供应链协同涉及的范围从组织关系的角度进行界定，供应链协同强调实现供应链绩效的逐步改善，供应链协同的层次可划分为 4 类：沟通层次、协调协作层次、深入协同层次和战略伙伴关系层次。这种划分指出了供应链协同的本质。可见，从组织关系的角度来看，供应链协同的最高目标是建立供应链节点企业之间的战略合作伙伴关系。

2. 从范围和实施方向的角度来划分

以核心制造商为中心，供应链协同可以分为横向协同和纵向协同两个层次。纵向协同主要包括与客户的外部协同、跨单元 / 职能的内部协同以及与供应商的外部协同。横向协同主要包括企业内部各单元 / 职能之间的协同、企业外部与竞争者或非竞争者之间的协同。这种观点与供应驱动的管理思想具有一定的相似性，不同之处在于以核心制造商为中心，不仅没有考虑供应链某一组织层次内不同组织实体（如供应环节的不同供应商）之间的横向协同关系，也没有考虑供应环节对供应链协同运作的配合与支持。

3. 从具体内容及其性质的角度来划分

供应链协同不仅在业务活动运作层面进行基于关系的信息交换，还在供应链企业的战术和战略层面开展实施。从供应链纵向整合的角度来看，可将供应链协同划分为战略层协同、战术层协同和运作层协同 3 个层次。战略层协同处于供应链协同的最高层次，其研究主要以概念框架模型和协同管理思想为基础，从组织层面对供应链协同管理的关键要素、预期协同价值收益、协同机制以及协同本质等方面进行深入分析和探讨，体现了供应链协同管理的"集成"与"协调"的本质思想和"战略协同"与"关系协调"的实现途径。战术层协同则属于具体职能运作，按内容可分为需求预测协同、产品设计协同、计划协同、采购协同、库存协同、生产协同、物流协同等。运作层协同，主要考虑供应链协同运作的具体手段、方法和支撑技术等，如基于看板的控制方法、决策支持技术、决策支持方法、互联网技术、企业门户技术、电子数据交换技术、自动识别技术以及其他支持信息协同的网格及计算机技术等。

【关键术语】

供应链渠道管理	Supply Chain Channel Management
前置时间	Lead Time
供应链流程	Supply Chain Process
增值时间	Value Added Time
供应链协同	Supply Chain Collaboration

【练习与思考】

1. 简述流程分析方法主要有哪些。

2. 试述什么是前置时间，如何缩短前置时间。

3. 试述什么是增值时间和非增值时间，两者有什么本质区别？

4. 简述供应链协同管理的意义。

5. 以生态文明发展为背景阐述供应链流程管理的意义。

【课后案例】

海尔的供应链管理

一、企业背景

海尔集团（以下简称海尔）是中国家电制造商，拥有最具价值品牌。旗下拥有240多家法人单位，在全球30多个国家建立本土化的设计中心、制造基地和贸易公司，全球员工总数超过五万人，重点发展科技、工业、贸易、金融四大支柱产业，已发展成为全球营业额超过1000亿元规模的跨国企业集团。2006年，海尔在中国家电市场的整体份额已经达到25.5%，依然保持份额第一。在小家电市场上海尔表现稳健，名列前茅。

海尔每月接到数万个销售订单。产品每天要通过全球5.8万个营销网点，销往世界160多个国家和地区，每月采购26万种物料，制造1万多种产品。在供应方面，海尔的供应商为978家，其中不乏世界500强企业。

从生产规模看，海尔现有超10000个产品品种，平均每天开发1.3个新产品。海尔一年的资金运作进出达1000亿元。如此庞大的业务体系，依靠传统的金字塔式管理架构或者矩阵式模式，很难维持正常运转，业务流程重组势在必行。

海尔的“OEC”“市场链”“人单合一”管理模式引起国际管理界高度关注，美国哈佛大学、美国南加利福尼亚大学、瑞士洛桑国际管理学院、日本神户大学等的商学院专门对此进行案例研究。海尔“市场链”管理还被纳入欧盟案例库。海尔“人单合一”管理模式为解决全球商业库存和逾期应收提供创新思维，被国际管理界誉为“号准全球商业脉搏”的管理模式。

二、解决方案

海尔为满足客户需求而提供个性化产品，迈出向国际化目标前进的步伐。为实现这一目标，公司确立了适当的合作战略，并在供应链管理方面采取了重要的措施。

对备选方案进行全面分析之后，海尔最终选择了mySAP供应链管理和相关的mySAP商务套件（解决方案、应用平台）。mySAP解决方案能够满足海尔最新的业务流程，采用JIT存货管理，进行全球贸易。

三、方案实施

思爱普（SAP）是全球领先的企业管理和协同化商务解决方案供应商，《财富》世界500强中的大部分企业正在从其商务解决方案中获益。

思爱普提供的ERP系统包括物料管理、制造与计划、销售与订单管理、财务管理与成本管理、业务数据仓库、决策支持信息等模块。

ERP实施后，打破了原有的“信息孤岛”，使信息同步而集成，提高了信息的实时性与准确性，加快了对供应链的响应速度。原来，订单由客户下达，传递到供应商需要10天以上的时间，准确率低；实施ERP后，订单不仅1天内完成“客户—商流—工厂计划—仓—采购—供应商”的过程，而且准确率为 100%。

另外，每次收货，扫描系统能够自动检验采购订单，防止暗箱收货，并同时自动生成入库凭证，把财务人员从繁重的记账工作中解放出来，让财务人员发挥出真正的财务管理与财务监督职能，效率与准确性大大提高。

BBP 系统达成了企业与供应商之间基于因特网业务的信息协同。通过该系统的业务协同功能，企业既可以招投标，又可以获得所有与供应商相关的物流管理业务信息（如采购计划、采购订单、库存、供货清单、采购价格、计划交货时间等方面的信息）。供应商根据采购计划备货，根据采购订单送货。

对于非业务信息的协同，SAP 使用构架于 BBP 系统上的信息中心为海尔与供应商之间进行沟通和反馈提供集成环境。信息中心作为中介，整合了多种信息交互方式，实现了非业务信息的集中存储和网上发布。

通过 BBP 系统，海尔每个月平均接到 6 万多个销售订单，这些订单的品种达 1 万多个，需要采购的物料品种有 26 万余种。

该解决方案的实施涵盖所有的生产线，如冰箱、空调、洗衣机、电视等产品的生产线。

2000 年 1 月到 2000 年 3 月

海尔在空调事业部完成了 mySAP 供应链管理的实施。采用 SAP 解决方案的业务有着迅速而且显著的收益，尤其是在采购和原材料运送成本方面。整个公司通过在物流流程中实施 SAP 解决方案获得了更高的收益。

2000 年 4 月到 2000 年 10 月

mySAP 供应链管理的实施使海尔中央物流部实现了精益流程（一种同步物流模型，具有集中化订单处理功能），为多个产品部门提供支持。SAP R/3（ERP 软件）的财务数据和相关主数据处理能力通过 mySAP 供应链管理体现。

2000 年 10 月到 2003 年 4 月

mySAP 供应链管理和相关的 SAP 解决方案在其他多个部门实施，并与其他系统无缝集成。mySAP 供应链管理在 42 个制成品仓库中实施，从而使仓库转变为配送中心。经过一段时间的实施，物料在被送到生产中心之前，在配送中心内的平均等待时间缩短到 3 天，制成品在配送中心的平均等待时间缩短到不足 7 天，而且储存空间的利用率也得到了提高。

2003 年 10 月

物料管理模块、制造与计划模块、财务管理模块和 BBP 系统正式上线运营。至此，海尔的 ERP 系统已经覆盖了 19 个事业部，构建了海尔的内部供应链。

实施和完善后的海尔供应链管理系统，可以用“一流”“三网”来概括。“一流”是指以订单信息流为中心；“三网”分别是全球供应链资源网络、全球用户资源网络和计算机信息网络。围绕订单信息流这一中心，将海尔遍布全球的分支机构整合在统一的物流平台之上，从而使“三网”同步执行，为订单信息流的增值提供支持。

四、实施效果

海尔供应链管理系统的成功实施，构建和理顺了海尔的内部供应链，为海尔带来了显著的经济效益。实施目标和效果如表 6-1 所示。

表 6-1　　实施目标和效果

目标	效果
为订单而采购，消灭库存	采购成本大幅降低； 库存资金周转天数从 30 天降低为少于 12 天； 呆滞物资降低了 73.8%； 仓库面积减少了 50%； 减少库存资金约 7 亿元； 资金回笼速度由 12 次 / 年提高到 15 次 / 年
建立全球供应链网络	由原来 2336 家供应商优化到不超过 1000 家供应商； 作为国际化集团的供应商占比上升； 国际化供应商参与海尔产品的设计和开发，提供了强有力的技术支持
实现了三个“即时”	即时采购； 即时配送； 即时分拨物流
反应快速及时	采购周期由原来的 10 天降低到 3 天； 网上支付已达到总支付额的 80%； 降低了人工成本、提高了劳动效率； 提高了物流过程的精细化水平，达到了质量零缺陷的目的； 客户订单传递时间从 10 天缩短到 1 天以内

〖问题讨论与思考〗

结合案例，论述海尔实施一体化供应链管理变革的手段与效果。

第七章课件

第七章　供应链设计、优化与重构

【本章导读】

随着我国新兴中产阶级的涌现，全球需求市场进一步拓展。跨国企业提高快速响应能力，抢占发展先机，寻找重要推动力，持续将生产、设计、研发等供应链诸多环节布局到与消费终端更加接近的地方，促进全球供应链形成本地化布局趋势。麦肯锡 2020 年发布的《全球价值链的风险、韧性和再平衡》报告中指出，更多的生产正在靠近主要的消费市场，而中国日益增长的中等收入群体将持续吸引全球跨国企业在中国深度布局。在国际经贸摩擦频发、全球航运低迷、俄乌冲突等多重冲击下，全球产业链供应链的结构正在发生巨大的变化。在这样的环境背景下，如何对供应链进行设计、优化与重构显得尤为重要。

【学习目标】

供应链包括为满足客户需求直接或间接涉及的所有环节，供应链设计应当以整体最优为原则，对这些环节进行综合考虑，供应链设计是在战略层面上的。本章首先概述了供应链设计的内容、原则和要点，然后总结了供应链网络结构的组成、类型，以及供应链设计的步骤、评价指标和供应链设计策略，最后阐述了供应链优化方法和供应链业务流程重构。本章旨在引导学生认知供应链设计、优化与重构，提升学生解决实际问题的能力。

第一节　供应链设计概述

一、供应链设计的内容

供应链设计（Supply Chain Design）是指站在供应链全链条战略层面对供应链结构进行设计，主要内容包括：选择供应链成员、确立合作伙伴关系、设计网络结构以及设计供应链基本规则。

（一）选择供应链成员

供应链是由整个链条上的各参与成员组成。供应链成员包括为满足客户需求、从原产地到消费地、与供应商或客户直接或间接地相互作用的所有组织。从纵向角度来看，不同的供应链长短不同，所参与的供应链主体数量不同，因而供应链成员不同。例如，一家制造企业如果采用线上销售方式，那么将会直接对接下游消费市场的消费者，减少供应链中间经销环节。从横向角度来看，供应链每一级成员并不是单一的，可能含有多个成员，如一家制造企业将会从不同的上游供应商处采购原材料。因此，通常情况下，供应链的结构是非常复杂的，选择供应链成员将是供应链设计的重要环节。

（二）确立合作伙伴关系

供应链结构的复杂性给供应链管理带来了挑战，因此供应链上下游成员之间建立良好的合作伙伴关系将有效地保障供应链良性运营。例如，制造商与原材料供应商之间建立良好的合作伙伴关系将可以更好地避免制造过程的缺货风险，分销商与下游顾客之间的良好关系将可以保障产品的销售渠道畅通。关于供应链合作伙伴的选择与其之间的关系管理详见本书第二章。

（三）设计网络结构

供应链纵横交织形成了供应链网络结构，供应链网络结构主要由供应链成员、供应链网络结构变量和供应链工序连接的方式三方面组成。为了使非常复杂的网络更易于设计和合理分配资源，有必要从整体出发进行供应链网络结构的设计。

（四）设计供应链基本规则

供应链设计还需要考虑整个供应链各节点之间的运行机制及供应链运行的基本规则。供应链基本规则的主要内容包括供应链协调机制、供应链信息开放与交互方式、生产物流的计划与控制体系、库存的总体布局、资金结算方式以及争议解决机制等。

二、供应链设计的原则

为了保证供应链的设计以及重建能使供应链管理思想得以有效实施和贯彻，在供应链的设计过程中，应该遵循一些基本的设计原则。

（一）自顶向下和自底向上相结合的设计原则

在系统建模设计方法中，存在两种设计方法，即自顶向下和自底向上的方法。自顶向下的方法是从全局走向局部的方法，自底向上的方法是从局部走向全局的方法。换而言之，自顶向下是一种系统分解的过程，而自底向上是一种集成的过程。在设计供应链时，通常先由高层管理者从企业发展战略规划的角度考虑，根据市场环境的需求和企业发展的现实状况，制定宏观的设计目标，然后下级实施部门从各个操作环节和流程出发进行供应链的设计。在设计过程中，下级实施部门的工作人员经常就一些问题与高层管理者进行沟通交流，双方从上、下两个层次对设计目标和设计细节做适当调整，达成可以继续设计的共识。因此，供应链设计通常采用的是自顶向下和自底向上相结合的设计原则。

（二）简洁性原则

简洁性原则是供应链设计的一个重要原则，为了使供应链具有灵活、快速响应市场的能力，供应链的每个节点都应是精简、具有活力的，能实现业务流程的快速优化和组合。比如对供应商的选择就应少而精，有的企业甚至遵循了单一供应商原则，即一种零件只由一个供应商供应。与少数的供应商建立战略合作伙伴关系，有利于减少采购成本。推动准时生产，秉持精益思想的生产系统设计风格，实现从精益的制造模式的建立到精益的供应链设计，这是企业努力追求的目标。

（三）集优化原则

集优化原则又称为互补性原则。核心企业在选择供应链上节点企业的过程中，应该遵循强强联合的选择原则，最大限度地利用外部资源，使每个节点企业集中精力致力于其核心业务的发展，节点企业如同一个独立的作业单元。每个企业集中精力致力于各自的核心业务过程，就像一个独立的制造单元，这些单元化企业具有自我组织、自我优化、目标导向、动态运行和充满活力的特点，能够实现供应链业务的快速优化和重构。

（四）协调性原则

供应链绩效的好坏主要取决于供应链合作伙伴关系是否协调，取决于供应链动态连接合作伙伴的柔性程度，因此建立战略合作伙伴的企业关系模型是实现供应链最佳效能的保证。和谐也被认为是描述系统是否能够充分发挥系统成员和子系统的能动性、创造性以及系统与环境的总体协调性的指标之一，只有充分地发挥系统成员和子系统的能动性、创造性以及系统与环境的总体协调性，才能保证整体系统发挥最佳的功能，避免各个节点企业产生利益本位主义，动摇各个节点企业之间的和谐关系。

（五）动态性原则

动态性原则也称为不确定性原则。对于供应链中随处可见的不确定性活动以及变化市场的需求信息，供应链需要有一定的柔性适应变化的环境。不确定性因素的出现，容易干扰供应链的稳定运营，稍有不慎，可能导致供应链运营中断，对供应链运作产生影响。因此，要及时预见各种不确定性因素对供应链运作的影响，并且主动采取措施减少信息传递过程中的信息延迟和失真，增加信息的透明性，减少不必要的中间缓冲环节，提高预测的精度和时效，从而降低不确定性因素对供应链整体绩效水平的影响。

（六）创新性原则

创新设计是系统设计的重要原则，没有创新的设计思维，就不可能有创新的供应链管理模式。特别是在现代企业管理理论和管理技术飞跃发展的环境下，供应链的设计更要讲究创新性，只有这样才能产生一个不同于过去时代的新模式下的供应链系统。要建立一个创新的系统，就要敢于打破各种陈旧的思维条框，用新的角度、新的视野审视原有的管理模式与体系，进行大胆的创新设计。一般来说，进行创新设计需要注意以下四点：①供应链创新设计必须符合企业总体目标和发展战略的要求；②供应链创新设计需要符合市场发展的需求，并融合企业运营能力和各种资源优势；③供应链创新设计能够充分发挥企业各类人员的创造性、各类资源的实用性以及各合作伙伴的资源优势；④本着建立科学的供应链体系、项目评价体系以及组织管理系统的原则，从技术经济分析和可行性论证的角度，进行供应链创新设计。

（七）战略性原则

供应链的设计应持有战略性观点，从战略的视角减少不确定性因素的影响。从供应链战略管理的角度考虑，供应链设计的战略性还体现在供应链发展的长远规划和预见性上，供应链系统的结构发展应与企业的战略规划保持一致，并在企业的战略规划的指导下进行。因此在设计供应链时，需从战略性原则来考虑，从全局性角度设计供应链。

三、供应链设计的要点

（一）供应链的整体性

供应链的整体性并不是指供应链的各组成元素之和，即非求和原则。当供应链整体小于各组成元素之和时，表明供应链上每个企业或部门的功能是良好的，但是可能企业或部门协调不足、步调不统一，造成了供应链的整体功能效率不足；当供应链整体大于各组成元素之和时，表明供应链整体具有良好的功能，而此时可能由于结构系统不完善或者不协调，造成了供应链上的企业或部门的功能并不是很完善。

（二）供应链的相关性

供应链的相关性是指供应链各部分的特性和行为会相互制约、相互影响，相关性决定了系统的性质和形态。供应链上的企业或部门之间相互影响、相互依赖、相互制约，形成了特定的关系。从单个企业看，企业内部各组成部分之间的关系对供应链的性质和功能起到很大的作用，但是供应链的性质和功能受组成供应链各企业之间关系的影响更大。战略联盟关系的强弱决定了供应链的特性，供应链的优劣或性能在很大程度上受它影响。

（三）供应链的结构性和有序性

供应链的结构性体现在上下游之间的供需关系的传递，核心企业与供应商之间、供应商与供应商之间、销售商与销售商之间等组成了层层分布的网络结构。供应链的有序性揭示了系统与系统之间存在着包含、隶属、支配、服从的关系。也就是说，系统并不是孤立存在的，而是按有序性原则存在于某一层次结构中。例如，核心企业需要组织有效的生产或者制造，那么需要上游供应商按时将零部件或原材料送到核心企业，同样上游供应商需要它的上一级供应商按时将所需的原材料送达，按照这样的顺序层层传递，保证整个供应链的有效运营。

（四）供应链的动态性

供应链的动态性体现在其结构、特性、形态、功能等并不是静态不变的，而是在发展中动态变化的。供应链上的产品可以由供应商、制造商、销售商正向传递到消费者市场，亦可通过消费者市场反向传递给供应商、制造商、销售商产品需求信息，满足市场消费者的需求。同样地，供应商或者制造商在产品生产过程中可能出现资金周转不足的情况，此时可以通过向上下游企业求助或者向银行贷款等方式避免供应链中断的发生。另外，组成供应链的各个企业都在演变，有的企业在发展中壮大，有的企业会慢慢退出市场，这些都是动态变化的。

（五）供应链的目的性

供应链看似复杂，但是它是有序性的，同时也是有目的性的。正如前面的分析，供应链的目的就是为了增强参与企业的竞争力，使其拥有更大的竞争优势而建立动态联盟。

一旦参与企业认为此联盟没有竞争优势且不能创造更大价值的时候，该供应链就没有存在的意义，此时供应链失去存在的必要，它会消失或者重构。

（六）供应链的环境适应性

供应链的环境适应性是指在供应链设计过程中需要考虑环境因素，并且需要适应一定环境的变化。一个设计精良的供应链在实际运行中并不一定能按照预想的那样，甚至无法达到设想的目标，这是主观设想与实际效果的差距。原因并不一定是设计或构想不完美，而是环境因素在起作用。因此，构建和设计一个供应链，一方面要考虑供应链的运行环境以及地区、政治、文化、经济等因素，另一方面还应考虑未来环境的变化对所构建的供应链的影响。因此，需要用发展、变化的眼光去设计供应链，信息系统的构建、物流通道的设计等都应具有较高的柔性，以提高供应链对环境的适应能力。

第二节　供应链网络结构

一、供应链网络结构的组成

从原材料供应商到最终消费者，所有的企业都处在供应链中。供应链管理的难度取决于产品的复杂程度、有效供应商的数目以及原材料的利用程度等。供应链的节点不同，供应链与其节点的关联程度也不同。因此，管理时需要选择适宜特定供应链连接的协作层次。在整个供应链中，并不是所有连接的协调和整合程度都很高，最适宜的连接是那些最能适应具体环境变化的连接。确定供应链重点部分时必须仔细地对企业生产能力和企业的重要性进行权衡。

对供应链网络结构的组成有一个明确的了解是至关重要的，它由供应链成员、供应链网络结构变量和供应链工序连接的方式三个基本方面组成。

（一）供应链成员

在确定供应链网络结构时，识别谁是供应链成员是非常必要的。但对供应链成员进行全盘考虑很可能会导致整个供应链网络的复杂化，甚至可能引起混乱。因此，必须分类并确定哪些供应链成员对核心企业以及供应链的成功起着决定作用，以便对它们给予关注并合理分配资源。

供应链成员是由与核心企业相连的组织构成的，这些组织直接或间接地与它们的供应商或顾客相连，从起始端到消费端。然而，为了使非常复杂的供应链网络更易于管理，有必要将供应链基本成员与供应链支持成员分开。供应链基本成员是指在专门为顾客或市场提供专项输出的业务流程中，所有能进行价值增值活动的自治企业或战略企业单元。相反，供应链支持成员是指那些简单地提供资源的供应链成员。

尽管供应链成员与参与供应链的成员之间的区别并不明显，但这些微小的差异却可以简化管理并确定供应链的核心成员。在某种程度上，供应链成员的这种分类与迈克尔·波特的价值链框架中的基本活动和支持活动的区分类似。

供应链基本成员和供应链支持成员的定义有助于理解供应链中起始点和消费点的定

义。供应链的起始点和消费点出现在没有供应链基本成员的位置，所有作为起始点的供应商仅是供应链支持成员，消费点不会进一步产生附加值，并且还要消耗产品和服务。

（二）供应链网络结构变量

在描述、分析和管理供应链时，有三种最重要的供应链网络结构，它们分别是水平结构、垂直结构和供应链范围内核心企业的水平位置，由此构成了供应链网络结构，如图 7–1 所示。

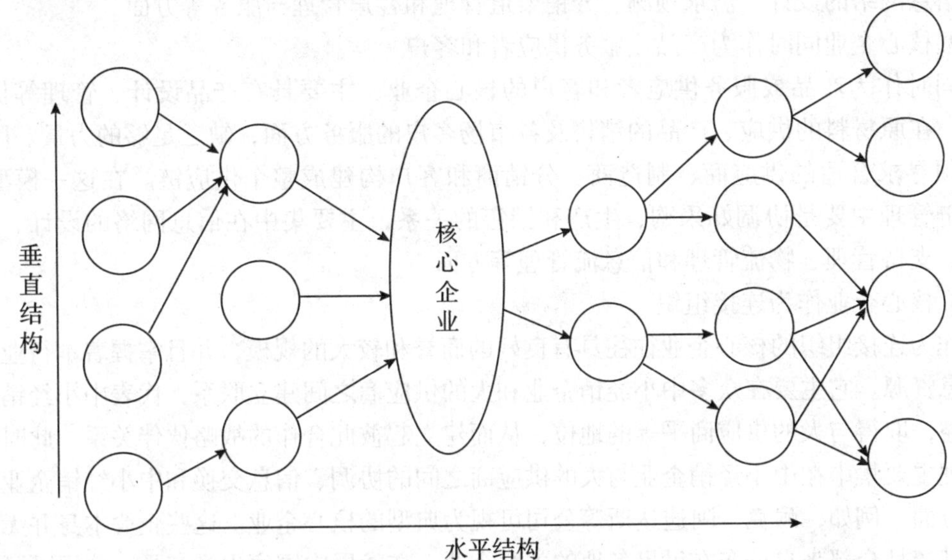

图 7–1 供应链网络结构

水平结构，是指从原材料供应商到终端顾客组成的供应链范围内的层次数目。供应链可能很长，拥有很多层，也可能很短，层次很少。垂直结构，是指某一层中供应商或顾客的数目。一个企业可能有很窄的垂直结构，其某一层供应商或顾客很多；也可能有很宽的垂直结构，其某一层供应商或顾客很少。对于供应链范围内核心企业的水平位置，核心企业最终被定位在供应商附近、终端顾客附近或供应链中间的某个位置。

核心企业除了能创造特殊价值，长期控制比竞争对手更擅长的关键性业务外，还要协调好整个供应链中从供应商、制造商、分销商直到最终客户的关系，控制好整个价值链的运行。为了管理好整个供应链，核心企业必然要成为整个供应链的信息集成中心、管理控制中心和物流中心。核心企业要将供应链作为一个不可分割的整体，打破采购、生产和销售之间的障碍，做到供应链的统一和协调。所以，供应链组织结构应当围绕核心企业来构建。

核心企业在供应链中可能承担不同的角色，可能为其他企业提供产品或服务，也可能接受它们的产品或服务，或者在供应商与客户之间起连接作用。

1. 核心企业作为客户企业

作为客户企业的核心企业，它本身拥有强大的销售网络和产品设计优势，销售、客户服务这些功能就由核心企业自己的销售网络来实现。因此，供应链组织结构的构建主要集中在供应商这一部分。供应链管理的重心转到供应商的选择，以及信息网络的设计、生产计划和生产作业计划的制订、跟踪控制、库存管理、采购管理等方面。

2. 核心企业作为产品或服务供应者

作为产品或服务供应者的核心企业，它本身享有供应和生产的特权，或者具有在制造、供应方面不可替代的优势，如能源、原材料供应企业。但其在分销、客户服务等方面则不具备竞争优势。因此，在这一模型中，供应链管理主要集中在经销商和客户的选择、信息网络的设计、需求预测、分销渠道管理和客户管理与服务等方面。

3. 核心企业同时作为产品或服务供应者和客户

同时作为产品或服务供应者和客户的核心企业，主要具有产品设计、管理等优势，但是，在原材料的供应、产品的销售及各市场客户的服务方面，缺乏足够的力量。因此，它必须寻求合适的供应商、制造商、分销商和客户构建成整个供应链。在这一模型中，供应链管理主要是协调好采购、生产和销售的关系，主要集中在信息网络的设计、计划控制、支持管理、物流管理和信息流管理等方面。

4. 核心企业作为连接组织

作为连接组织的核心企业往往具有良好的商誉和较大的规模，并且掌握着本行业大量的信息资源。它主要在众多中小经销企业和大的供应商之间建立联系，代表中小经销企业的利益，取得与大的供应商平等的地位，从而建立起彼此合作的战略伙伴关系。此时供应链管理主要集中在中小经销企业与大的供应商之间的协调、信息交换和中小经销企业的控制等方面。例如，耐克、阿迪达斯等公司可视为典型的核心企业。这些企业本身并无生产线，其产品全部来自分布在世界各地的关联企业。在发展中国家生产产品，公司既可以降低生产成本，又可以专注于产品设计、品牌推广和市场开拓，通过不断提高和强化自身形象来维系和推进供应链的生存和发展。通过这种方式，耐克、阿迪达斯等公司不但自身获得了巨大收益，也为那些缺乏产品设计和市场开拓能力的企业提供了用武之地。

（三）供应链工序连接的方式

在众多研究中，可以发现不同的结构变量能够合并。有这样一个案例，供应商那边是一个窄而长的网络结构，而顾客那边是一个宽而短的网络结构，但它们却联系在一起。增加或减少供应商或顾客的数目将会影响供应链的结构。例如，当一些企业从多源头供应商向单一源头供应商转变时，供应链可能变得越来越窄，开放物流、制造、销售以及产品开发活动也很可能改变供应链结构的决策。因此，它们可能增加供应链的长度和宽度，并同样会影响供应链网络中核心企业的水平位置。

由于每个企业都将自己当作核心企业，并对其供应链成员和供应链网络结构有着不同的看法，所以表面上供应链与每个企业的目标不一致。然而，每个企业都是供应链的一员。它们的地位关系和前景对每个企业的管理来说尤其重要。只有每个企业都清楚供应链的前景，才有可能成功地实现跨企业边界的业务流程的重组和优化管理。

二、供应链网络结构的类型

供应链网络结构可以分为链状结构、网状结构、核心企业网状结构三种类型。

（一）链状结构

供应链的链状结构中，供应链的各成员企业构成链状结构的各个节点，物流、资金流、信息流构成供应链的连线，链状结构的供应链模型如图 7–2 所示。供应链管理的依据：前馈的信息流，即需方向供方流动，如订货合同、加工单、采购单等；反馈的物流及信息流，即供方向需方流动的物流及伴随的供给信息流，如提货单、入库单等。最终将供应商、制造商、分销商、零售商及最前端的用户连成一个整体的模式，对整个供应链系统进行计划、协调、操作、控制和优化。

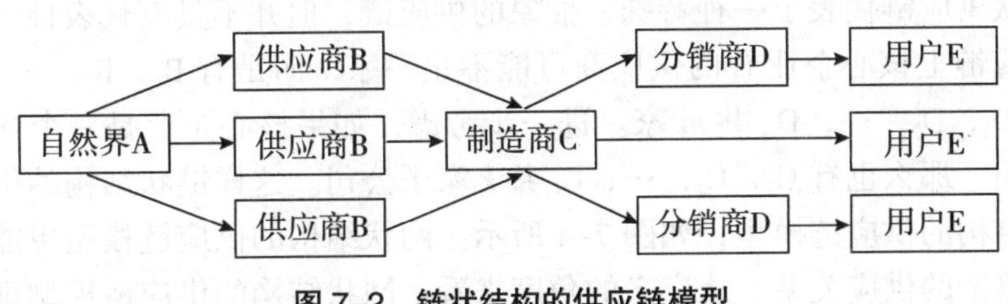

图 7–2　链状结构的供应链模型

静态的链状供应链可以进一步简化成串行链状供应链，其模型如图 7–3 所示。串行链状供应链模型是链状供应链结构模型的进一步抽象，将供应链上的每一个商家都抽象成一个个的点，称为节点，并用字母或数字表示它们，这些节点以一定的方式和次序连接成串。在串行链状供应链模型中，如果 C 为制造商——核心企业，则 B 为供应商，D 为分销商；如果 B 为制造商——核心企业，则 A 为供应商，C 为分销商。在串行链状供应链模型中，对产品的最初来源——自然界、最终去向——用户以及产品的物质循环过程都进行了抽象化处理，从供应链研究一般化角度来讲，将自然界和用户融在供应链模型中通常不会产生较大的作用。通常情况下，串行链状供应链模型主要对供应链的中间过程进行研究。

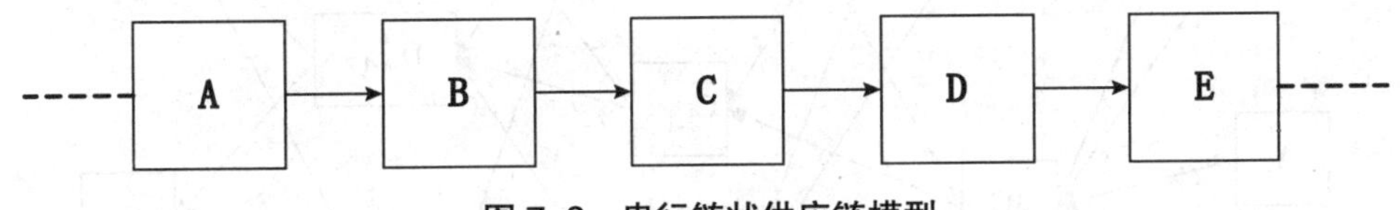

图 7–3　串行链状供应链模型

1. 供应链的方向

物流、信息流、资金流、作业流和价值流是供应链上的五类资源流，它们流动的方向可以体现供应链增值运动的方向。一般来说，物流的方向都是从供应商流向制造商，再流向分销商，最后流向用户。销售退货、损坏赔偿等情况下物流在供应链上的流向与一般情况下物流的流向相反，这类情况属于非正常情况，非正常情况下的退货产品，不被看作本书里严格定义下的物品，所以本书中所指的供应链的物流将不包括这类非正常情况下的物流。依照正常情况下物流的方向来定义供应链的方向，以此确定供应商、制造商和分销商之间的顺序关系是这里讨论的焦点。在串行链状供应链模型（见图 7–3）中，箭头的方向表示物流的方向，即供应链的方向。

2. 供应链的级

在串行链状供应链模型中，如果定义 C 为供应链的核心企业——制造商，从其上游企业来看，可以认为 B 为一级供应商，A 为二级供应商，以此类推。同样地，从核心企业的下游企业来看，可以认为 D 为一级分销商，E 为二级分销商，以此类推。一般来说，一个企业如果要从整体上了解其所在行业供应链的运行状态，应尽可能深入地考虑多级供应商或分销商。

（二）网状结构

串行链状供应链代表了一种特殊、抽象的供应链，但并不具有代表性。在现实社会生活中，供应链上核心企业 C 的供应商可能不止一家，而是有 B_1，B_2，…，B_n 共 n 家，分销商也有 D_1，D_2，…，D_m 共 m 家。进一步考虑，如果核心企业是一个含有多个子公司的集团公司，那么也有 C_1，C_2，…，C_k 共 k 家子公司。这样链状结构的供应链模型将转变为网状结构的供应链模型，如图 7–4 所示。网状结构的供应链模型更能说明现实社会中企业间复杂的供应关系。从广义的角度来看，网状结构的供应链模型理论上可以涵盖世界上所有的企业，每一个企业都可看作一个节点，同时这些节点之间存在着供需联系。当然这些联系有强有弱，并且不断地动态变化。从狭义的角度来看，通常一个企业仅与有限的企业发生联系，但这丝毫不影响对供应链模型的理论设定。网状结构的供应链模型对企业间供应关系的描述较为直观，比较适合宏观把握企业间的供应关系。

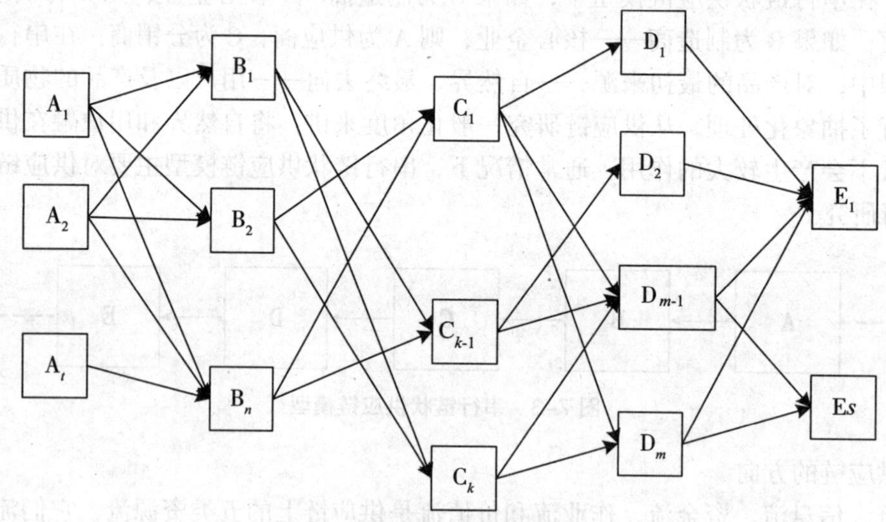

图 7–4 网状结构的供应链模型

1. 入点和出点

在网状结构的供应链模型中，物流的流动具有方向性，它从上游的一个节点企业流向下游的另一个节点企业。物流将沿着供应方向流入某些节点，同时分流流出某些节点。物流进入的节点称为入点，而物流流出的节点称为出点。在图 7–3 所示的模型中，A 为入点，E 为出点。对于那些既为入点又为出点的节点企业，为了便于网状供应链表达的简化，通常将企业的节点一分为二，变成两个节点，一个为入点，一个为出点，并用实线将其框起来，如图 7–5 所示。A_1 为入点，A_2 为出点。同样地，如果一个企业对于另一个企业来说，既为供应商又为分销商，也可以将这个企业的节点一分为二，变成两个节点，一个节点表示供应商，另一个节点表示分销商，并用实线框起来，如图 7–6 所示。B_1 是 C 的供应商，B_2 是 C 的分销商。根据企业实际情况，有时甚至可以将企业的节点一分为三。

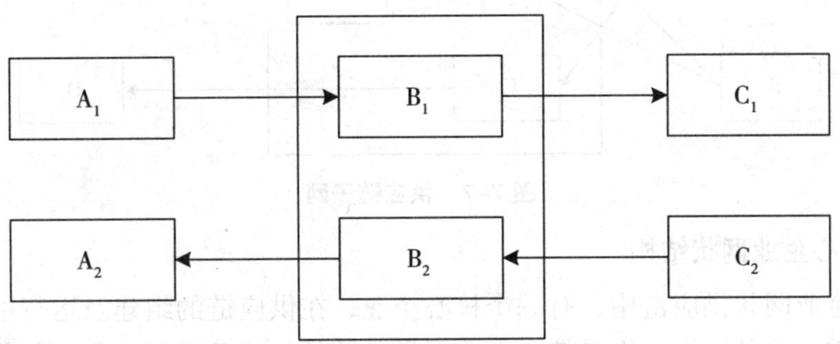

图 7–5　含出点和入点的节点企业

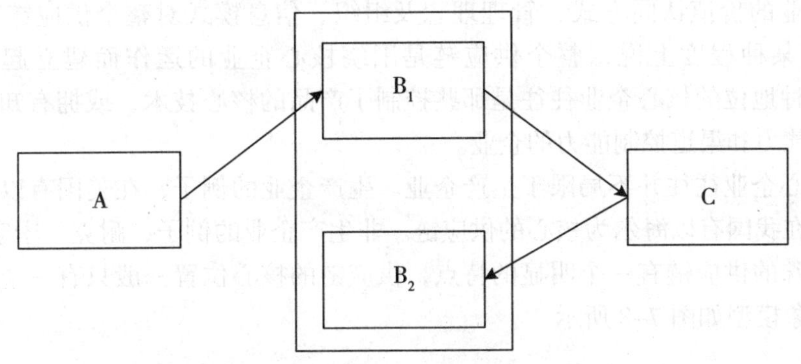

图 7–6　既为供应商又为分销商的企业

2. 供应链子网

有些集团公司虽然内部结构非常复杂，但与其他企业发生业务往来的只是其中的一些子公司，在集团公司内部的一些子公司之间却存在着产品供应关系。这时候如果用一个节点来表示这些复杂的关系不太可行，可以将表示这个集团公司的节点分解成很多相互联系的子节点，这些子节点之间存在关联关系，由此构成了一个网，称为供应链子网，如图 7–7 所示。上游供应商 B_1 和 B_2 与 C_1、C_2、C_4 有关，与 C_3 无关，而 C_1 和 C_4 与下游分销商 D_1 和 D_2 有关，因此上游供应商和下游分销商不需要考虑没有相关联系的子节点。

3. 虚拟企业

通过对供应链子网概念的扩展，可以把供应链子网上为了实现各自利益和目标而通力合作的一些企业形象地看成是一个大的企业，这就是虚拟企业。虚拟企业是市场经济中存在的企业动态联合体，为了共同的利益和目标，在一定的时间内构成相互协作的利益共同体。虚拟企业组建和存在的意义是获取相互协作而产生的效益，一旦目标已达成或利益关系不再存在，虚拟企业即不存在，新的企业动态联合体将伴随其他利益和目标产生。

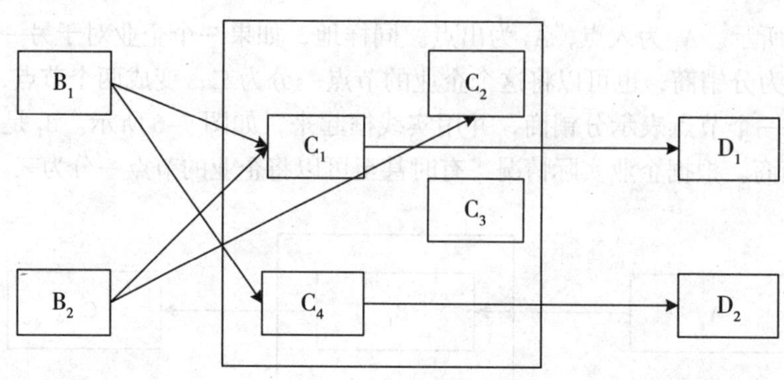

图 7-7　供应链子网

（三）核心企业网状结构

在核心企业网状供应链中，有一个核心企业，在供应链的组建及运行过程中具有很高的结构权重，这种结构权重是核心企业在供应链的组建及运行过程中起着主导作用的一种标志。

核心企业的价值认同方式，管理理念及组织、信息模式对整个供应链有着绝对性的影响，从某种程度上说，整个供应链是围绕核心企业的运作而建立起来的。

具有这种地位的核心企业往往是那些控制了产品的核心技术，或拥有知名品牌，或有极强研发能力和渠道控制能力的企业。

这种核心企业往往并不局限于生产企业。生产企业的例子，在美国有以宝洁为核心的供应链，在我国有以海尔为核心的供应链。非生产企业的例子，耐克、李宁等。

这种特殊的供应链有一个明显的特点，供应链的核心位置一般只有一个节点。这种供应链的抽象模型如图 7-8 所示。

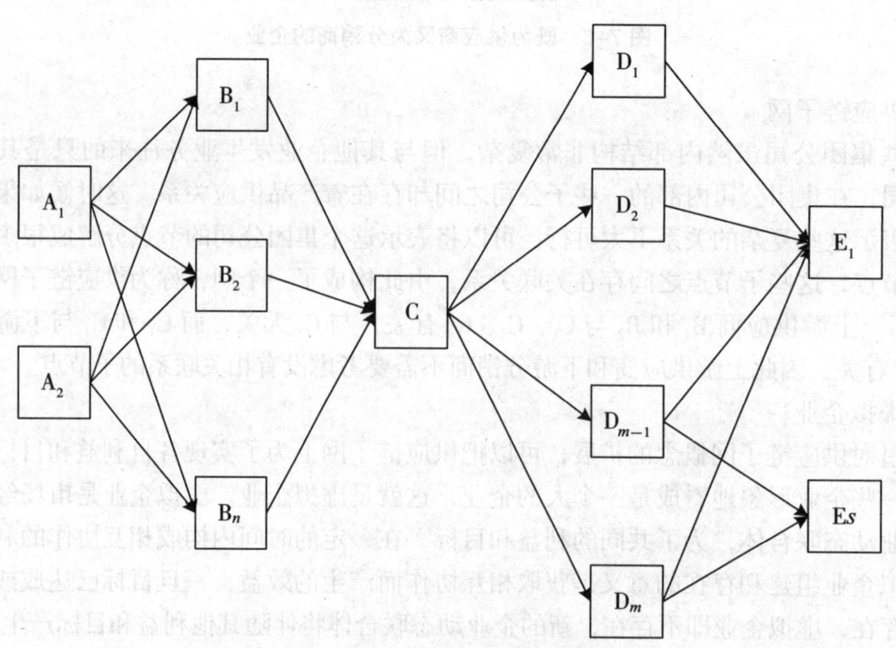

图 7-8　核心企业网状供应链结构模型

第三节　实施供应链设计

一、供应链设计的步骤

基于产品和服务的供应链设计可以概括性地归纳为以下十个步骤。

（一）分析核心企业的现状

对核心企业现状的分析主要侧重于对其供应、需求管理现状的总结。如果核心企业已经有了自己的供应链管理体系，则对供应链管理现状进行分析，以便及时发现在供应链运作过程中出现的问题，同时挖掘现有供应链的优势。本阶段的目的不在于评价供应链设计，而是着重于研究供应链设计的方向或者定位点，同时将可能影响供应链设计的各种要素分类罗列出来。

（二）分析核心企业所处的市场竞争环境

通过对核心企业现状的分析，可以了解企业内部的情况；通过对市场竞争环境的分析，可以知道哪些产品的供应链需要开发，现在市场需求的产品是什么，其特征和类型有什么特别的，对已有产品和需求产品的服务要求是什么；通过对市场各类主体（如用户、零售商、生产商）的专项调查，可以了解产品和服务的细分市场情况，竞争对手的实力和市场份额，供应原料的市场行情和供应商的各类状况，零售商的市场拓展能力和服务水准，行业发展的前景以及宏观政策、市场竞争环境可能产生的作用和影响等。

这一步的工作成果将是有关产品重要性排列、供应商优先级排列、生产商竞争实力排列、用户市场发展趋势分析以及市场不确定性分析评价的基础。

（三）明确供应链设计的目标

基于产品和服务的供应链设计的主要目标在于实现高品质的产品、快速有效的用户服务、低成本的库存投资、低单位成本的费用投入，平衡这几个目标，最大限度地避免这几个目标之间的冲突。同时，还需要实现以下基本目标：进入新市场，拓展老市场，开发新产品，调整老产品，开发分销渠道，改善售后服务水平，提高用户满意程度，建立战略合作伙伴联盟，降低成本，降低库存，提高工作效率等。有些目标之间可能存在冲突，这些目标的实现级次和重要程度根据不同企业的现状而有所区别。

（四）分析影响供应链设计的各类因素

本步骤要对影响供应链设计的各类因素进行分析。在这个过程中要把握可能对供应链设计产生影响的主要因素，同时对每一类因素产生的风险进行研究，给出规避风险的各种方案，并将这些方案按照重要程度进行排序。

（五）提出供应链的基本框架

本步骤要分析供应链的组成，确定供应链上主要的业务流程和管理流程，描绘出供应链物流、信息流、资金流、作业流和价值流的基本流向，提出供应链的基本框架。在这个框架中，供应链各组成成员（如生产商、供应商、运输商、分销商、零售商及用户）

的选择及其定位分析是必须解决的问题。另外，供应链组成成员的选择标准指标和评价标准指标应该得到完善。

（六）评价供应链设计方案的可行性

供应链基本框架建立之后，需要对供应链设计的技术可行性、功能可行性、运营可行性、管理可行性进行分析和评价。这不仅是供应链设计策略的罗列，而且还是进一步开发供应链结构、实现供应链管理的关键、首要的一步。在供应链设计的各种可行性分析、评价的基础上，结合核心企业的实际情况以及对产品和服务发展战略的要求，为开发供应链提供技术、方法和工具的支持。同时，这一步还是一个方案决策的过程，如果（分析认为）方案可行，就可以继续进行下面的设计工作；如果方案不可行，就需要重新进行设计。

（七）调整新的供应链

供应链设计方案确定以后，还要对供应链进行具体的调整。因此，这里需要考虑以下关键细节：供应链的详细组成成员，供应商、分销中心的选择与定位，生产、运输的计划与控制；原材料的供应情况，涉及供应商、运输流量、价格、质量和提前期等；生产设计的能力（包括需求预测的能力、生产产品的能力、生产作业的能力、运输配送的能力），制订生产作业计划，跟踪控制以及库存管理；销售 / 分销能力，涉及销售 / 分销网络、销售 / 分销规则、销售 / 分销管理等方面；信息化管理系统的设计；物流通道的设计。在供应链设计中需要广泛地应用许多方法和技术，如归纳法、流程图法、仿真模拟技术等。

（八）检验已产生的供应链

供应链设计完成以后，需要对设计好的供应链进行检验。通过模拟供应链运行环境，借助一些方法、技术对供应链进行测试、检验或试运行。如果模拟结果不理想，就重新进行供应链设计；如果没有什么问题，就可以实施供应链管理了。

（九）比较新旧供应链

如果核心企业存在旧的供应链，比较新旧供应链的优势和劣势，结合它们运行环境的要求，可能需要暂时保留旧的供应链上某些不科学或不完善的作业流程和管理流程，随着整个市场环境的逐步改善，再用新的供应链上的规范流程来代替。尽管新的供应链采用科学、规范的管理，但在有些情况下，取代过时、陈旧的流程仍需要一个循序渐进的过程。所以，比较核心企业的新旧供应链，有利于新的供应链的有效运行。

（十）完成供应链的运行

供应链的出现必然带来供应链管理的问题。不同的供应链，其管理特征、内涵、方法及模式也有所不同。

二、供应链设计的评价指标

评价供应链设计是否合理的指标有以下五个方面。

（一）柔性

供应链的组织形式是为了使企业能够更好地适应竞争激烈的市场环境，提高对用户的服务水平，及时满足用户的需求（如交货期、交货数量、产品质量等方面的需求以及用户对产品的某些特殊需求）。为了提高供应链的柔性，还需要信息技术的支撑，以提高市场信息在链中的反馈速度和链中各企业的响应速度。柔性成为评价供应链设计合理性的一个指标。因此，围绕不同核心企业所设计的供应链也应不同，供应链组织模式的构建必须适应市场要求。

（二）稳定

供应链有相对稳定的组织形式，影响供应链稳定的因素：一个是供应链中的企业，它必须具有优势且有竞争力，如果供应链中的企业不能在竞争中长期存在，必然影响到整个供应链的存在；另一个就是供应链的组织结构，如供应链的长度，如果供应链的环节过多，信息在传导过程中就会存在信息扭曲，造成整个供应链的波动，稳定性就差。

（三）协调

供应链是不同企业个体之间的集成网链，由于每个企业都是独立的利益个体，所以供应链的协调相比于企业内部各部门之间的协调更加复杂、更加困难。供应链的协调包括利益协调和管理协调。利益协调是指在供应链的组织结构构建时将链中各企业之间的利益分配加以明确。管理协调则要求适应供应链的组织结构，协调物流、信息流的有效流动，降低整个供应链的运行成本，提高供应链对市场的响应速度。

（四）简洁

供应链是物流链、信息链，也是增值链，它的构建并不是任意而为的。供应链中每一个环节都必须是价值增值的过程，非价值增值的过程不仅会增加供应链管理的难度，还会增加产品 / 服务的成本，而且降低供应链的柔性，影响供应链中企业的竞争实力。因此在设计供应链的组织结构时，必须慎重选择链中企业，严格分析每一环节是不是价值增值的过程。

（五）集成

不同于传统的单个企业，供应链将链中企业加以集成，使链中企业的资源能够共享，获得优势互补的整体效益。供应链集成包括信息集成、物资集成和管理集成等。集成的程度或整体优势的发挥，关键在于信息集成和管理集成，即需要形成信息中心和管理中心。

三、供应链设计策略

供应链设计不当会导致失败。有的企业用设备和技术来提高供应链绩效，如使用先进的设备可以让企业记录下顾客的意见，电子数据交换技术使供应链的各个步骤都能采纳顾客的意见并对此做出反应，还有更灵活的生产技术、自动化的仓储技术等，但是，许多供应链的绩效比以往任何时候都差。

为什么新设备和新技术没有改进供应链绩效？其中一个重要原因就是企业的管理者缺乏一种框架来选择适合企业的设备和技术。在不同的框架下，供应链设计策略是不太一样的，以下将主要介绍一种基于客户需求的供应链设计策略。

设计供应链首先要明确客户对企业产品的需求是什么。产品生命周期、需求预测、产品多样性、提前期和客户服务的市场标准等都会影响供应链设计策略。

（一）辨别产品的功能性与革新性

不同的产品类型对应不同的供应链设计策略。如果根据产品的客户需求分类，则可以分为两类：功能性产品和革新性产品。每种产品需要的供应链具有不同的特征。

功能性产品能满足基本需要，不会有太大的变化，因而需求稳定且可以预测，并且生命周期长。功能性产品使供求可以达到近乎完美的平衡，这使市场调节变得容易。生产这种产品的企业可以集中精力去使物质成本最小化。在功能性产品价格给定的情况下，物质成本最小化是一个极其重要的目标。在这一过程中，整条供应链中的供应商、制造商和零售商要协调它们的活动以便能以最低的成本满足预测的需求。

革新性产品能使企业获得更高的利润，但是，其需求不可预测。此外，革新性产品的生命周期短，一般就几个月，这是由于仿制品的大量出现使革新性产品的竞争优势丧失，而企业被迫进行产品的下一轮创新。生命周期缩短和产品的多样化使需求具有不可预见性。

高边际利润、有不稳定需求的革新性产品的供应链完全不同于低边际利润、有稳定需求的功能性产品的供应链。为了理解这种区别，应该承认供应链具有两种功能：物质功能和市场调节功能。供应链的物质功能是很显然的，它包括把原材料转变成零部件、元件直至成品的过程以及它们在供应链各部分之间的运输。而市场调节功能则不那么明显，但它却同样重要，其目的是使投入市场的各种产品到达消费者手中。

革新性产品的市场具有不确定性，这增加了供求不平衡的风险。投入市场的前期销售增加了产品的成本。而产品的短生命周期则增加了产品过时的风险以及过度供应情况下产品的成本。因此，对革新性产品而言，市场调节很重要。

在这种情况下，仔细研究革新性产品在整个生命周期内的销售量或其他市场信号并快速地做出反应。在这个过程中，供应链内部的信息流和从市场传递到供应链的信息流都极其重要。增强存货和生产能力的目的不是使成本最小化，而是使供应链能够应对不确定的需求。选择供应商要考虑的不是低成本，而是供货的速度和灵活性。

当知道产品和供应链的特征后，就可以设计与产品需求一致的供应链。供应链设计与产品类型策略矩阵如表 7-1 所示。

表 7-1　　供应链设计与产品类型策略矩阵

供应链设计 \ 产品类型	功能性产品	革新性产品
有效性供应链	匹配	不匹配
反应性供应链	不匹配	匹配

很少有企业处于矩阵的左下角，这很容易理解。生产功能性产品的大部分企业知道它需要一条效率型供应链。如果产品一直是功能性的，那么，企业通常会愿意保持效率

型供应链。

（二）功能性产品的有效性供给

提供功能性产品的企业的一个极其重要的目标是降低总成本。降低总成本是一个老话题，许多企业多年来一直致力于总成本的降低。然而现在，有一些新的转变。一些企业近些年来已经达成了组织内部边际报酬递减。它们相信，组织之间更好的合作可以为降低总成本提供最好的机会。与此同时，网络技术的发展也使它们能更加密切地合作。

这种合作模式虽然具有吸引力，但也有缺陷。企业发现再也没有方法去获取利润时，会和供应链其他企业既竞争又合作。这一策略是无效的，因为竞争与合作要求双方采取的行为完全相反。例如，在信息共享方面，如果双方之间是竞争关系，供应商不可能将其成本信息公开，但是，如果双方相互合作，就必须共享成本信息，使每项任务由成本最低的一方来完成以减少供应链的总成本。

（三）革新性产品的反应性供给

革新性产品的需求具有不确定性，这是它的本质特征。企业一般有四种处理需求不确定性的工具。为了与反应性供给过程相配合，管理者有必要掌握每一种工具，然后综合利用它们以适应企业的特定情况。

对许多企业来说，第一步仅是承认革新性产品中这种需求不确定性是固有的。对于那些由于竞争较少、客源较多、零售商较弱小而发展成了寡头的企业，要承认这一点并不容易。它们通常高水准地预测需求，要求员工进行深入持久的思考。然而，这并不能消除需求不确定性。事实上，如果某种产品的需求是可预测的，那么，它可能没有革新性，因而没有高利润率。回报和风险是联系在一起的，最高的利润率通常伴随着需求方面的最高风险。

一旦企业承认了需求不确定性。那么，它有三种处理需求不确定性的协调策略可供选择。首先，它可以努力减少需求不确定性。例如，找到更多的数据来源，或者让不同的产品尽可能多地使用共同的元件，以使元件的需求变得可预测。其次，它也可以避免需求不确定性。采取的措施：缩短市场导入期，增加供应链的灵活性，以便能够生产出顾客所订购的产品数量；当需求具体且能精确预测时，每次至少都能生产出与需求接近的产品数量。最后，一旦需求不确定性已经尽可能地减少和避免，企业还可以利用缓冲措施来应对需求不确定性。

第四节 供应链优化与重构

供应链发展过程是一个持续优化的过程，供应链优化是企业发展的必然要求。为了获得竞争优势，一方面企业要加强内部职能部门的协调与管理，实现企业内部的一体化；另一方面由于经营范围相对集中于核心业务，企业经营发展所需要的许多资源并不具备，企业必须不断加强与其他企业的沟通与合作，将其他企业所拥有并能为本企业所用的资源整合起来，实现企业的价值目标。这就决定了企业必须根据环境的变化不断地对供应链以及各成员企业的关系进行调整。

一、供应链优化方法

供应链优化是一项系统的工作，涉及供应链优化的目标、策略、模式、方法等内容。鉴于篇幅有限，以及从实用性角度出发，本教材主要介绍一种常用的供应链优化方法：基于标杆管理的供应链优化方法。

（一）标杆管理的概念

标杆管理（Benchmarking Management）是指组织为了降低运营成本、缩短流通时间、增加产品稳定性、降低库存或提升客户满意度；确认与鉴别那些出类拔萃的、可以为组织所直接采用或经过必要改造为组织所采用的产品、服务、流程以及经营管理实践的系统化的思维方法。标杆管理实质上是为促进组织绩效的改进和提高而分析并研究优秀的产品、服务、流程以及经营管理实践的过程。它将那些出类拔萃的企业作为发展目标和测定基准，以它们为学习对象。标杆管理除要求测量相对于优秀企业的绩效差额外，还要求发现这些优秀企业是如何取得这些成就的，利用这些信息作为制定企业绩效目标、战略和制订行动计划的基准。值得指出的是，这里的优秀企业也并非局限于同行业中的佼佼者，也可以是在各种业务流程活动中已取得出色成绩的企业。

（二）基于标杆管理的供应链优化方法的运用

基于标杆管理的供应链优化方法是一种向标杆企业学习，对本企业的供应链流程、功能进行与时俱进的改善的方法。一般情况下，基于标杆管理的供应链优化方法可以按照以下步骤进行运用。

1. 确定标杆管理的主题

标杆管理的主题可以是企业最关心的问题或者其关键竞争力的决定因素，如企业的供应链体系和流程管理模式、成本、提前期、响应能力等。一般来说，标杆管理的主题是在对自身状况进行深入、细致研究的基础上确定的，所确定的主题一定是为供应链优化所服务的，进行标杆管理能够增强竞争力和提高工作效率。

2. 确定标杆管理的对象和内容

标杆管理的对象应当是供应链流程中影响绩效的关键环节，而标杆管理的内容应当是决定标杆管理的对象的主要绩效的关键要素。企业通常还要确定选择哪一家优秀企业作为标杆，确定其绩效水平，明确需要什么样的数据和信息来源等。

3. 组成工作小组

工作小组成员由供应链管理部门各相关层次的管理人员和操作者组成，也可能包括其他相关业务部门的人员，如财务部门人员、营销部门人员等。

4. 资料收集和调查

收集相关主体已有的研究报告等相关资料，在研究这些已有资料的基础上，拟定实地调查提纲和调查问卷。

5. 分析比较，找出差距，确定最佳做法

在对调查资料进行分类、整理并进行必要的补充调查的基础上，进行调查对象之间的比较研究，确定调查对象之间存在的差距，明确差距形成的原因和过程，并确定最佳做法。

6. 制定实施方案

在明确最佳做法的基础上，找出弥补企业现实状况和最佳实践之间差距的具体途径，制定具体的实施方案，并进行经济效益分析。实施方案要明确实施重点和难点，预测可能出现的困难和偏差，确定对实施情况的检查和考核标准。

7. 修正与完善方案

利用多种途径，将拟定的方案、所要达到的目标同全体成员反复交流与沟通，征询意见，争取全体成员的理解和支持，并根据全体成员的建议，修正和完善方案，以统一全体成员的思想，促使全体成员在方案实施过程中目标一致、行动一致。

8. 实施与监督

将方案付诸实施，监督偏差的出现，并采取有效的校正措施，以努力达成目标，努力赶超标杆企业。

9. 总结经验

在完成了标杆管理活动之后，必须对实施效果进行合理的评判，及时总结经验，对新情况、新发现进行进一步的分析。

10. 再标杆

针对变化的环境或新的管理需求，持续进行标杆管理活动，确保对最佳实践的跟踪。企业运用基于标杆管理的供应链优化方法的过程，也是一个不断进行创新的过程。每个企业所处的环境、拥有的内部资源都是不相同的，不可能完全靠机械地模仿竞争对手或者行业领先者取得成功。企业运用基于标杆管理的供应链优化方法的过程也是对自身优势和劣势进行重新认识的过程，在此基础上调整、改进并形成有特色的企业经营理念和供应链管理方法。企业在运用基于标杆管理的供应链优化方法的过程中，要调动职工的积极性和创造性，改善与供应链合作伙伴的协作关系，进而完善供应链的运作。

二、供应链业务流程重构

（一）业务流程重构的概念

业务流程重构（Business Process Reengineering）的定义：对企业现有的业务流程进行根本性的再思考和彻底性的再设计，以期获得在成本、质量、服务和时间等方面显著性的改善。这个定义的核心词汇是“流程”“根本性”“彻底性”和“显著性”。

（1）流程。重构是围绕着流程展开的。哈佛大学教授迈克尔·波特将流程看作一条价值链。流程重构就是对价值链的关键环节进行管理，以优化价值链，发挥其最大的增值效用。

（2）根本性。传统的流程中，由于企业不专注于根本性问题，很多运营环节不会有真正的利润。所以，企业在进行业务流程重构时，应该弄清每一项工作的目标，并分析它是否与企业的核心目标一致。这时需要思考以下问题：“我们为什么要做现在的工作”“我们为什么要用现在的方式做这份工作”“为什么必须由我们而不是别人来做这份工作”等。

（3）彻底性。对传统业务流程的改造一切从头开始，对企业的组织结构、业务流程和规划标准进行彻底的改变，并进行全新的设计。虽然保留了部分原有的东西，但是其核心已经发生了改变，这种改变是彻底性的。

（4）显著性。业务流程重构追求的不是业绩的小幅提升、经营的稍许改善、状况的略微好转，而是使整个企业的经营呈现显著性的变化，实现飞跃。

（二）供应链业务流程重构的概念

供应链业务流程重构是指在供应链的基础上，对企业内部业务流程进行改造，继而对企业间相互关联的流程进行整合，旨在提高供应链整体效率，缩短供应链响应时间，增强供应链竞争力。供应链业务流程重构包括了企业范围业务流程重构的全部内容，并在供应链思想下得到了发展和深化。

供应链业务流程重构是在动态的市场竞争环境下，针对供应链进行业务流程重组的管理变革方式。它是由供应链上的某一主导企业发起的，以满足客户需求为中心，适应供应链竞争的新态势，提高供应链的协同竞争力，以供应链上企业互惠为利基，以信息技术为使能器，对供应链上成员企业的组织结构、协作关系以及企业内部和企业之间的信息流、资金流、物流进行根本性的再思考和再设计，以实现供应链关键评价指标（如成本、质量、服务和速度）的巨大改善。

（三）供应链业务流程重构的目标

供应链业务流程重构的目标是改善供应链关键评价指标，并提高供应链的协同竞争力。在一个企业内，通常提倡核心竞争力的培养。核心竞争力具有不能够被迅速复制、不能够转让等特点。

在供应链上，不仅强调企业内部要培养核心竞争力，更要关注整条供应链上协同竞争力的构建。对供应链业务流程进行重构就是要加强这种协同竞争力的建设。协同竞争力是一种基于流程的竞争力，即必须依靠单位与单位之间的协同才能产生的竞争优势。这种协同既包括物流、资金流和信息流的协同，也包括企业文化、各管理团队创新能力等方面的协同。在协同竞争力的培养过程中，强势企业、弱势企业都要担当一定的角色并发挥不同程度的作用。

（四）供应链业务流程重构的对象

供应链业务流程重构的对象是供应链成员企业的组织结构、协作关系和业务流程。根据供应链业务流程重构的对象，可以将供应链业务流程重构分为以下两个层次。

（1）组织重构层次。通过对供应链成员企业的组织结构、协作关系进行根本性的再思考和再设计，供应链形态发生革命性的转变，实现供应链中各企业的经营方式和管理方式的根本转变。

（2）流程重构层次。通过对供应链成员企业原有的业务流程（包括企业间的业务流程和企业内部的业务流程）进行重新塑造，供应链在盈利水平、生产效率、产品开发能力、速度以及客户满意度等关键指标上有了巨大进步，最终提高供应链整体竞争力。

组织重构层次和流程重构层次之间的关系是宏观和微观、整体和局部、指导和被指导的关系。组织重构层次用来把握整体方向，控制全局；流程重构层次在组织重构层次的基础上，对业务流程进行根本性的分析和设计，使组织重构层次的成果在业务流程中具体体现。

在供应链业务流程重构的实际运作过程中，可以根据供应链实际运作情况，选择不同层次的重构方式。既可以选择组织重构层次和流程重构层次一体化的重构方式，也可以单独选择组织重构层次或者流程重构层次的重构方式。

（五）供应链业务流程重构的实施步骤

供应链业务流程重构的一个重要环节就是供应链上下游企业之间的业务流程重构，它的实施步骤如下。

1. 相互参与内部业务流程重构项目

供应链上游和供应链下游的企业，在对方企业进行业务流程重构时，要分派人员加入项目小组，参与其业务流程重构。这样做具有以下好处。

（1）供应商和客户的建议会有很大的作用。

（2）供应链其他节点企业的参与，有利于供应链业务流程的重构。

（3）了解对方企业，有助于相互学习、配合和深入合作。

2. 建立联合项目小组

联合项目小组的主要任务是完成信息系统接口的对接和整个供应链业务流程的整合。联合项目小组应该是长期的，它的成员来自供应链的各个节点企业，成员彼此进行良好的沟通，是供应链上下游企业间业务流程重构能够成功的前提条件。联合项目小组就供应链上下游企业间的业务流程重构制定项目目标并编制计划书，整个项目朝着共同的目标，按照计划书开展。

3. 信息系统整合

信息系统整合就是对供应链上游和下游的企业的信息系统接口进行对接，制定传输协议的规则，使供应链上下游企业之间可以即时通信和交换数据，最终达到信息共享的目的。一方面要进行纵向的信息传递，把各个企业的经济行为协调起来；另一方面要进行横向的信息传递，把各企业内部各部门的行为协调起来，通过信息技术处理人、财、物以及产、供、销的复杂关系。

4. 流程整合

流程的衔接和配合是指对供应链上下游企业之间交叉的业务流程进行重新构造，使其相互能够衔接、配合起来，使业务流在供应链上可以快速、畅通地流动，这才是供应链上下游企业间业务流程重构的关键。在流程整合的过程中，要注意有些节点企业的内部目标可能与供应链的整体目标相悖，必须以供应链的整体目标为核心，以客户服务为导向，对所有的业务流程进行必要的协调。

5. 建立长期合作关系

供应链上下游企业间需要就业务流程问题建立一套合作机制，签订相应的合作协议，以便供应链上下游企业间就业务流程问题进行深入合作和及时交流，企业高层也要经常进行沟通和交流。

6. 评估和评价

和企业内部的业务流程重构一样，在项目的最后要对其绩效进行评估，并提出改进方案加以改进。项目评估包括经济评估和技术评估，它们的内容有所差异。经济评估主要对供应链整体的经济效益进行评价，其指标包括客户满意度、供应链业务流程敏捷性、供应链业务流程协调性、供应链成本下降率；技术评估主要对信息系统的兼容性进行评价。

【关键术语】

供应链设计	Supply Chain Design
核心企业	Core Enterprise
代工生产	Original Equipment Manufacturer
业务流程重构	Business Process Reengineering
标杆管理	Benchmarking Management

【练习与思考】

1. 供应链设计的原则和要点是什么？如何理解这些原则和要点？
2. 描述供应链网络结构的类型。
3. 简述供应链设计的步骤。
4. 标杆管理的基本思想是什么？怎样运用基于标杆管理的供应链优化方法？
5. 供应链业务流程重构主要为了解决哪些问题？

【课后案例】

海尔：现代物流创造的奇迹

海尔集团（以下简称海尔）注重供应链管理，以优化供应链为中心，在全集团范围内对原业务流程进行了重新设计和再造，与国际化大公司全面接轨，强化了企业的市场应变能力，大大提升了海尔的市场快速反应能力和竞争能力，保证了企业的可持续发展。海尔的供应商中有许多中小型企业，长期与海尔保持着稳定的供货关系。

一、重塑了企业的业务流程，真正实现了市场化程度高的订单经济

海尔现代物流的起点是订单。企业把订单作为企业运行的驱动力，作为业务流程的源头，完全按订单组织采购、生产、销售等全部经营活动。从接到订单时起，就开始了采购、配送和分拨物流的同步流程，现代物流过程开始了。海尔物流通过JIT采购、JIT配送、JIT分拨物流来实现同步流程。这样的运行速度为海尔赢得了源源不断的订单。

二、改变了传统的库存模式，实现了资本效率最大化的零库存

海尔改变了传统仓库的“蓄水池”功能，使之成为一条流动的“河”。海尔认为，提高物流效率就是为了实现零库存，现在海尔的仓库已经不是传统意义上的仓库，它是企业的配送中心，成了暂时存放物资的地方。海尔的业务流程再造使原来表现为固态的、静止的、僵硬的业务流程变成了动态的、活跃的和柔性的业务流程。

建立现代物流系统之前，海尔占用的仓库面积较大，费用开支很大。海尔建立了大规模、高自动化水平的现代化、智能化立体仓库。其中一个坐落于海尔开发区工业园中的仓库，面积为1.92万平方米，设置了1.8万个货位，满足了企业原材料和制成品配送的需求，其仓储功能相当于一个30万平方米的仓库。这个立体仓库与海尔的商流、信息流、资金流、工作流联网，进行同步数据传输，采用先进的激光导引无人运输车、机器人、巷道堆垛机、通信传感设备等，整个仓库空无一人。巷道堆垛机把原材料和制成品举上7层楼高的货位，自动穿梭车则把货位上的货物搬下来，放在激光导引无人运输车上，激光导引无人运输车按照指令井然有序地再把货物送到机器人面前，机器人叉起托盘，把货物装载到外运的载重运输车上，载重运输车开向出库大门，仓库中“物”的流动过程结束。整个仓库实现了对物料的统一编码，使用了条码技术、自动扫描技术和标准化包装，没有一个环节会使流动的过程梗塞。

未进行业务流程再造前的1999年，海尔实现销售收入268亿元，库存资金为15亿元。2000年，海尔实现销售收入406亿元，超上年138亿元，库存资金降为7亿元。所谓库存物品，实际上成为在物流中流动着的、被不断配送到下一个环节的“物”。

三、打破了企业自循环的封闭体系，建立了市场快速响应体系

面对日趋激烈的市场竞争，现代企业要占领市场份额，就必须以最快的速度满足终端消费者多样化的个性需求。因此，海尔建立了一整套对市场的快速响应体系。一是建立网上订单管理平台，全部采购订单均由网上发出，供应商在网上查询库存，根据订单和库存情况及时补货。二是建立网上支付系统，支付准确率和及时率达100%。三是建立网上招标竞价平台，供应商与海尔一起共同面对终端消费者，以最快的速度、最好的质量、最低的价格供应原材料，提高产品的竞争力。四是建立信息交流平台，供应商、销售商共享网上信息，保证商流、物流、资金流的顺畅。集成化的信息平台，形成了企业内部的信息“高速公路”，架起了海尔与全球用户、供应链资源的桥梁，将全球用户信息同步转化为企业内部信息，以信息替代库存，强化了整个体系执行订单的能力。海尔物流成功缩短了海尔与终端消费者的距离，提高了海尔的市场竞争力，扩大了海尔产品的市场份额。

四、扭转了企业以个体参与市场竞争的局面，实现全球供应链参与国际竞争

海尔经历了战略方面的三个阶段。第一阶段是品牌战略，第二阶段是多元化战略，第三阶段是国际化战略。在第三阶段，其战略创新的核心是从海尔的国际化到国际化的海尔，是建立全球供应链网络，是提供支撑的海尔现代物流体系。

海尔在进行业务流程再造时，围绕建立强有力的全球供应链网络，采取了一系列重大举措。一是优化供应商网络。二是扩大国际供应商的比重。三是就近发展供应商。四是大型国际供应商携带其高新技术参与海尔产品的前端设计。目前参与海尔产品设计和开发的供应商比例较高。供应商与海尔共同面对终端消费者，通过创造顾客价值使订单增值，形成了双赢的战略伙伴关系。

在抓上游供应商的同时，海尔还完善了面向终端消费者的配送体系，在全国建立了42个配送中心，每天按照订单向专卖店、网点等配送产品，形成了快速的产品分拨配送体系、备件配送体系和返回物流体系。与此同时，海尔与国家邮政局、中远集团等合作，在国内调配车辆可达 16000 辆。

海尔认为，21 世纪的竞争将不是单个企业之间的竞争，而是供应链与供应链之间的竞争。谁所在的供应链总成本低、对市场响应速度快，谁就能赢得市场。抓住用户需求的同时，抓住可以满足用户需求的全球供应链，这就是海尔物流的核心竞争力。

〖问题讨论与思考〗

结合案例，谈谈海尔是如何进行业务流程再造的？

第八章课件

第八章　供应链全球化运作与风险管理

【本章导读】

随着经济全球化的不断深入和信息技术的不断发展，市场竞争逐渐加剧，促使跨国企业在全球范围内配置资源，也促使中国市场发展成全球采购市场。此外，在经济全球化迅猛发展的今天，对世界市场经济份额的争夺，成了国际竞争的重心。随着供应链管理战略在全球日益普及，企业之间的竞争不再是孤立的，而是不同企业因为利益驱使而结成的供应链之间的竞争。全球供应链的产生和发展对中国及其他发展中国家的经济发展具有更重要的影响。一方面，全球供应链给企业在全球范围内整合资源提供了机会。另一方面，供应链全球化运作带来了巨大的风险，如何加强国际供应链风险管控是供应链管理中的重大课题。在中国共产党第二十次全国代表大会上的报告中，习近平总书记提出："健全国家安全体系"。通过本章的学习，读者可以加深对这句话的理解，自觉在供应链管理实践中坚定维护"重要产业链供应链安全"。

【学习目标】

在企业离不开供应链、供应链日趋国际化的今天，掌握供应链全球化运作以及国际供应链风险管理，对于确保供应链的有效运作、确保供应链各参与企业的可持续发展、确保供应链各参与企业所在国家的经济安全来说，是十分重要的。通过本章的学习，了解供应链全球化运作的背景、供应链国际化物流体系、中国在供应链全球化运作中的地位；掌握风险、国际供应链风险管理的知识。

第一节　供应链全球化运作的背景

全球供应链是在科技不断进步、经济全球化和信息化的过程中出现的。全球供应链的出现和发展不是偶然的，其背后有着深刻的背景。

一、全球市场竞争的新格局

微课：全球供应链产生和发展的重要原因

21世纪以来，经济全球化使得世界各国相生相依，供应链成为各国竞争的重要领域，同时大数据、物联网、云计算等前沿技术的发展使得供应链的竞争更加激烈。随着经济的发展，影响企业在市场上获取竞争优势的主要竞争因素也发生着变化。认清主要竞争因素的影响力，充分获取、利用最大竞争优势就企业管理者而言具有非常重要的意义。全球市场竞争的新格局有以下几个主要特点。

（一）产品的生命周期越来越短

随着消费者需求的多样化发展，企业的产品开发能力也在不断提高。目前，国内外新产品的研制周期大大缩短。例如，华为的手机研发周期在2019年已经缩短为7~8个月，而小米作为与消费者交互研发的代表，其手机研发周期已经控制在12~18个月，而且这一趋势还在不断加强。与此相应的是产品的生命周期越来越短，革新换代速度加快。由于产品在市场上的存留时间大大缩短了，企业花费在产品开发和上市活动的时间也越来越少了，从而给企业造成了巨大的压力。

（二）产品品种数量飞速膨胀

由于消费者需求呈现多样化，为了更好地满足消费者需求，企业便不断推出新产品，从而引起企业之间在新产品开发方面的竞争，导致产品品种数量飞速膨胀。为了吸引消费者，许多厂商不得不绞尽脑汁，不断增加产品品种数量，导致库存占用了大量的资金，严重影响了企业的资金周转速度，进而影响了企业的竞争力。

（三）对交货周期的要求越来越高

随着市场竞争的加剧，经济活动的节奏越来越快。其结果是企业感觉到消费者对交货周期的要求越来越高。这一变化直接反映了主要竞争因素的变化。20世纪60年代，企业之间的主要竞争因素是成本；20世纪70年代，企业之间的主要竞争因素是质量；20世纪80年代及以后，企业之间的主要竞争因素是时间。时间作为一个重要的竞争因素，在价值链的各个阶段都非常重要。这里所说的时间主要是指交货周期和响应周期。消费者不但要求厂商按期交货，而且要求的交货周期越来越短。企业要有很强的产品开发能力，不仅要在产品品种数量方面满足消费者，还要尽可能提高对消费者需求的响应速度，加快产品上市速度。对于厂商来说，市场机会几乎是稍纵即逝，留给厂商思考和决策的时间极其有限。如果一个企业对消费者需求的响应周期稍长，那么很快就会被竞争对手抢占先机。因此，如何缩短产品开发、生产周期，并在尽可能短的时间内满足消费者需求，这已经成为当今所有企业管理者最为关注的问题之一。到了21世纪，企业之间的主要竞争因素是人才与技术。通过现代化手段，搭建各类服务平台，引导供应链聚集和有效匹配，帮助各类市场主体快速获得交易机会，形成良性竞争。

（四）对产品和服务的期望越来越高

从20世纪80年代以来，消费者对产品和服务的期望越来越高，已经不满足于从市场上购买标准化产品，他们希望得到定制化产品和服务，这些导致产品的生产方式发生革命性变化。传统的标准化生产方式是"一对多"的关系，即企业开发出一种新产品，随后组织规模化、大批量生产，用一种标准化产品满足消费者需求。然而，这种生产方式已经不能再使企业继续获得效益。现代企业必须具有根据消费者需求定制产品和服务的能力，即"一对一"的关系。企业为了能在严峻的竞争环境中继续保持发展，纷纷转变生产方式、采取措施，从规模化、大批量转向定制化生产。

企业要想在这种严峻的竞争环境中生存下去，必须具有较强的应对不断变化的市场环境的能力。因此，能够做出快速反应、各节点企业紧密合作的供应链便发展起来了。

二、经济全球化

对于经济全球化，可以从不同的角度进行不同的描述。我国学者范爱军认为经济全球化一般是指经济的全过程在全球范围内展开和运行，包括生产过程、流通过程和消费过程。国际货币基金组织认为经济全球化是指跨国商品与服务贸易及资本流动规模和形式的增加，以及技术的广泛迅速传播使世界各国经济的相互依赖性增强。龙永图认为经济全球化是一种新的国际关系体制，包括生产、金融和科技三个方面的经济全球化，三者之间，生产的发展决定金融和科技的发展，同时金融和科技的发展又对生产的发展产生巨大的反作用，因此经济全球化的主要特点是生产的全球化。在《世界经济学大辞典》一书中给出如下定义：经济全球化是指以生产力为基础的所有经济关系，在全球范围扩展和相互联系的发展过程或状态，经济全球化是国际化特别是国际分工发展的最高阶段，是社会生产力发展的必然结果。经济全球化体现着包括生产要素、生产过程、产品的交换和消费、科学技术和信息服务等在全球范围内的分工和合作，以及各种经济关系在全球范围内的交织和融合。

无论上述定义有何差别，都有着共同点，即不同程度上涉及经济全球化是生产要素和产品的全球流动，以及由此带来的经济活动过程在全球范围的展开。国内外学者普遍认为：经济全球化是指商品、服务、信息、生产要素等的跨国界流动的规模与形式不断增加，通过国际分工，在全球范围内提高资源配置的效率，从而使各国间经济相互依赖程度日益加深的趋势。当代经济全球化具体表现为生产要素的全球化、产品市场的全球化、产业结构的全球化、经营理念的全球化和经贸规则的全球化。生产力的发展是推动经济全球化的关键性因素。在全球范围内，贸易自由化进程推动产品市场的全球化和生产要素的全球化，从而推动经济全球化。全球供应链涉及产品、零部件、原材料等的跨国流动和贸易。

经济全球化的发展，尤其是全球市场的发展以及全球竞争的加剧，迫使企业必须将战略着眼于全球，而非局限于国内或部分国家，促进了全球供应链的形成与发展。经济全球化趋势，同样为全球供应链中节点企业与核心企业形成紧密合作的战略合作伙伴关系提供了有利条件，二者相互促进。

三、发达国家与发展中国家对加工贸易的鼓励政策

全球供应链的出现和发展涉及产业结构的问题。各个国家的产业结构在国际市场的竞争催化和利益诱导下，正在变为世界产业结构中一个密不可分的组成部分。许多国家在制定产业政策时，不仅考虑本国国情，而且也充分考虑世界各国产业结构的调整情况，以便能够及时抓住机遇，更好地参与到世界分工的行列中来，以获取利益。近来蓬勃发展的外包与加工贸易，正是各国产业结构调整的结果，其中各国政府对加工贸易的鼓励政策起了极大的作用。

（一）发达国家对加工贸易的鼓励政策

发达国家工业化进程开始较早，市场经济发达，技术水平处于世界领先地位，而且经过若干年的发展和积累，资本富裕。随着知识经济时代的到来，由于劳动力成本很高，

劳动密集型产业在世界范围内的竞争力逐渐减弱。为了一直保持世界领先地位，抓住核心竞争优势，发达国家较早开始了产业结构的调整，把那些资本和技术密集度相对较低的产业向发展中国家转移。产业结构的调整存在两种选择：一种选择是把特定产业的所有生产过程一揽子转移到发展中国家，从而腾出经济资源用于发展符合优势结构的产业；另一种选择是把某些产业生产过程中劳动最为密集的工序或区段向发展中国家转移，保留资本和技术投入比例相对较高的生产环节。显然，比较两种选择，后者更具有经济合理性，降低了生产过程中各个环节间因国际分工而产生的交易成本，不仅能够提高全球供应链的效益，而且能够降低产业结构调整对国内经济（特别是就业市场）带来的冲击。发达国家对加工贸易的鼓励政策，对于削减多重关税有着明显的效应。

（二）发展中国家对加工贸易的鼓励政策

第二次世界大战结束以后，很多发展中国家都相继制定了经济发展战略。发展中国家一般都是从实施进口替代政策开始发展贸易模式，即通过政策干预建立和发展本国产业，替代制成品进口，以实现国家工业化，平衡国际收支。进口替代政策主要包括以下内容。

（1）实行贸易保护政策。通过关税和非关税手段，如收取高额关税和进口附加税、限制产品进口数量等，限制或禁止国外某些产品的进口。

（2）实行严格的外汇管理政策。将有限的外汇用于发展最急需的一些领域。

（3）实行优惠的投资政策。在税收、信用等方面给予进口替代产业特殊优惠。这类政策虽然能够推动进口替代产业发展，但是进口替代产业可能会面临本国市场不足、发展不均衡、出口竞争力弱等困难，以至于难以平衡国际收支。因此，很多发展中国家转向实施出口替代政策。

由于实施进口替代政策时暴露出来的一些矛盾，迫使很多发展中国家寻求新方法。20世纪60年代中期，一些发展中国家和地区在短暂实施进口替代政策后很快转向实施出口替代政策。出口替代政策对供应链发展起到了积极的促进作用。

发展中国家对加工贸易的鼓励政策在较大程度上促进了全球供应链。发达国家对加工贸易的鼓励政策促进了其在全球范围内的产业结构调整，并且帮助了发展中国家跨越资本和技术门槛，融入全球生产网络，通过全球贸易矩阵的优化促进全球供应链的发展。

第二节　中国在供应链全球化运作中的地位

第一次工业革命发生在英国，第一次拥有“世界工厂”美名的是英国，其表现为英国是世界各国工业品的主要供应国。19世纪末期到20世纪初期，德国和美国成为工业大国。20世纪70年代以后，中国、新加坡、韩国等亦参与到世界生产链中。自20世纪90年代起，中国在全球制造业中的地位开始快速上升。21世纪初期，中国经过改革开放，取得了举世瞩目的辉煌成就，许多产品的产量已位列全球第一，世界制造业正在向中国大量转移，中国制造的产品也是遍布全球。中国作为一个生产大国，获得了“世界工厂”的美誉。中国从成为“世界工厂”的那一刻起，已经成为国际供应链的起点，参与到了世界生产链之中。随着科学技术的进步和发展，国际供应链发展的结构发生了变化。在成本和要素投入方面的优势，使供应链服务呈现了向中国这个低成本的“世界工厂”转移的趋势。

例如，国际海运技术水平的提高，大大缩短了国际供应链的周期。多年以前，从中国到美国的跨洋海运大概需要 22 天，而现在大概 11 天就能从中国到达美国西海岸。另外，信息技术为国际供应链提供了技术支撑，如全球定位系统（GPS）、射频识别技术（RFID）等。加工贸易就是中国在国际化公司主导的全球供应链中所分工从事的一个环节。可以说，中国发展加工贸易的广度与深度就是中国参与全球供应链的广度与深度。

一、中国是全球供应链中的加工贸易大国

作为拥有约十四亿人口、国土面积庞大、资源丰富的大国，伴随着经济的高速发展，尤其是加工贸易的高速发展，中国与全球供应链的联系不断加强，在全球供应链中所占的比重越来越大。任何一个国际化公司，在进行全球战略规划、构建全球供应链时都不可能不考虑中国。

（一）中国加工贸易的发展阶段

自 20 世纪 70 年代末期改革开放以来，中国加工贸易大体上可以分为以下发展阶段。

1. 来料加工阶段

从 20 世纪 70 年代末期到 20 世纪 80 年代中期是来料加工阶段。这个阶段，中国加工贸易发展的特点：从加工贸易方式来看，由于当时中国原材料短缺、制造业落后，产品品种单一、档次不高，中国加工贸易方式以外商提供原材料、加工技术及相关设备的来料加工为主；从区域分布来看，具有明显的区域特征，中国来料加工的开展主要在广东、福建两省，与中国外资的地理分布相似。

2. 进料加工阶段

从 20 世纪 80 年代中期到 20 世纪 90 年代初期是进料加工阶段。在这个阶段，部分国际化公司开始进入中国，直接向中国转移了部分劳动密集型产业。中国进出口商品构成开始向高技术和高附加值的“双高”方向演变，最明显的例子是机电产品加工贸易的迅速发展，其位居加工贸易的主导地位，使中国加工贸易的技术档次发生了巨大变化。

3.“双高”阶段

20 世纪 90 年代以来，中国加工贸易升级的步伐明显加快，产业构成逐步发生质变，进入了“双高”阶段。从以劳动密集型产业为绝对主导，逐步向劳动密集型产业与技术密集型产业、资金密集型产业并重的方向发展。在来料加工方面，也出现了一批技术先进、规模领先的大型项目。加工贸易企业相互之间的配套程度提高，使用国产原材料、零部件的比例不断提高，加工贸易与国内产业的联系加强。外商投资企业取代乡镇企业成为加工贸易的经营主体。随着上海外高桥保税区、天津港保税区等的建立，投资运营环境进一步完善，中国加工贸易得以蓬勃发展。

4. 高新技术产品阶段

中国于 2001 年加入世界贸易组织，对外开放进入历史的新阶段，加工贸易商品结构向以高新技术产品为主的方向迈进。中国实施加工贸易转型升级战略，加工贸易也进入

调整升级阶段，成为中国承接国际产业转移、参与全球分工的主要形式。机电产品和高新技术产品成为加工贸易的主要产品类型。加工贸易增值率（加工贸易增值部分在加工贸易出口中所占的比重）不断提高，一定程度上反映了加工贸易国内产业链条的延伸倾向。进料加工成为加工贸易的主要生产方式。珠江三角洲、长江三角洲地区的产业集聚水平显著提高，使中国在新一轮跨国投资竞争中处于非常有利的位置。信息技术产业的加工贸易采用先进技术乃至全球同步技术的比率明显上升，使研发中心、采购中心、地区总部的设立数量大大增加。

（二）中国与全球供应链的联系不断加强

全球供应链的加工环节，称为加工贸易，它是随着国际化公司全球战略的出现而发展起来的。中国在全球供应链的加工环节中所占的比例越来越大，与全球供应链的联系不断加强。中国是全球供应链的重要一环。没有哪个国际化公司在进行全球战略规划、产业转移、全球供应链节点企业布局时不考虑中国。

二、中国参与全球供应链的间接性与被动性

中国加工贸易的发展很快，其规模也很大，中国在全球供应链中占有很重要的地位，中国在国际分工中已难以被其他国家取代。据麦肯锡全球研究院报告，中国贡献了全球制造业总产出的35%，全球所有行业几乎都在一定程度上依赖中国。中国参与全球供应链的间接性与被动性说明，全球供应链对中国企业的发展没有起充分的促进作用。

（一）民营企业成为主力

根据海关总署发布的外贸数据显示，从贸易主体性质看，2019年民营企业成为中国第一大外贸主体，其货物进出口总值占比达到42.7%，外商企业货物进出口总值占比降低至39.9%。从外资企业占据主导地位转变为民营企业与国有企业占据主导地位，这是中国在全球供应链中掌握主动权的重要表现。

（二）中国加工贸易的合作伙伴呈分散化

随着改革开放力度的加大以及“一带一路”政策的施行，中国加工贸易的合作伙伴由集中化转变为分散化。根据统计，2019年中国前几大进口来源地有韩国、日本、美国和澳大利亚等，这几大进口来源地合计进口约占中国总进口份额的36%。这表明中国不再在外贸交易中过分依赖这些进口来源地，而是逐渐把外贸交易主动权掌握在自己手中。

（三）中国在全球供应链中的作用

中国具有世界上规模最大、门类最全、配套最完备的制造业体系，这种完整产业链的优势无可替代。在改革开放的浪潮中，中国外贸发展韧性足、余地大，创新能力强，长期向好的趋势不会改变。中国在全球供应链中的地位也不会改变，中国逐渐从全球供应商向全球最重要的客户过渡转型。在过去的发展中，中国已经定义了全球贸易，并且在短期内不会发生改变。随着外贸相关政策陆续推出落地，将为外贸领域产业链释放更大利好，也使中国在全球供应链中发挥的作用进一步凸显。

2020年新冠肺炎疫情暴发后，全球航运物流的运量大幅下降，涨价、爆仓、缺箱等

问题不断涌现，许多企业面临物流配送缓慢、成本上升、供应链不畅等问题。中欧班列凭借其价廉、高效、便捷等优点，在新冠肺炎疫情期间实现了逆势增长，并在全球范围内形成了一股稳固的力量。

近年来，中欧班列运营品质持续提升。2021 年 7 月，全月开行 1352 列，运送货物 13.1 万标准箱，同比分别增长 8%、15%。中欧班列自 2020 年 5 月起，已连续 15 个月单月开行千列以上。中欧班列自 2021 年 5 月以来，连续 3 个月单月开行超 1300 列，有力保障了国际产业链供应链的稳定畅通。

三、中国在全球供应链中的地位

决定一个企业在全球供应链中的地位的主要因素是企业的核心竞争力，核心竞争力主要体现在技术优势和销售优势。这既是供应链之间竞争的制胜法宝，也是核心企业吸引其他节点企业的前提条件。此外，从供应链利益分配所考虑的价值增值来说，技术和销售这两个环节的价值增值程度最高，如同“微笑曲线”所描述的那样。因此在全球供应链中，若拥有技术优势和销售优势，则企业地位最高，在供应链利益分配中所得到的利益也最多。

（一）地位日益提高

中国制造业经过多年的发展，已经集全球最大、最全、最长等特征于一身，同时产业结构也在增值。规模之外，中国制造业还承接高附加值的精密加工。2019 年，中国制造业增加值占全球比重达 28.1%，连续 10 年保持世界第一制造大国地位，中国在全球供应链中的地位日益提高。中国是全球最重要的制造中心，围绕产业链所形成的供应链、服务链、价值链体系是全球最完整的。这种独特的产业生态系统，可以为国际化公司提供完整的解决方案。正是在全球供应链的支持下，2020 年新冠肺炎疫情暴发后，面对复杂多变的外部环境，中国才能成为全球唯一实现经济正增长的主要经济体。

自 2013 年以来，中国与“一带一路”沿线国家及有关机构开展了多种形式的经贸合作，提升了全球基础设施的互联互通水平以及贸易投资的便利化水平。“一带一路”倡议的实施有着极其重要而深远的意义，它促进了中国供应链的全球化发展，同时助推了中国企业的国际化，不断推动中国经济的高质量发展。

（二）缺乏品牌优势

一直以来，中国大部分商品是以低价策略进入国际市场的，忽略了品牌建设。国际市场上中国商品很多，但使用中国品牌的商品却很少。在全球供应链中，销售本来就由国际化公司控制，中国企业从事加工贸易而很少涉及品牌建设，商品在利用链条中国际化公司的品牌进行销售。在中国的外资企业出口中，很大一部分商品是为国际知名厂商贴牌生产的。缺乏品牌优势，就缺乏核心竞争力。中国发展加工贸易后，虽然在全球供应链中的地位日益提高，但是品牌建设的步伐却没有跟上。近年来，中国提出要加快形成以国内大循环为主体、国内国际双循环相互促进的新发展格局，为品牌建设提供助力。

（三）“卡脖子”技术有待攻克

经过多年的发展，中国在科技、经济、社会等方面取得了惊人的成绩，在许多领域的成就首屈一指，但在高精尖技术领域仍有待提高。“卡脖子”技术仍需进一步攻克，如光刻技术、芯片技术等。面对复杂多变的外部环境，中国企业要想在全球供应链中占据主导地位、提高话语权，就需要不断创新，攻克“卡脖子”技术。

根据全球供应链的现状分析，若想利用全球供应链趋利避害、促进经济发展，就要提高中国企业的供应链管理水平。中国企业在参与全球供应链的过程中，要努力向高端发展，更多地从事技术含量和附加值高的加工活动，并在此基础上“走出去”，将中国供应链向外延伸，主动利用全球供应链，获得全球资源优势，提高中国企业的核心竞争力，促进经济健康、可持续发展。

第三节　供应链国际化物流体系

国际化背景下，中国扮演着引领世界经济增长的重要角色。中国将技术、经验、制度等分享给“一带一路”沿线国家。中国继加入世界贸易组织后，积极参与国际活动。然而，2020年新冠肺炎疫情暴发，打破了和谐、稳定的国际秩序，世界各国开始防控新冠肺炎疫情，影响了世界经济发展的格局。在此基础上，习近平总书记在多个场合反复强调，要构建以国内大循环为主体、国内国际双循环相互促进的新发展格局。供应链国际化物流体系已被赋予了新的时代契机和历史使命。

一、供应链国际化物流体系的特点

物流体系是在一定的时间和空间里为进行物流活动，由物流人员、物流设施、待运物资和物流信息等要素构成的具有特定功能的有机整体。供应链国际化物流体系在此基础上进一步扩大了物流活动的范围，使物资在国家内、国家间实现更加广泛的传递和流通。供应链国际化物流体系有以下特点。

（一）物流活动时空跨度大

供应链国际化物流体系不同于在国家内循环的物流体系，为了使物资在更广阔的范围流通，其强调建立联系各个国家、各个地区的物流网络。与此同时，空间跨度拉长了物流运输的里程，增加了物流运输的难度，进而延长了物流运输的时间，影响了物流活动的效率。

（二）国际环境复杂

国际环境包括国家政权、法律、制度等方面构成的政治、经济环境，以及地理、气候、生态等构成的自然环境，以上环境决定了物流体系的复杂性。由于受以上环境的影响，应采取合适的运输方式，如航空运输、铁路运输、公路运输、水路运输。

（三）运输方式多种多样

供应链国际化物流体系的广泛性决定了物流需采取多种多样的运输方式，除了采取单一的运输方式外，还可以采取多式联运。目前，在国际多式联运中较常采取的是铁水联运。

（四）物流标准化和信息化

物流标准化和信息化是保障物流运作安全便利、高效畅通的重要手段，对提高物流服务水平、降低物流成本、促进物流业健康发展、增强企业国际竞争力起到了重要作用。同时，各个国家结合自身特点，建立了不同的物流标准化、信息化模式。将我国物流标准化、信息化模式与供应链国际化物流体系接轨，目前仍有待完善。

二、供应链国际化物流体系的基本构成

根据供应链国际化物流体系的特点，为了重点凸显国际环境的重要性，本书将供应链国际化物流体系划分为供应链国际化物流基础网络系统、供应链国际化物流操作系统、供应链国际化物流信息系统、供应链国际化物流环境系统，供应链国际化物流体系的基本构成如图 8–1 所示。

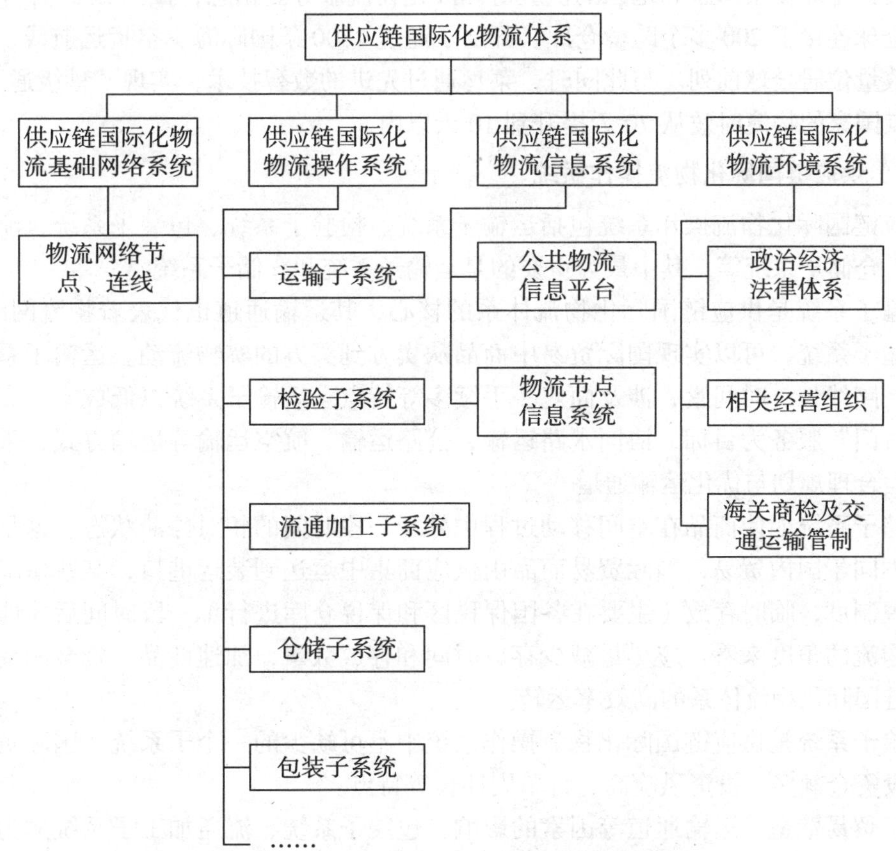

图 8–1　供应链国际化物流体系的基本构成

（一）供应链国际化物流基础网络系统

供应链国际化物流基础网络系统是由众多物流网络节点和连线构成的物流抽象网络系统，并且伴有物流网络节点间的信息流动。“节点”是指国内外承担进出口功能的各种

仓储设施，国际贸易商品由其发出或在其停留、转运，如港口、机场、物流中心、仓库等；“连线”是指将“节点”连接起来的运输通道。换言之，“连线”是货物运输轨迹的物化。“节点”间可以存在一条或多条“连线”，每条“连线”代表不同的运输通道。基于此，在供应链国际化物流体系中，供应链国际化物流基础网络系统的节点是各国原有及增设的基础设施的集合，因此供应链国际化物流体系可以被视为由各国基于物流基础网络系统进行供应链国际化外延而形成的全球性体系。供应链国际化物流基础网络系统体现了各国的分工与合作，是国际贸易、经济全球化的直接成果。设法使各国物流体系无缝对接，构造一个完整、便捷、高效的国际物流体系则是供应链国际化物流体系的目标。

在建设供应链国际化物流基础网络系统的过程中，我国企业加快国际布局与延伸。例如，菜鸟与全球各国多家公司达成战略合作伙伴关系，连接了全球各国的物流环节，实现了覆盖全球多个国家和地区的供应链国际化物流服务。据悉，截至2020年年底，菜鸟已在全球连接了200多个跨境仓库，开通了超过1800条国际海、空货运航线，日均跨境包裹数量位居全球前列。与此同时，菜鸟通过先进的数智技术，实现“秒级通关”，成功将重点国家的物流时效从70天提升到10天以内。

（二）供应链国际化物流操作系统

供应链国际化物流操作系统包括运输子系统、检验子系统、包装子系统、流通加工子系统、仓储子系统等，其中最为重要的是运输子系统和仓储子系统。

运输子系统是供应链国际化物流体系的核心，其运输通道也代表着物流网络连线。通过运输子系统，可以实现国际贸易中商品从卖方到买方的实物流动。运输子系统具有风险大、路线长、时间紧、涉及面广、手续多等特点。运输子系统以低成本、高效率实现“门对门”服务为目标，协同水路运输、公路运输、航空运输等运输方式，采取国际多式联运合理规划与优化运输通道。

仓储子系统能使商品在空间移动过程中处于一段时间的相对停滞状态。这是由于国际贸易不同于国内贸易，国际贸易商品由供应商集中运送到装运港口，某些情况下涉及各国保税制度，临时存放（主要在各国保税区和保税仓库进行）一段时间后才能装运出口。从物流的角度来看，应尽量减少存放时间和存放数量，加速商品、资金的周转，实现供应链国际化物流体系的高效率运转。

检验子系统是供应链国际化物流操作系统中不可缺少的一个子系统。国际贸易与经营具有投资金额多、投资风险高、订单周期长等特点。

由于贸易壁垒、运输通道等因素的影响，包装子系统、流通加工子系统成为供应链国际化物流操作系统中有着特殊地位的子系统。流通加工子系统具有分拣、刷标志、拴标签、组装等职能和改装、套裁、打孔等外延职能。前者可以使商品更好地满足客户需求，后者是使商品增值的服务。包装子系统也是供应链国际化物流操作系统中的重要组成部分。一方面，由于各国消费习惯和风俗文化的差异，符合当地审美的商品包装在当地更具有吸引力，同时有利于打开国际市场，在一定程度上，商品包装会直接影响国际贸易；另一方面，在进行集装箱运输时，商品包装还必须符合国际运输和中转的要求。

在供应链国际化物流操作系统建设方面，菜鸟旨在为全球供应商提供“一站式”解决方案，包括帮助商家从海外提货、国际干线运输、国内保税仓储、通关服务以及末端配送。此外，菜鸟还启用了我国最大的进口保税调拨网络，全程可视化。

（三）供应链国际化物流信息系统

供应链国际化物流信息系统在供应链国际化物流体系运作中的作用无可取代，该系统主要收集、处理、传递物流信息。将其分为两类：一类是公共物流信息平台，另一类是物流节点信息系统。

公共物流信息平台主要以海关信息为主体。公共物流信息平台可以实时监控在运输过程中国际货物所在的位置，显示国际货物在港口、机场等的状态信息（如停滞），有利于运输方式的选择，为相关部门无纸化电子监管提供了便利。在国际贸易过程中，物流节点信息系统则主要负责整理单证，以及收集、传递数据。物流节点信息系统传递数据的载体有电子邮件、电子数据交换系统等。2020 年新冠肺炎疫情暴发后，菜鸟为确保物流不间断，一方面，通过世界电子贸易平台（eWTP）枢纽，火速启动全球抗疫救援通道；另一方面，通过智能物流骨干网和数字贸易模式创新，支持跨境贸易加快复苏，助力稳住全球产业链供应链。

（四）供应链国际化物流环境系统

由于各国环境的不同，国际贸易商品在不同国家之间的流动会面临各种不确定的情况。为此，将供应链国际化物流环境作为一个系统，考虑政治经济法律体系、相关经营组织、海关商检及交通运输管制这些因素。无论是各国关税、贸易政策的变动，还是各国不同的政治经济法律体系，都会给国际贸易的物流运作带来风险，也可能会造成供应链主体的经济损失。海关商检及交通运输管制会影响到物流运输的时间，也会影响到供应链国际化物流体系的整体运行。相关经营组织是供应链国际化物流环境系统中最关键的部分，包括各国的仓储、货代、外贸公司等主体，各主体间协同及合作的质量影响着供应链国际化物流体系运作的顺畅性。

三、供应链国际化物流体系的现状及展望

（一）供应链国际化物流体系的现状

国际物流活动随着国际贸易和跨国经营的发展经历了以下几个阶段。

第一阶段——20 世纪 50 年代至 20 世纪 80 年代初。在这一阶段，物流设施和物流技术得到了极大的发展，建立了物流配送中心，广泛运用了计算机进行管理，出现了立体无人仓库，一些国家建立了物流标准化体系。

第二阶段——20 世纪 80 年代初至 20 世纪 90 年代初。随着经济技术的发展和国际经济往来的日益扩大，物流国际化趋势开始成为世界性的共同问题。在这一阶段，物流国际化趋势局限在一些发达国家。

第三阶段——20 世纪 90 年代初至 20 世纪 90 年代末。在这一阶段，世界各国广泛开展了国际物流活动，并且大胆探索了国际物流方面的理论，世界各国政府和外贸部门已经形成共识，只有广泛开展国际物流合作，才能促进世界经济繁荣。

21世纪以来，物流融入供应链，实现了与商流、资金流和信息流的协同发展。目前，在“一带一路”背景下，建设供应链国际化物流体系的进程进一步加快。全球产业变革加剧，新一轮产业转移步伐加快，经济全球化推动全球采购、全球生产、全球销售、全球物流的供应链管理模式日趋形成。因此，中国物流企业被迫切要求提升国际化水平、增强国际竞争力。

1. 物流成本

我国国家标准《物流术语》（GB/T 18354—2021）中对物流成本的定义：物流活动中所消耗的物化劳动和活劳动的货币表现。我国国家标准《企业物流成本构成与计算》（GB/T 20523—2006）中指出：企业物流成本包括货物在运输、储存、包装、装卸搬运、流通加工、物流信息、物流管理等过程中所耗费的人力、物力和财力的总和以及与存货有关的流动资金占用成本、存货风险成本和存货保险成本。

根据上述定义，物流成本主要包括两个方面的内容：一方面，物流环节中支付给劳动力的直接成本、耗费在物流设施上的成本以及支付给外部第三方的成本；另一方面，物流环节中因持有存货等而潜在的间接成本。

在传统的供应链中，成品由一个或者多个工厂生产，随后被送到仓库中转，最终被配送到零售商或者终端客户。因此，有效的供应链管理必须考虑供应链中不同功能接口的管理，这样才能提高效率。供应链的物流网络包括供应商、工厂、仓库、配送中心、零售商等，同时也包括在不同的主体之间流动的原材料、半成品和成品。

供应链国际化物流体系中，有更长的物流运输里程、更多的物流环节、更高的物流成本。世界银行发布的物流绩效指数（LPI）可衡量一个国家的跨境物流绩效综合水平。2023年LPI世界排名，中国低于德国、瑞士、新加坡、奥地利、美国等。由此可见，中国在跨境物流绩效综合水平方面还有较大上升空间。

2. 物流设施建设

物流设施是指物流全过程中为物品流动服务的一切设施，它是物流活动不可缺少的物质基础。物流设施是保证物品以最快速度和最少耗费从生产地进入消费地的重要前提条件，提高物流设施管理水平是物流经济管理的重要内容。物流设施主要包括港口、码头、货场、航空港、仓库、物流基地、配送中心等。

根据《中国交通的可持续发展》白皮书，我国综合交通基础设施基本实现网络化。截至2019年年底，全国铁路营业里程达到13.9万公里，其中高速铁路营业里程超过3.5万公里；全国公路里程达到501.3万公里，其中高速公路里程达15万公里；拥有生产性码头泊位2.3万个，其中万吨级及以上泊位数量2520个；内河航道通航里程为12.7万公里；拥有民用航空颁证运输机场238个；全国油气长输管道总里程达到15.6万公里，互联互通程度明显加强；邮路和快递服务网络总长度（单程）为4085.9万公里，实现乡乡设所、村村通邮。

以亚马逊为例，卖家将商品批量发送至亚马逊运营中心之后，由亚马逊负责帮助卖家存储商品；当商品售出后，由亚马逊完成订单分拣、包装和配送，并为这些商品提供买家咨询、退货等客户服务，帮助卖家节省人力、物力和财力。

通过物流基础设施建设，可有效解决国际物流运输里程长、时间多、成本高、效率低等问题。我国海外仓的数量已经超过1900个，总面积已经超过1350万平方米，业务范围辐射全球，其中北美、欧洲、亚洲等地区海外仓的数量占比将近90%。

3. 物流标准化程度

纵观全球，发达国家的物流标准已经形成了较为完善的体系。根据中国物流信息中心2016年在官网上发布的文章《发达国家物流标准化发展现状》，美国与物流相关的标准有1200余条，英国与物流相关的标准约有2500条，德国与物流相关的标准有2400余条。日本是对物流标准化比较重视的，其实施物流标准化的速度较快。日本在物流标准体系研究中注重与美国、欧洲等国家和地区进行合作，注重物流标准的通用性。日本政府工业技术院委托日本物流管理协会用4年时间对物流设备的标准化进行调查研究。目前，已经提出日本工业标准关于物流方面的若干草案，包括物流模数体系、物流用语、物流设施的设备基准、包装用语等。日本与物流相关的标准约有400条。

根据中国物流与采购联合会、全国物流标准化技术委员会编制的《物流标准目录手册》(2022版)，截至2022年6月，我国已颁布的现行物流国家标准、行业标准目录共计1201项。

4. 物流信息化水平

21世纪是一个信息化的时代，信息技术是现代物流服务中不可或缺的重要支撑和保障，供应链国际化物流体系更加离不开信息技术。信息是人与人、物与物、人与物间交流的重要媒介，如果物流信息化水平较低，就可能使整个物流系统失效。物流信息化建设是形成供应链国际化物流体系的前提。

以湖南省物流公共信息平台为例，物流业需要一个公共的信息平台来进行供需撮合，并为接入平台的各家会员单位提供信息交换和信息化建设的服务，湖南省物流公共信息平台正是为此所建。建设湖南省物流公共信息平台的目的：为物流业务的开展提供一个公共的政务和商务平台；与其他区域、国家进行对接，形成集成化、智能化的物流信息管理平台；通过多网（互联网、物联网、无线网及电话网）融合的信息平台和动态、标准的集成化模式，使政府、企业、金融机构、物流枢纽等不同主体（人、物、机器）能够在一个开放、标准、高效的平台上交换信息，实现协同工作。

2018年，经国务院同意，国家发展改革委同交通运输部联合印发了《国家物流枢纽布局和建设规划》，在全国127个城市规划布局建设212个国家物流枢纽，“点”“线”“网”“面”协同推进，引导物流资源集聚形成规模经济效应，打造跨区域的物流通道，构建“通道 + 枢纽 + 网络”的现代物流运行体系，带动制造、商贸等产业集聚，与物流融合创新发展，培育经济发展新动能。《国家物流枢纽布局和建设规划》中强调，加强综合信息服务平台建设。鼓励和支持国家物流枢纽依托现有资源建设综合信息服务平台，打破物流信息壁垒，推动枢纽内企业、供应链上下游企业信息共享，实现车辆、货物位置及状态等信息实时查询；加强交通、公安、海关、市场监管、气象、邮政等部门公共数据开放共享，为方便企业生产经营和完善物流信用环境提供支撑；加强物流服务安全监管和物流活动的跟踪监测，推动相关企业落实实名登记和信息留存等安全管理制度，实现货物来源可追溯、责任可倒查。依托国家交通运输物流公共信息平台等建立国家物流枢纽间综合信息互联互通机制，促进物流订单、储运业务、货物追踪、支付结算等信息集成共享、高效流动，提高物流供需匹配效率，加强干线运输、支线运输、城市配送的一体化衔接。完善数据交换、数据传输等标准，进一步提升不同枢纽信息系统的兼容性和开放性。

（二）供应链国际化物流体系的展望

1. 加速完善供应链国际化物流体系

2020 年新冠肺炎疫情暴发，受疫情影响，许多国家工厂的生产经营活动被迫暂停，突显了供应链国际化物流体系的脆弱性。因此，各国将完善供应链国际化物流体系视为重点。未来，全球供应链将具备多中心、多样化和多层次的特征，同时进一步加快国际物流运输调整及供应链国际化物流体系拓展，为国际贸易提供新机遇与新途径。

2. 供应链国际化物流体系创新加速，呈现现代化发展新趋势

基于互联网 +、大数据、5G（第五代移动通信技术）等，供应链国际化物流体系将呈现现代化（数字化、平台化、智能化）发展新趋势。受疫情影响，供应链国际化物流体系进一步线上化，通过线上、线下相结合的方式，提供多元化的物流服务，同时各国大量运用智能物流设施，如智能监测机器人、无人配送车等。

3. 政府大力重视，出台相关政策

以我国为例，国家结合“十四五”规划并基于“双循环”愿景，提出加强战略谋划、加快物流基础设施建设、鼓励供应链国际化物流体系创新，坚持“走出去”与“引进来”相结合，拓展盟友版图。

第四节 风 险

一、风险的含义和特征

（一）风险的含义

对于风险的含义，在经济学家、统计学家、决策理论家和风险学者中尚无一个一致、公认的定论。在各种观点中，有两种较为特殊并被广泛采用。一种观点认为风险的基本含义是损失的不确定性，其中主要包括损失发生与否的不确定性和损失程度的不确定性，可以用概率来描述。另一种观点认为风险是预期与结果的偏差（偏离），风险的大小则是由损失的期望值和均方差（标准差）决定的。在财务管理和投资管理中，经常用来衡量风险大小的指标有收益率的方差、标准差和标准离差率等。

（二）风险的特征

风险的特征列举如下。

1. 客观性

风险是客观存在着的某种自然现象、生理现象和社会现象，是独立于人的意识之外的客观事实，而不是人的头脑中主观想象或估计的抽象概念。所谓自然现象是指台风、地震、洪水、飓风等自然界不规则运动的表现形式；所谓生理现象是指人的生、老、病、死等生命运动的自然表现；所谓社会现象是指战争、盗窃等。风险具有客观性，在有限

的空间和时间内只能控制风险，降低其发生的频率、减少其带来的损失，不可能完全消除风险。

2. 损失性

风险具有损失性，只要风险存在，就有发生损失的可能。因此，凡是风险都可能会给人们的利益带来损失。经济上的损失可以用货币衡量，一般表现为所得的减少或支出的增加。

3. 不确定性

风险具有不确定性，通常表现为不确定损失是否发生、不确定损失发生的时间、不确定损失发生的空间、不确定损失程度。例如，建筑物都可能会发生火灾，但具体到哪一幢建筑物发生火灾是不确定的。

4. 可测性

风险是一种随机现象，但是对于一定时期内的特定风险，可以通过数理统计的方法测定其发生的概率和损失率。

5. 可变性

随着人类社会的发展、科学技术的进步，有些风险在一定的空间和时间范围内已经被消除了。然而，有些风险却被创造了出来，如核电站泄漏带来的核污染、爆炸风险。

二、风险的分类

风险多种多样，不同的风险有着不同的性质和特点，它们发生的条件、形成的过程和给人类带来的损失是大不相同的。为了便于对风险进行识别、测定和管理，按照一定的方法进行科学分类是十分必要的。

（一）按风险产生的形态分类

按风险产生的形态分类，可分为静态风险和动态风险。

静态风险是指在社会政治经济环境正常的情况下，由于自然力的不规则运动、人们的过失行为和错误判断等所导致的风险。例如，暴风、地震、霜害、盗窃、纵火、诈骗、经营不善等引起的静态风险。

动态风险是指由于社会经济结构变动或政治变动而产生的风险。例如，生产方式和生产技术变动、消费者偏好变动、政治经济体制改革等引起的动态风险。

静态风险与动态风险的主要区别：第一，静态风险的风险事故对于社会而言一般有实实在在的损失，而动态风险的风险事故对于社会而言不一定都有损失，即可能只对部分社会个体有实际损失；第二，从影响的范围来看，静态风险一般只对少数社会个体产生影响，而动态风险的影响则较为广泛；第三，静态风险对于社会个体而言，其风险事故的发生是偶然的、不规律的，但对于社会整体而言，可以发现其具有一定的规律性，动态风险是很难找规律的。

（二）按风险的性质分类

按风险的性质分类，可分为纯粹风险和投机风险。

纯粹风险是指只有损失可能而无获利机会的风险。例如，航行中的海轮发生触礁，船东和货主只会承担经济损失，而决不会有利益可得。

投机风险是指既可能造成损失，也可能产生收益的风险。例如，投资有价证券，证券价格的下跌可能使投资者蒙受损失，但是证券价格的上涨却可能使投资者获得收益。投机风险带有一定的诱惑性。在保险业务中，投机风险一般是不能列入可保风险之列的。在国际贸易中，物价、汇率变动产生的风险也属于投机风险。

（三）按风险危及的对象分类

按风险危及的对象分类，可分为财产风险、人身风险、责任风险和信用风险。

财产风险是指个人、家庭、企业或团体组织所有、使用或保管的财产遭受损失或贬值的风险。例如，船舶沉没、货物被窃、技术设备改革等引起的财产风险。

人身风险是指在日常生活以及经济活动过程中，人的生命或身体遭受各种形式的损害，导致死亡、残疾、生病、年老等，从而造成人的经济生产能力降低或丧失的风险。

责任风险又称第三者责任风险，是指因个人或团体的疏忽或过失行为，造成他人财产损失或人身伤亡，按照法律、契约应负法律责任或契约责任的风险。例如，由于专业技术人员疏忽而引起的责任风险。

信用风险是指在经济往来中，交易对方不履行到期债务的风险。例如，在国际贸易中，卖方不确定交货后买方是否一定会按期支付货款，在这种情况下，卖方面临信用风险。

（四）按风险发生的原因分类

按风险发生的原因分类，可分为自然风险、社会风险、政治风险和经济风险。

自然风险是指因自然力的不规则运动而危害经济活动、物质生产或生命安全的风险。例如，洪水、地震、暴风、海啸、泥石流等引起的风险。自然风险的特征：①自然风险的产生具有不可抗拒性；②自然风险的发生具有周期性；③自然风险一旦发生波及范围广。

社会风险是指由于个人或团体的过失行为、不当行为及故意行为等，对社会生产及生活造成损失的风险。

政治风险又称国家风险，是指在对外投资和贸易的过程中，因政治原因等订约双方所不能控制的原因，使债权人可能遭受损失的风险。例如，因输入国家发生战争、革命、内乱而中止货物进口；因输入国家实施进口或外汇管制，限制或禁止货物的输入；因本国变更外贸法令，使货物无法送达输入国家，造成合同无法履行。

经济风险是指在生产和销售等经营活动中由于受市场供求关系、经济贸易条件等因素变化的影响，或经营者决策失误、前景预期出现偏差等，导致经济上遭受损失的风险。例如，生产的增减、价格的涨落、经营的盈亏等引发的风险。

（五）按风险是否可保分类

按风险是否可保分类，可分为可保风险、不可保风险。

可保风险是指通过保险的方式加以管理和分散的风险。可保风险必须是纯粹风险，但并非任何纯粹风险均是可保风险。也就是说，保险公司可承保的风险具备以下条件。

（1）必须是纯粹风险。

（2）风险必须是偶然的。风险的偶然性是对个体而言的，因为对总体来说风险是客观存在的。风险的偶然性包含两层含义，一层含义是发生的可能性；另一层含义是发生的不确定性，即发生的对象、时间、地点和损失程度都是不确定的。

（3）损失必须是意外发生的。意外风险是指非故意行为所致的风险，也就是说，不是必然发生的风险。

（4）存在大量具有同质风险的保险标的。也就是说，必须是大量保险标的均有遭受损失的可能。保险基金的积累需要大量的风险单位运用大数法则的统计效应来得到一个事先的准确度。尽管确定大量的风险单位需要依据许多因素，但是其中最重要的因素是预测准确度所容许的、足够大的风险单位的数量，通过大数法则可以计算危险概率、损失程度、确定费率。

（5）风险必须有发生重大损失的可能，这样才对保险有需求。如果只局限于轻微损失，就不需要通过保险来获取保障，这在经济上是不划算的。

（6）风险的损失发生概率必须是可测的，保险公司予以赔偿的损失必须是可测的，否则会产生大量纠纷。

不可保风险是指无法通过保险的方式加以管理和分散的风险。

可保风险与不可保风险的界限是相对的，可以在一定条件下相互转化。事实上，随着社会经济的发展和生产技术的提高，保险公司可承保的风险的范围正在不断扩大。

三、风险管理

风险管理是指人们对各种风险的识别、衡量和控制的主动行为。风险管理要求人们研究风险发生和变化的规律以及估算风险对社会经济生活可能造成损害的程度，并选择有效的手段来有计划、有目的地处理风险，以最小的成本获取最大的安全保障。

风险管理的方法有很多，最常用的有风险回避、风险自留、风险预防、风险抑制和风险转移。

（一）风险回避

风险回避（Risk Avoidance）是指将风险行为减到零，主动降低损失发生的可能性。风险回避适用于管理那些损失发生概率高且损失程度大的风险。该方法是一种管理风险的消极方法。该方法存在两个缺陷，一个缺陷是回避风险的成本有时很高；另一个缺陷是回避一种风险的同时，可能会带来另一种风险，如不乘坐飞机会避免空难风险，但可能会面临车祸风险。

（二）风险自留

风险自留（Risk Retention）又称风险承担，是指企业非理性或理性地主动承担风险。非理性情况是指企业对损失发生存在侥幸心理，或对潜在损失程度估计不足，从而暴露于风险之中；理性情况是指企业经正确分析，认为潜在损失程度在合理范围之内，承担全部或部分风险比购买保险更经济划算。因此，在做出理性选择时，风险自留一般适用于管理那些损失发生概率低且损失程度小的风险。

（三）风险预防

风险预防（Risk Prevention）是指风险事故发生前，为了消除或减少可能引起损失的各项因素所采取的具体措施。风险预防通常在损失频率高且损失程度低时采用，风险预防通常采用两种方法。一种方法是工程物理法，是指预防措施侧重于风险单位的物理功能改进的一种方法，如防火结构设计、防盗装置安装等；另一种方法是人类行为法，是指预防措施侧重于人们行为教育的一种方法，如职业安全教育、消防知识培训等。

（四）风险抑制

风险抑制（Risk Restraint）是指在风险事故发生时或发生后，为减小损失程度而采取的各项具体措施。风险抑制通常采用两种方法。一种方法是分割风险单位，即"化整为零"，而不是将它们全部集中在可能毁于一次损失的同一个地方，如波音公司的同一个部件在世界各地的几家工厂同时生产；另一种方法是复制风险单位，通过增加风险单位的数量来分散风险，如企业设计两套会计记录，配备后备人员，储存设备的重要部件。

（五）风险转移

风险转移（Risk Transfer）是指通过合同或非合同的方式，一方（转移方）将风险转移给另一方（受让方）的一种风险处理方式。风险管理者会尽一切可能回避并排除风险，把不能回避并排除的风险尽可能地转移给第三方。风险转移的方式主要有两种：保险转移和非保险转移。保险转移是指向保险公司投保，以缴纳保险费为代价，将风险转移给保险公司承担，当发生风险时，由保险公司按照合同约定责任给予经济补偿。非保险转移又分为出让转移和合同转移，出让转移一般适用于投机风险，如预测股市行情要下跌时，赶快出让股票，从而把股票跌价损失的风险转移出去；举一个合同转移的例子，企业将具有风险的生产经营活动承包给对方，并在合同中明确规定由对方承担风险损失的赔偿责任。

第五节　国际供应链风险管理

日益频繁的国际贸易不仅为企业提供了业务交流的渠道，而且为政治动荡、经济起伏等其他负面因素铺设了散布的温床。当全球互动更为频繁且相互依存程度持续增长时，正面因素与负面因素在国际间交互传播，引起全球性连锁反应。随着全球经济一体化格局的形成，企业环境的开放度与复杂性都发生了重大的变化，企业对全球金融、跨国经营及国际贸易的依赖日益加深，进而促使企业经营更加灵活，经济规模亦随之扩大。相应地，企业也面临着更多经营风险，这些风险有别于以往在国内市场或传统垂直组织中所面临的风险。在此情形下，许多跨国经营企业已经开始重新评估全球化策略，希望能克服全球经济相互依存所带来的不确定性。究其本源，这就是国际供应链风险管理问题。

一、供应链风险的含义与分类

（一）供应链风险的含义

供应链风险不仅产生于供应链内部，同时也是外部风险严重混乱的外在表现。外部风险可能来自自然灾害、战争、流行性疾病等。内部风险主要指构建和管理供应链的风险。外部风险不受管理行为的控制，但是内部风险却受管理行为的控制。

供应链风险可以被定义为供应链的脆弱性，供应链风险的发生通常导致供应链运行效率的降低，甚至导致供应链的破裂和失败。供应链风险可以归纳为战略风险、作业风险、供应风险、客户风险、资产损伤风险、信誉风险、制度风险和法律风险等。德勤咨询公司在其发布的一项供应链研究报告中提出，供应链风险是指对一个或多个供应链成员产生不利影响，破坏供应链运行环境，使之达不到供应链管理预期目标，甚至导致供应链破裂、失败的风险。供应链风险是由供应链的不确定性引发的，从而导致供应链整体机能失调甚至中断。供应链企业在运营过程中，由于各种不确定因素，供应链企业的实际收益与预期收益可能会发生偏差。供应链多主体、跨地域、多环节的特征，使其容易受到来自外部环境和供应链内部的不利因素的影响，形成供应链风险。供应链风险是客观存在的，是不以人的意志为转移的，是一种潜在威胁。它具有独特的放大效应，不只影响某一个供应链企业，而且会利用供应链本身的脆弱性，给供应链上下游带来损失。供应链成员相互依赖、相互影响，任何一个环节出现问题都会波及整个供应链。综上所述，供应链风险可以理解为供应链偏离预定管理目标的可能性。

（二）供应链风险的分类

由于供应链具有复杂性，必然导致供应链风险具有复杂性。为了全面深入地认识供应链风险，有必要对其进行分类。

1. 按供应链风险存在的周期分类

按供应链风险存在的周期分类，可分为长期风险和短期风险。

长期风险又称战略风险，是指短期内对企业没有不良影响，甚至对企业来说是有利的，但从长期看，可能会给企业带来损失的供应链风险。在供应链管理中，招标、外包、建立供应链合作伙伴关系等，既要充分认识其带来的好处，也要重视其带来的风险。例如，外包给企业带来的好处有集中力量于核心业务、简化企业结构、节省投资、缩短市场反应时间、充分利用合作企业的优势资源与能力等，然而外包也会促进对合作企业的依赖，供应商机会主义行为带来危害的可能性增加，外包不当还会造成企业丧失核心能力。

短期风险又称战术风险，是指在一个相对较短的时间内，如在一个合同的执行期内，供应链存在偏离预定目标的风险。短期风险是日常供应链管理监控的重点。

2. 按供应链管理目标分类

供应链管理目标可以归纳为成本目标、时间目标、质量目标。按供应链管理目标分类，可分为成本风险、时间风险、质量风险。

（1）成本风险。例如，运行效率不高造成的浪费、行为失误导致的损失所引发的风险。

（2）时间风险。例如，交货延误、供应短缺所引发的风险。

（3）质量风险。例如，物流过程中，产品损坏变质所引发的风险。

3. 按供应链系统构成分类

供应链是一个多主体、跨地域、多环节的复杂系统。按供应链系统构成分类，可分为系统环境风险、系统结构风险、行为主体风险、协作风险，基于供应链系统构成的供应链风险分类如图 8-2 所示。

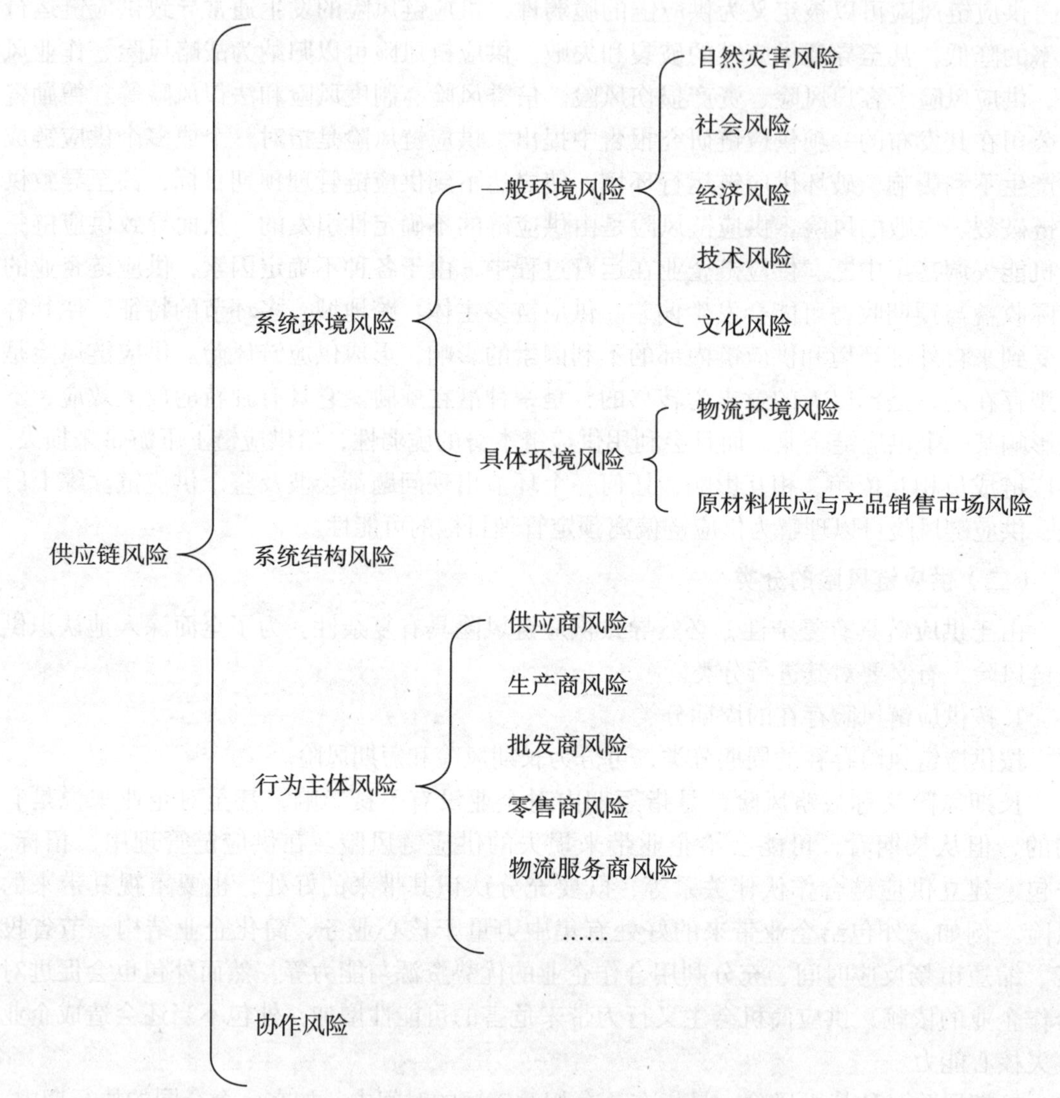

图 8-2 基于供应链系统构成的供应链风险分类

系统环境风险是指由环境因素导致的风险。系统环境可以分为一般环境和具体环境，系统环境风险可以相应地分为一般环境风险和具体环境风险。一般环境风险包括自然灾害风险、社会风险、经济风险、技术风险、文化风险。具体环境风险包括物流环境风险、原材料供应与产品销售市场风险。具体环境是企业赖以生存和发展的与企业经营管理有直接关系的系统环境。具体环境风险是企业主要的供应链风险，是供应链风险管理与控制的关键。

系统结构风险是指供应链结构设计不合理所造成的风险。以产品配送为例，如果配送网络设计不合理，有限的货物将在一些地区的渠道中出现积压，而在其他地区的渠道中出现短缺，不能满足订单需求，配送费偏高，运作效率低下。供应链风险会沿着供应链向下游传递，好的供应链结构设计能够减轻供应链风险带来的影响，而不好的供应链结构设计能够恶化供应链风险带来的影响。

行为主体风险是指由参与供应链活动的行为主体造成的风险。参与供应链活动的行为主体包括供应商、生产商、批发商、零售商、物流服务商等。行为主体的利益和目标不同，行为主体对任务的理解和采取的行动方式不同，行为主体的管理水平、人员素质、企业信誉也不同。相应地，行为主体风险可分为供应商风险、生产商风险、批发商风险、零售商风险、物流服务商风险等。

协作风险是指不可参与供应链活动的行为主体之间不能很好地协作而形成的供应链风险。协作风险有很多种表现形式。例如，供应链合作伙伴因不同的企业文化和管理模式而发生冲突；供应链合作伙伴承担的风险与获得的收益不相称；供应链合作伙伴间沟通联络的渠道不通畅；因合作协议的漏洞致使合作各方权责不明；核心技术外泄或关键信息外泄；供应链合作伙伴间因应用不同的技术平台所导致的技术衔接问题；供应链合作伙伴间因数据统计口径和时限不一致所导致的信息失真；信息系统安全问题。

4. 按供应链的过程分类

供应链的过程包括采购、生产、配送、退货等。相应地，按供应链的过程分类，可分为采购风险、生产风险、配送风险、退货风险等。

5. 按风险来源分类

按风险来源分类，可分为人为造成的风险、管理不当造成的风险、设备造成的风险、产品本身造成的风险、外部环境造成的风险。

人为造成的风险是指因参与供应链活动的工作人员素质不高、经验不足、能力不够、行为不当或协调不好而造成的供应链风险。这里的工作人员可以是企业内部的，也可以是供应商、批发商、零售商的。人为因素是供应链风险管理中最关键、最活跃、最主动的因素。

管理不当造成的风险是指在供应链管理中，因方法不当、措施不力、决策失误、规划错误而造成的供应链风险。

设备造成的风险是指因设备的低效率或故障而造成的供应链风险。这里的设备不仅包括支持供应链管理信息系统运行的设备，还包括运输、仓储、搬运、生产等环节所需要的设备。设备的性能和运行表现直接影响供应链管理目标的实现。

产品本身造成的风险是指因产品本身的特殊性而造成的供应链风险。不同类型的产品对供应链性能的要求是不同的，如保鲜品要求必须在限定的时间内送达。对运输、保管、搬运过程有特殊要求的，其配送造成质量风险的可能性较大。

外部环境造成的风险是指因外部环境的不正常变化而造成的风险。

二、影响国际供应链的因素

国际供应链管理遵循供应链管理的基本原理，只不过国际供应链涉及海外的国际业务，地域覆盖更为广泛。然而，正是由于海外的国际业务，国际供应链的运作方式也更为复杂，同时受到多个国家不同地区的信息资源、经济、文化、政策和法律等因素的影响，面临着更多的风险和挑战。

（一）政策和法律因素

在不同的国家和地区，政策和法律各有不同。每个国家都有各自的海关、环保和经济保护等政策。国际供应链遍及全球，必然要顾及各个国家和地区不同的政策和法律。因此，在不同的国家和地区开展供应链活动时，必须遵循当地的政策和法律，据此来制定相应的经营策略，处理和解决在供应链活动中遇到的问题和发生的纠纷。

（二）经济因素

经济因素极大地影响了供应链全球化趋势，同时也影响了供应链全球化运作。经济因素涉及汇率变动、股市波动、区域贸易协定、税收、进出口配额和劳动力成本等方面的内容。

（三）文化因素

文化因素对企业海外的国际业务、企业的整体目标和国际供应链的整体业务有较大影响。文化因素涉及信仰、价值观、习俗、语言等方面的内容，在国际供应链的每一个环节中都起着重要的作用。

（四）基础设施因素

基础设施是运作和管理国际供应链的基础，基础设施因素会影响供应链全球化运作。在不同的国家和地区，基础设施有相当大的差异，这种差异性体现在道路和桥梁的规模和效能、交通拥挤程度、生产技术的先进程度等方面。

（五）人力资源因素

许多企业在进入海外市场时，常常采取低成本策略，选择劳动力成本低的国家和地区。在这些国家和地区，尽管可以吸引到具有适当技术水平的工作人员，但是很难找到受过专业技术培训的专业人员和熟悉现代管理方法的管理人员。因此，开展全球化的供应链业务较为困难，需要投入大量劳动力成本。

（六）信息资源因素

信息资源因素对国际供应链及其运作和管理有极为重要的影响，信息资源是成功运作国际供应链的可靠保障。在信息技术的支撑下，供应链成员能够共享资源、紧密协作，共同拓展业务。

（七）供应商合作因素

单一的供应渠道可能会带来供应链中断的风险，同时与跨国供应商的合作可能会带来知识产权、信息整合、物流运作等方面的风险。不同国家和地区在信息技术水平、物流运作水平方面的差异性，给整个国际供应链的实际运作带来了风险。

（八）不确定性因素

当产品的流动跨越国界时，供应链管理人员面临着全球化物流网络的不确定性。这里的不确定性包括节点企业的不确定性、节点企业内部的不确定性、市场需求的不确定性、外部环境的不确定性。

三、供应链风险管理的含义与意义

（一）供应链风险管理的含义

人们开始逐渐重视供应链风险管理，并借助风险管理理论展开对供应链风险管理的研究。

英国克兰菲尔德大学是较早给出供应链风险管理定义的研究机构之一，其对供应链风险管理的定义：识别和管理供应链风险，协调供应链成员，从整体上降低供应链的脆弱性，从而消除、减轻和控制供应链风险。

德勤咨询公司在其发布的一项供应链风险管理研究报告中提出，供应链风险管理是贯穿于供应链运作始终的，寻求供应链战略、业务流程、人力资源、技术与知识等的优化构建设计的协同过程。供应链风险管理的目标：为达成供应链的安全持续运行，实现供应链整体利润最大化而控制、监督和评估供应链风险。

将上述两者归纳起来，也可以将供应链风险管理定义为供应链成员之间相互协作、共同管理供应链风险，以确保整条供应链的盈利性和连续性。

在《供应链脆弱性的影响因素及其管理原则》一文中，供应链风险管理被定义为："通过供应链成员之间协作，识别和管理供应链内部风险和外部风险，来降低整体供应链的脆弱性。"

（二）供应链风险管理的意义

从供应原材料到提供产品和服务，其中任何一个环节出现"断裂"都会影响整个供应链的运作。受自然灾害、罢工等外部事件的影响，受企业战略调整的冲击，供应链"断裂"的风险在增加。因此，客观上需要进行供应链风险管理，充分考虑供应链运作过程中的各种不利因素，早做准备、防患于未然，提高供应链系统的可靠性。具体来说，供应链风险管理具有重要意义。

当前，国际形势复杂多变，改革发展稳定任务艰巨繁重，我们面临的风险挑战前所未有。只有更好统筹发展和安全，坚持底线思维，增强忧患意识，提高防控能力，着力防范化解重大风险，才能保持经济持续健康发展和社会大局稳定。党中央高度重视防范化解重大风险，习近平总书记多次强调、反复提醒，要求警钟长鸣，把防范化解重大风险作为三大攻坚战之一。习近平总书记强调，坚持底线思维、问题导向，增强忧患意识，把防范化解风险挑战摆在突出位置。对于供应链管理来说，加强供应链风险管理同样具有十分重要的战略意义。

1. 为供应链运作营造良好环境

开展供应链风险管理，建立供应链风险评价指标体系，通过不断地采集、处理和反馈信息，对供应链运作状况进行监测，防患于未然，把问题解决在萌芽之时。同时，设计不同供应链风险发生情况下的多种可供选择的应急方案，以防不测，进而为供应链运作营造良好环境，确保供应链正常运作。

2. 以供应链绩效提升确保供应链运作目标顺利实现

供应链风险管理是一种以最小成本达到最大安全保障的管理方法。供应链成员共同分担供应链风险，将有关供应链风险管理的部分费用合理转移，减少费用在盈利中的扣除，从而间接提升供应链绩效，确保供应链运作目标顺利实现。

3. 有利于提高供应链在市场上的竞争力

有效的供应链风险管理可以在供应链风险发生前或发生时，将有用的信息提供给决策者，并使之做出有效的决策，保证供应链正常运作，促使供应链低成本地为客户提供高质量和高价值的产品和服务，进而提高供应链在市场上的竞争力。

四、实施供应链风险管理

（一）三维供应链风险分析框架

三维供应链风险分析框架简单、直观，如图 8–3 所示。该框架包括供应链分析单元、供应链风险类型和供应链风险控制。供应链分析单元体现供应链风险管理关注的是单一物流活动、单一企业物流、两个企业之间的双重供应链（如存在买卖关系的供应链）、包含三个及以上公司的复杂供应链网络的企业经营活动。选定供应链分析对象后，确定企业所面临的供应链风险类型，然后再进行供应链风险控制，并采取供应链风险管理措施。

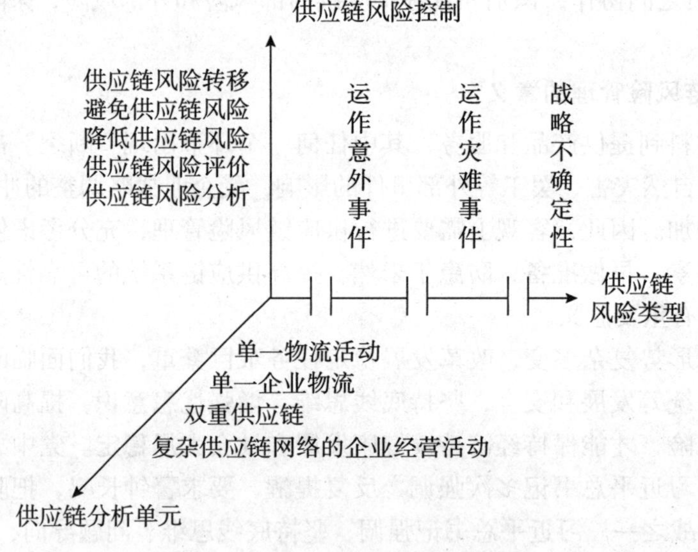

图 8–3　三维供应链风险分析框架

（二）供应链风险管理框架

供应链风险管理框架如图 8–4 所示。该框架强调描绘供应链范围和构成要素、供应链脆弱性和供应链风险识别、供应链风险评价、供应链风险管理。其中，描绘供应链范围和构成要素的作用类似于三维供应链风险分析框架中供应链分析单元的作用。

（三）供应链风险管理流程

供应链风险管理流程由德勤咨询公司提出，供应链风险管理流程如图 8–5 所示。供应链风险管理流程包括四个阶段：识别风险、确定供应链风险管理策略和行动、执行和实施行动、监控供应链风险管理过程和结果。重点要放在以核心企业为中心的供应链风险管理流程上，既考虑核心企业的内部风险，也考虑可能会影响核心企业效益的风险。

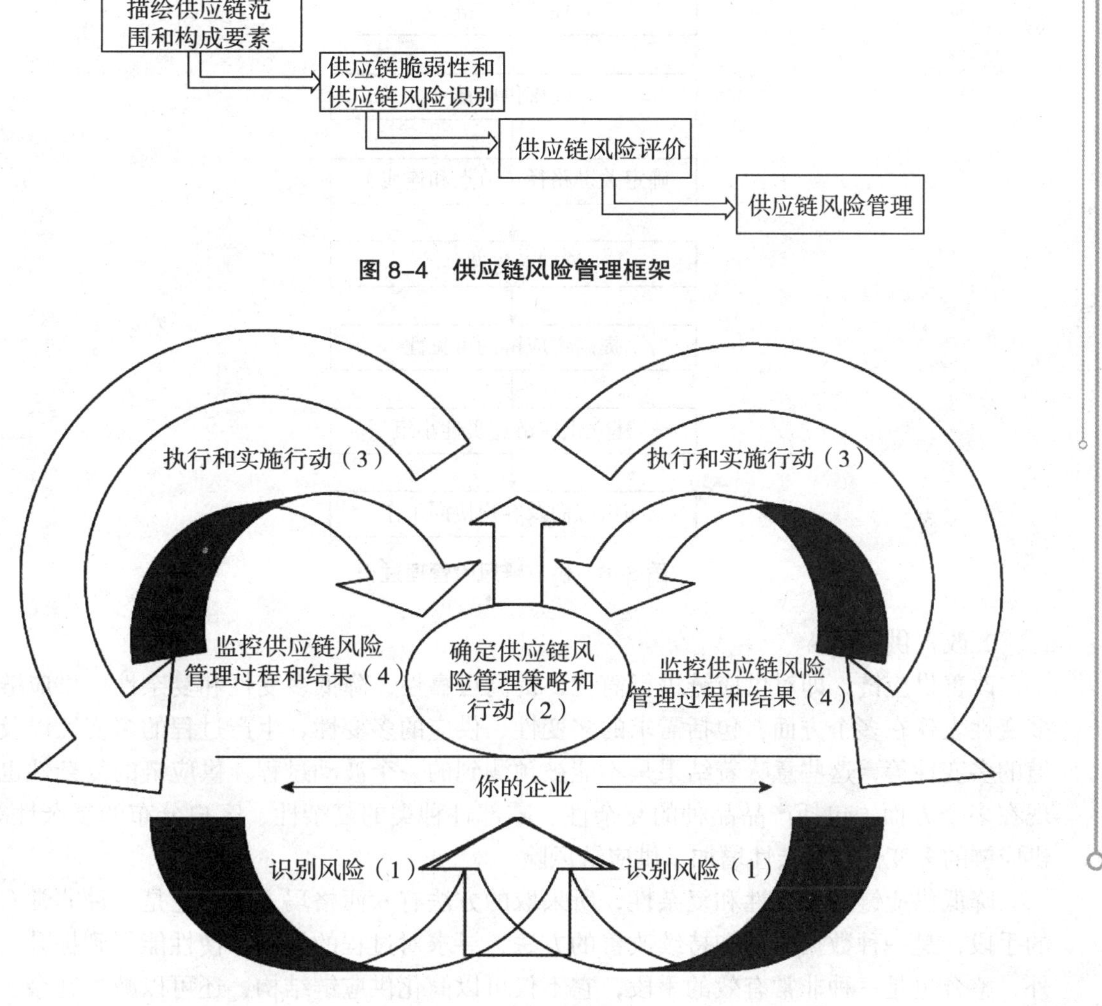

图 8–4　供应链风险管理框架

图 8–5　供应链风险管理流程

（四）供应链风险管理过程

供应链风险管理过程包括理解供应链、改善供应链、确定关键路径（节点和连线）、管理关键路径、提高供应链的可见性、建立供应链连贯性小组、与供应商及客户协同工作，如图 8–6 所示。

1. 理解供应链

确保企业所有部门以及供应链上所有相互联系的企业都能对供应链的内容和目标有共同的理解。事实上，许多企业都对更宽广的供应链供需网络缺乏认识，它们非常关注通往市场的下游客户，也比较了解这些客户，但对上游供应商绝非如此，尽管这种情况在逐渐改善。第一层的供应商为了保持连贯性，往往要依赖第二层、第三层的供应商。因此，若想进行供应链风险管理，则对供应链细致入微的理解是必需的。

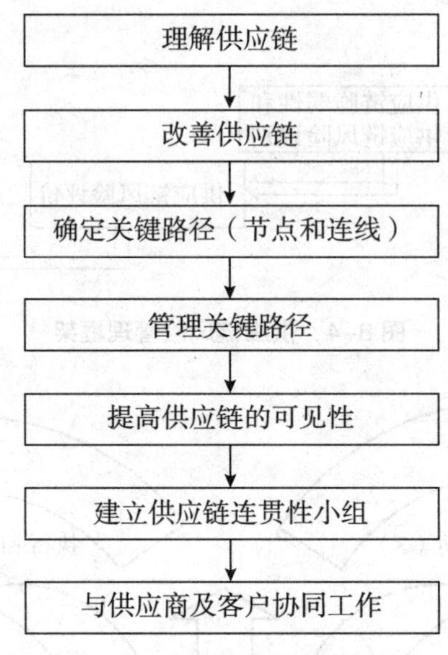

图 8–6　供应链风险管理过程

2. 改善供应链

改善供应链，即对供应链进行简化，提高可靠性，降低多变性和复杂性。供应链的多变性表现在多个方面，包括需求的多变性、供应的多变性、生产过程的多变性以及渠道的多变性等，这些意味着结果是不能被预测到的一个波动过程。供应链的复杂性也表现在多个方面，包括产品品种的复杂性、零部件种类的复杂性、客户分布的复杂性等。供应链的多变性和复杂性增加了供应链风险。

降低供应链的多变性和复杂性，所采取的方法有六西格玛方法，它是一种非常有效的手段，是一种数据驱动和持续改善的方法，寻求对过程的控制，使性能得到提升。此外，整合也是一种非常有效的手段，它不仅可以简化供应链结构，还可以减少冗余、共享信息。上述手段在降低供应链的多变性和复杂性的同时，也降低了供应链风险。

3. 确定关键路径（节点和连线）

供应链网络的强弱程度是由节点和连线决定的，这些节点和连线有可能数以千计，因而供应链风险管理的挑战在于确定关键路径。在确定关键路径时要注意：是否依赖少数且没有候补的关键供应商；供应商交货期是否延长；生产商质量标准是否低于市场要求；对特定基础设施的依赖程度是否过高等。确定关键路径的核心工作是供应链风险分析，主要包括供应链风险识别和供应链风险评估。供应链风险识别的主要任务：分析供应链的每一个环节，了解供应链成员所处的环境，找出导致供应链风险的各种因素，掌握每个供应链风险事件的特征，确定供应链风险源及其相互关系。供应链风险评估的主要任务：采用一定的方法，对各种供应链风险分别进行估计或量化，得出评估结果，与供应链风险基准进行比较，确定对供应链风险的接受程度。供应链风险评估的目的在于确定发生概率较大及危害严重的供应链风险。

4. 管理关键路径

企业管理者必须有能力明确需要进行管理的关键路径，以确保供应链的连贯性。一旦节点和连线确定下来，就要考虑怎样才能降低供应链风险。提前制订应对供应链风险事件的计划，一旦失败就采取相应的行动。情况极端严重的话，有必要重新设计供应链。

管理关键路径的核心工作是供应链风险处理。供应链风险处理就是在供应链风险评估的基础上，对各种供应链风险进行有针对性的、合理的防范与控制。供应链风险处理可归纳为制定供应链风险防范对策、供应链风险控制与反馈、供应链风险处置三个过程。制定供应链风险防范对策是对于可能面临的各种供应链风险，制定不同防范对策（如规避、转移、抑制供应链风险等）的过程。供应链风险控制与反馈是实时监视供应链运行状态，捕捉对供应链有影响的突发事件，及时预测供应链偏离预期目标的程度，并进行反馈，以采取控制措施的过程。供应链风险处置是实施供应链风险防范对策的过程，其目标是使供应链恢复正常状态。

5. 提高供应链的可见性

供应链的可见性要求企业与供应链中的其他成员分享信息。然而，很多供应链的可见性是有限的，供应链网络中的某个实体在供应链中成长时，并不了解其上下游的营业水平和存货流动情况。这样，供应链风险事件往往要在几个周或几个月以后才能被发现，此时由于时间紧迫而无法采取有效行动。

提高供应链的可见性的方法有很多。例如，改变供应链中某些环节的管理模式；应用无线射频识别技术、全球定位系统；与供应链合作伙伴紧密合作。

6. 建立供应链连贯性小组

建立一个长久的供应链连贯性小组是非常必要的。尽管很多企业早已建立了供应链连贯性小组，但是其关注范围往往有限，主要集中在电子商务方面。考虑到供应链风险位于更广阔的供应链中，供应链连贯性小组应该扩大关注范围、拓展视野。

从理论上讲，供应链连贯性小组应该是多功能的，应该具备一切必要的技能，以保证能够成功完成错综复杂的分析，并顺利执行供应链风险管理，从而实现供应链风险管理的目标。供应链连贯性小组应该编制一本“供应链风险花名册”，记录可能的薄弱点，为降低供应链风险做准备。

7. 与供应商及客户协同工作

协同是指系统的各个部分相互协作，使整个系统形成微观个体层次所不存在的新质的结构和特征。供应链成员间的协同方式多种多样，如资产协同、技术协同、组织协同、信息协同、管理协同等。在供应链系统中，协同是供应链业务流程顺畅连续的一种运作模式，是有效利用和管理供应链资源的一种手段，也是企业、供应商及客户行动的准则。尽管供应链上的所有环节都可以高效运转，使产品和服务以可预见的方式传递到消费者手中，但是只有与供应商及客户协同工作，才能使整条供应链更有预见性地抵御各种供应链风险。因此，如果企业能够负责地与供应商及客户协同工作，共同执行供应链风险管理，那么供应链风险管理就会落到实处。

【关键术语】

全球化运作	Global Operation
经济全球化	Economic Globalization

国际化物流体系　International Logistics System

供应链风险管理　Supply Chain Risk Management

【练习与思考】

1. 论述供应链全球化运作的背景。

2. 结合实际，谈谈中国在供应链全球化运作中的地位。

3. 中国民营企业是如何在外贸领域中占据主导地位的？

4. 中国在哪些外贸领域中处于优势？在哪些外贸领域中处于劣势？

5. 什么是供应链风险管理？试述如何实施供应链风险管理。

【课后案例】

菜鸟的供应链风险管理

菜鸟坚持长期主义，聚焦产业化、全球化和数智化，坚持把物流产业的运营、场景、设施和互联网技术做融合，坚持数智创新、开拓增量、普惠服务和开放共赢。供应链业务是菜鸟的核心服务板块之一，目前菜鸟的供应链业务已覆盖美妆、家居、家电、服饰等多个领域，并且其范围仍在不断延伸。由此可见，菜鸟规避供应链风险的手段与措施能给国内供应链市场带来诸多启示。

一、储运与大促业务的管控

菜鸟在建设储运产品体系时，选择将所有的物流要素数字化，以便了解仓库数量、仓库面积、仓库位置等信息，进行供应链风险监控。

“双十一”购物狂欢节期间，面对庞大的业务量，仓库的库容必须做好准备，以提供良好的支持，否则将面临库容不足而爆仓的风险。因此，需要制订完备的发货时效计划，在制订入库和出库计划时，菜鸟会收集仓库的库容、运输时效等信息，以降低企业内部的运营风险，并制订供应链计划。在储运与大促业务中，包裹数量、包裹种类等影响着库容的调配，菜鸟通过提前与商家沟通来降低供应链的脆弱性，沟通内容包括调配员工、协调商家出货和备货时间等。此外，海关的放行速度和申报效率也要一并考虑在内。数字化的供应链使整个运作过程具有可预测性，从而削弱了整个运作过程中存在的供应链风险。

二、选择良好的供应链合作伙伴

菜鸟建立了以协同共赢、数据赋能为核心的平台，纳入了许多供应链合作伙伴。国内方面，菜鸟与心怡科技、快仓和易流科技有合作关系，这三个公司分别从电商仓储、智能仓储、物联网方面为菜鸟的供应链赋能。国际方面，据统计，2021 年菜鸟的跨境物流合作伙伴数量已经有 89 家，物流覆盖能力可至全球 224 个国家和地区。

一般来说，若供应链合作伙伴关系是建立在其中一方的主要业务或主要发展战略上，则供应链风险就会大大降低。菜鸟的供应链合作伙伴满足这个条件，由此看出，菜鸟在选择供应链合作伙伴时遵循着风险最小化原则。

国内企业对供应链风险管理的认识和研究也在不断深入。然而，在现实生活中，供应链风险管理的具体实践将比理论研究更加错综复杂，而供应链风险也是千变万化。如何最大限度地规避供应链风险，正确把握供应链风险管理，企业界任重道远。

华为的供应链风险管理

华为终端制造坚持自主制造与代工厂制造相结合的策略，以降低供应链风险。自主制造聚焦在核心制造、产品试制、新品生产、高精尖制造及多品种、小批量生产上；代工厂一般制造技术含量不太高的产品，承接大批量生产。当自主制造出现异常时，代工厂制造可以迅速作为“候补”，确保终端产品的持续、稳定交付。

华为已逐步将公司内部设计芯片的生产工作交给中芯国际来完成。除了芯片制造以外，华为还在推进其他手机零部件的国产化，这也是华为应对供应链风险所采取的重要手段。以华为的高端机型——P50 系列为例，其核心供应商有京东方（供应显示屏）、德赛电池（供应电池）、瑞声科技（供应声学零部件）、汇顶科技（提供指纹和触控方案）、卓胜微（供应射频器件）等多家国内企业。因此，提升供应链关键环节的国产化率有利于降低供应链风险。

〖问题讨论与思考〗

1. 结合案例“菜鸟的供应链风险管理”，试阐述规避供应链风险的主要策略。

2. 结合案例“华为的供应链风险管理”，谈谈华为的供应链风险管理。

第九章课件

第九章　供应链金融

【本章导读】

供应链金融根据特定行业供应链上的真实贸易背景和供应链核心企业的信用水平，以贸易自偿性中未来预期的现金流为直接还款来源，以控制物流、资金流为风险控制手段，为供应链上下游的中小企业提供综合融资服务，达到多方共赢的目的。供应链金融的运作特征充分体现了合作、协同的思想。供应链金融的业务类型丰富，在操作过程中，需要各参与主体各司其职、诚实守信、通力配合。协同现金流量周期是供应链财务管理的主要内容，充分体现了全局观和合作精神。由于参与主体众多，涉及不同地区和行业，供应链金融必然面临一定的潜在风险。为促进供应链金融业务顺利开展，需要充分认清其可能存在的风险，并采取积极的防范措施。

【学习目标】

通过本章的学习，掌握供应链金融的基本内涵，熟悉预付账款类融资、存货类融资和应收账款类融资等供应链金融业务模式，了解供应链财务管理的主要内容、供应链金融可能存在的主要风险及其防范措施。

第一节　供应链金融概述

一、供应链金融产生的背景

现代意义上的供应链金融概念发端于20世纪80年代。世界级企业巨头寻求成本最小化冲动下的全球性外采和外包。一直以来，供应链管理集中于物流和信息流层面。20世纪末，企业家和学者发现，全球性外包导致了供应链整体融资成本问题，引发了部分节点资金流瓶颈带来的“木桶短边”效应，实际上部分抵消了分工带来的效率优势和接包企业劳动力“成本洼地”所带来的最终成本。由此，供应链核心企业开始了对供应链财务管理价值的发现过程，国际银行业也展开了相应的业务创新。供应链金融随之浮出水面，成为一项令人瞩目的金融创新。

微课：供应链金融产生的背景

目前，传统的、单一国境内的、纵向一体化的生产制造企业越来越少，不同国家和地区在全球供应链中选择了不同的价值增值节点。全球产业的布局和制造业的升级也随着供应链中物流系统的全球化，在不同的国家和地区完成。供应链上的核心企业通过外包，使供应链的加工增值环节和实体参与企业组织分布在不同的国家和地区，并通过跨国的供应链管理，发展出新的企业生产运作管理方式、商品流通方式以及跨单一企业组织的合作方式。供应链全球化带来的新问题列举如下。

1. 库存堆积两极化趋势，加大上下游企业的资金占用压力

供应链组织模式下，每个环节持有的库存与传统模式相比发生重大变化。在“零库存”的精益思想的引导下，采用新型库存管理模式的核心企业无意持有库存，促使供应商和分销商都必须面临实物库存挤占现金、现金流动性不足的问题。整个供应链中的库存堆积在上下游中较为弱势的企业上，在整个供应链产出保持稳定的情况下，加剧了这些企业的库存占比，降低了库存周转率，也降低了资金周转率。

2. 供应链模式下所发展的大批中小企业，面临苛刻的融资环境

供应链竞争模式中的突出要素是专业分工和全球外包。供应链中的成员企业不再追求“大而全”，而是注重某一细分领域的专业运作。大批中小企业规模小，由于过分集中于某一零部件的生产和分销，导致实物资产、生产条件和企业资质无法与传统融资主体企业的要求相匹配。

3. 赊销方式取代传统的国际贸易结算方式，融资渠道进一步缩小

根据环球银行金融电信协会（SWIFT）的统计，80% 的国际贸易选择赊销方式作为其主要的结算方式。采用赊销方式的主要目的是刺激供应链下游加大单次的订货批量，使供应链规模效应突显，降低成本，获得更多的客户，提升整个供应链的竞争力。随着供应链模式的不断发展，除了刺激销量外，赊销方式还被广泛用于核心企业自身现金流的优化，赊销方式会将资金的压力继续传导到供应链上的弱势企业。若缺乏基于赊销方式的产品，则使大批中小企业面临越来越大的融资压力。

4. 汇率波动问题和避险理财需求的出现

在供应链利润增长和价值增值的过程中，由于产业全球化，单一供应链中必须涉及多国货币结算和支付体系，企业管理者需要应对汇率波动问题，并由此诞生了避险理财需求。

从供应链的角度来看，核心企业不愿承担资金风险，而供应链上下游的中小企业缺乏融资能力，这是供应链资金流“梗阻”的内在动因。如果核心企业能够将自身的资信能力注入其上下游企业，银行等金融机构就能够有效监管核心企业及其上下游企业的业务往来，那么金融机构作为供应链外部的第三方机构就能够将供应链资金流“盘活”，同时也能获得金融业务的扩展。

二、供应链金融的内涵

（一）供应链金融的概念

2021 年，我国实施的国家标准《物流术语》（GB/T 18354—2021）对供应链金融的定义：供应链金融（Supply Chain Finance，SCF）是以核心企业为依托，以企业信用或交易标的为担保，锁定资金用途及还款来源，对供应链各环节参与企业提供融资、结算、资金管理等服务的业务和业态。供应链金融对一个产业供应链中的单个企业或多个上下游企业提供

微课：供应链金融的内涵

全面的金融服务，以促进核心企业及其上下游企业“产—供—销”链条的稳固和流转，通过金融资本与实业经济协作，构筑银行、企业和商品供应链互利共存、持续发展、良性互动的产业生态。

供应链金融从供应链的每一个环节出发，银行等专门的金融机构利用各种金融工具，引进第三方物流企业参与监管，把物流、商流、资金流、信息流进行有效衔接与整合，组织和调节供应链运作过程中货币资金流动与实物商品流通趋向同步的活动，从而提高资金运行效率，加速与之对应的实物商品流通速度，加速整个社会供应链的循环运转。供应链金融服务系统如图 9–1 所示。

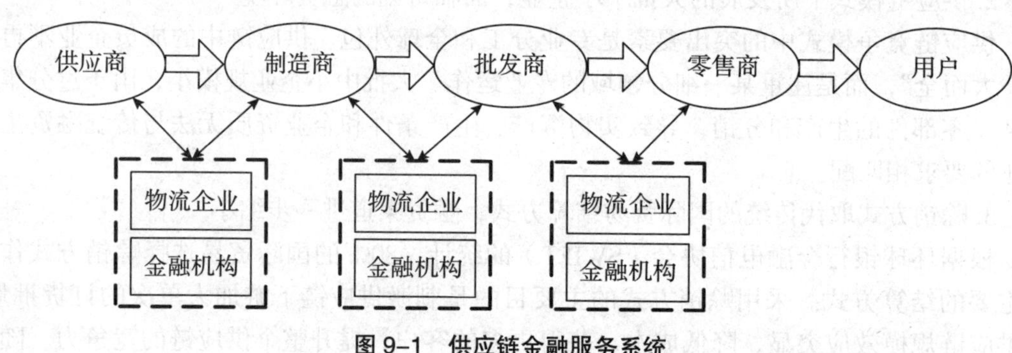

图 9–1　供应链金融服务系统

一般来说，一个特定商品的供应链将供应商、制造商、批发商、零售商、用户连成一个整体。在这个供应链中，竞争力较强、规模较大的核心企业因其强势地位，往往在交货、价格、账期等贸易方面对其上下游企业要求苛刻，从而给这些企业造成了巨大的压力。上下游企业大多是中小企业，难以从银行融资，导致中小企业的资金链十分紧张，整个供应链可能出现失衡。供应链金融的特点：在供应链中寻找一个核心企业，以核心企业为出发点为供应链提供金融支持。一方面，将资金有效注入处于相对弱势的上下游企业，解决中小企业融资难和供应链失衡的问题；另一方面，将银行信用融入上下游企业的购销行为，增强其商业信用，促进中小企业与核心企业建立长期战略协同关系，提升整个供应链的竞争力。在供应链金融的融资模式下，处于供应链中的核心企业一旦获得银行的支持，资金这一“脐血”注入上下游企业，也就等于进入了供应链，从而激活整个链条的运转，为中小企业赢得更多的商机。

（二）供应链金融的参与主体

供应链金融的参与主体主要涉及整个供应链和金融机构，其不仅包括专业的物流服务提供商，还包括投资者。其作用范围是整个供应链的交易往来，这是一个长期、持续的协作过程，金融机构和核心企业在其中起着主导作用，第三方物流企业在其中扮演着中间人和代理商的角色。供应链金融的构成要素及相互间的关系如图 9–2 所示。

1. 金融机构

金融机构泛指能够提供贷款的机构，如银行和保险公司等，它们在供应链金融服务中为供应链上各企业提供贷款支持。银行等金融机构通过与第三方物流企业合作，配合

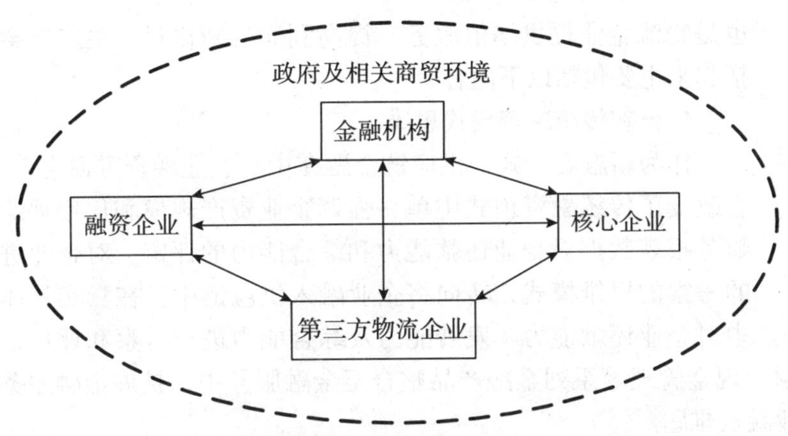

图 9–2　供应链金融的构成要素及相互间的关系

供应链的各个阶段，针对应收账款、企业存货等进行“量体裁衣”，设计相应的供应链金融服务产品。

2. 第三方物流企业

第三方物流企业是供应链金融服务的主要协调者，一方面为供应链上的企业提供物流、信用担保服务；另一方面为银行等金融机构提供资产管理服务，搭建银企间合作的桥梁。对于从事供应链金融服务的第三方物流企业而言，不但要具备相当的资本、业务规模，以及良好的商业和金融信用，而且还要具有强大的仓储服务能力，以实现对物资的有效监管。

3. 融资企业

融资企业是供应链金融服务的需求者，主要是供应链中处于弱势的中小企业。它们通过动产质押以及第三方物流企业或核心企业担保等方式从金融机构获得贷款。这些企业受规模的限制，抗风险能力差，违约成本低，一般金融机构不愿意向它们发放贷款，因此，它们的融资需求非常强烈。

4. 核心企业

核心企业是指在供应链中规模较大、实力较强，能够对整个供应链的物流和资金流产生较大影响的企业。供应链作为一个有机整体，中小企业的融资难会给核心企业造成供应或分销渠道不稳定的问题，核心企业依靠优势地位和良好信用，通过担保和承诺回购等方式帮助供应链中处于弱势的中小企业进行融资，维持供应链中各企业的合作关系，同时这有利于核心企业发展壮大。

政府及相关商贸环境主要指税务、海关、会计、法律、拍卖等相关业务环境。供应链金融服务会受到税务、海关等政府监管部门的影响，同时也需要会计、法律、拍卖等中介服务机构的良好支撑。

三、供应链金融的特点与作用

（一）供应链金融的特点

供应链金融是商业银行的新兴业务模式，是中小企业解决融资难题的一条有效途径，

微课：供应链金融的特点与作用

也是物流企业提供增值服务、提高利润的新途径。供应链金融的特点概括起来主要包括以下内容。

1. 突破传统融资模式思维

作为新融资方式，供应链金融在中小企业融资方面有着众多的优势。它改变了传统融资模式中单一强调企业资产规模和信用评级、过于注重财务报表数据对企业还款能力和综合能力的评定、对企业进行孤立静止的考察的思维模式，转向将企业融入供应链中，在真实具体的贸易业务中对企业还款能力、发展能力及综合能力进行考察和评价，并将贸易融资、企业理财、现金管理等系列金融产品整合至金融服务中，扩展金融服务领域，有效解决中小企业融资难题。

2. 参与主体多元化

供应链金融的参与主体不仅包括传统信贷模式中的金融机构、融资企业，还增加了核心企业和第三方物流企业。新增的两个参与主体在供应链金融中发挥着重要的作用。核心企业为供应链金融提供信用支持，其运营状况直接决定了整条供应链的运行情况。第三方物流企业扮演着“中介者”“信息集汇中心”“监管者”的角色。一方面，第三方物流企业为中小企业提供专业化、个性化的物流服务，利用质押物为中小企业担保；另一方面，第三方物流企业为银行提供仓储监管、质物价格评估以及拍卖等中间服务，发挥其在物流管理、资产设备以及人才储备上的优势，弥补了银行在质押物监管方面知识和能力的缺失。

3. 业务类型丰富

供应链金融业务的基本要素包括融资主体、担保品和融资对象。融资主体上，一些国家由于允许混业经营，开展融资业务的主体变得多元化，既存在银行、保险公司、信贷公司借款给中小企业并委托专业的第三方机构（如物流企业）对质押存货和借款人进行管理控制和评估，又存在物流企业兼并银行或银行成立专门的金融科技子公司开展供应链金融业务。比较而言，我国受银行分业经营和其他相关政策的影响，供应链金融业务中提供资金和进行相关结算的主体较为单一，主要是银行，采取的模式主要有两种，一种是银行借款给中小企业并委托专业的物流企业对借款企业和担保品进行评估和管理控制，另一种是银行统一授信给物流企业，由物流企业按银行的规定开展物流融资业务。担保品方面，担保品种类已比较丰富，预付账款类融资、存货类融资、应收账款类融资等业务模式都发展得较为成熟，其中存货包括原材料、产成品、半成品甚至在制品。至于融资对象，也从最原始阶段的农户，扩展到了批发零售型的流通企业，进而扩展到了供应商和生产企业，形成了针对供应链中小企业的全方位的融资体系。丰富多样的业务类型使企业的融资渠道更加广阔和畅通。

（二）供应链金融的作用

供应链金融发展迅猛，原因在于其能加快供应链上下游企业间的物流和资金流的流转速度，实现第三方物流企业、银行、核心企业和供应链上下游企业等多方共赢的局面。

1. 对银行而言

降低金融机构风险。在实际融资活动中，作为金融机构的银行为了控制风险，需要了解质押物的规格、型号、质量等信息，还要查验权利凭证原件，辨别真伪，这些工作已超出了金融机构的业务范围。第三方物流企业在融资活动中处于特殊地位，能充分了解客户信息，掌握库存的变动情况，而核心企业具有良好的信用。由物流企业或核心企业作为担保方，帮助供应链中小企业进行融资，有效降低了金融机构的风险。

缓解金融机构的竞争压力。存贷利差目前仍然是银行利润的主要来源，中小企业数量多、分布范围广、资金分散但总需求量大，发展贷款业务的市场潜力大。银行通过提供供应链金融服务，不仅分散了信贷投放，改变了过于依赖大客户的局面，还发现了一批成长过程中优质的中小企业客户群。

有助于银行业务的发展。发展供应链金融，银行可以提供令客户满意的产品和服务；银行可以针对企业之间的交易行为及其特点设计产品营销方案，吸引中小企业开户并办理结算，带动存款、结算业务和新兴业务的发展；供应链资金流动实现内部循环，从而推动各项银行业务的发展。

资金运行具有可靠的增值价值。供应链上的"融资"行动带来了资金驱动能量，推动了供应链上的产品流动，实现从低端产品向高端产品的转换，提高了产品的附加值和核心竞争力，在间接为核心企业带来更多利益的同时，防止了资金的沉淀，提高了资金的运行效益。

2. 对核心企业而言

有助于核心企业稳定供销渠道。核心企业在供应链管理的过程中经常会遇到上游供应商由于缺乏资金支持或管理不善，不能保证按时、按量、按质交货，造成核心企业生产延迟的情况；在产品销售的过程中也会有下游经销商由于资金短缺拖延货款，使核心企业无法扩大销售等问题。供应链金融业务可以解决上下游中小企业的资金瓶颈，保证它们的有效运转，从而保证核心企业供销渠道的稳定。

提升供应链的核心竞争力。供应链金融以真实贸易为支撑，颠覆了传统的信用评价体系，大大提升了中小企业的信用水平，银行基于核心企业的信用，不仅可以为核心企业提供融资，而且也可以为其上下游企业提供融资支持，核心企业竞争力的提升影响了供应链核心竞争力的提升。

3. 对供应链上下游企业而言

大大缓解融资限制。中小企业因其信用等级普遍较低，可抵押的资产较少，在传统的授信方式下，银行很少考虑为其融资。供应链金融改变了银行针对单一企业主体进行信用评估并据此做出授信决策的融资模式，使银行从对中小企业的信用风险评估，转变为对整个供应链及其核心企业的信用风险评估，使银行从关注静态财务数据转变为对企业经营的动态跟踪。在考察授信企业资信的同时，强调整条供应链的稳定性、贸易背景的真实性以及授信企业交易对手的资信和实力，这有利于银行更好地发现中小企业的核心价值。中小企业信用等级获得提升，处于供应链上下游的中小企业在该模式中能够取得在其他方式下难以取得的银行融资。

降低资金需求方的融资成本。传统模式中，供应商和消费者为了避免风险，资金流运作多是通过银行借助信用状况进行，这种方式不仅手续烦琐，而且还会产生不必要的成本，加重中小企业资金周转负担。供应链金融业务可以使企业更快捷、便利地获得融资。根据第三方物流企业的资信，金融机构授予第三方物流企业一定的信贷额度，由第三方物流企业直接代表金融机构同贷款企业签订质押借款合同，同时为贷款企业寄存的质物提供仓储管理服务和监管服务，从而将申请贷款和质物仓储两项任务整合操作，提高了质押贷款业务运作效率，有利于企业更加便捷地获得融资，降低了融资成本。

有效盘活中小企业流动资产。对大多数的中小企业来说，可以用作抵押担保的固定资产比较有限，而这些企业拥有的流动资产往往占企业总资产比重较多。在供应链金融模式下，中小企业可以将所交易商品的动产或货权质押给银行，从而取得银行授信支持；也可以依托于实力强的上游供应商的信用，通过一定的责任捆绑来取得银行授信支持；还可以依靠其支付能力强的下游买方的信用，通过转让应收账款给银行来取得授信支持。

4. 对第三方物流企业而言

有助于业务范围的拓展。供应链金融服务是在仓储、运输、分拣、包装等传统的物流服务基础上提供的增值服务，并且日益成为物流服务的利润来源。第三方物流企业通过参与供应链金融，使其得以控制全程供应链，为其创造了新的增长空间，提升了综合价值，稳定和吸引了众多客户。

形成竞争优势。第三方物流企业作为银行和客户都信任的第三方机构，可以更好地融入客户的供应链，同时也可以加强与银行的同盟关系。供应链金融业务使物流企业与供应链的合作加深，有助于形成其自身的竞争优势。

5. 对政府而言

有助于建立良好的融资环境。通过制定明确、灵活的供应链金融政策，真正解决中小企业融资难题。通过风险甄别技术和有效的风险防控措施，减少呆账和坏账的发生，提高国家金融制度的安全性和整个金融体系的稳定性。积极与国际金融制度接轨，鼓励金融制度和金融模式的创新，出台各种优惠政策和相关的配套措施来促进其健康发展，从而营造良好的融资环境。

有助于应对国际竞争。当前国际竞争非常激烈，中小企业由于缺乏资金，抵御风险的能力较差，发展前景堪忧。国家一方面要防止金融泡沫的出现，维护整个金融体系的稳定；另一方面要促进中小企业的发展，在资金上给予扶持。供应链金融模式风险小、门槛低，真正能化解众多金融机构对中小企业“想贷不敢贷”的尴尬局面。

第二节　供应链金融的主要业务模式

一、预付账款类融资

（一）预付账款类融资的内涵

预付账款类融资是从供应链下游企业着眼，基于供应链下游企业和上游企业（一般为核心企业）间的交易，针对下游企业向上游企业采购的支付需求，提供融资的一种供应链金融产品。预付账款类融资的担保基础是下游企业向上游企业的提货权，或是发货、运输、入库等环节的在途货物、库存货物，因此通常认为预付账款类融资是基于“未来存货”的融资。

供应链金融中的预付账款类融资与传统的用于支付预付款的授信业务模式存在明显区别。在传统业务中，银行在授信申请人落实相应担保后才会响应预付款的融资需求。在供应链金融中，预付账款类融资具备自偿性，上游企业通过下游企业采购的货物，包括在发货、运输、入库等环节所形成的在途货物和库存货物，向银行进行担保，并以其销售款作为还款来源。因此，预付账款类融资能够缓解供应链上的企业的财务压力，并能有效解决中小企业因缺乏担保资源而难以获得银行融资的问题。

预付账款类融资主要包括保兑仓融资。保兑仓融资根据货物是否由第三方物流企业监管，可分为三方保兑仓融资和四方保兑仓融资。

（二）三方保兑仓融资

1. 三方保兑仓融资的概念

三方保兑仓融资是在上游企业与下游企业买卖关系的基础上，下游企业先缴纳一定比例的保证金，银行再向下游企业贷出全额货款，并用于支付上游企业预付款，上游企业向银行出具提货单用于质押，之后，下游企业分批次向银行支付保证金，银行分批次通知上游企业向下游企业发货的授信业务。保兑仓融资又被称为担保提货融资，或卖方担保买方信贷融资。

在实施三方保兑仓融资时，银行根据下游企业的保证金签发等额的提货通知单，上游企业根据提货通知单向下游企业发货，下游企业销货后继续往银行存入保证金，银行再签发等额的提货通知单，上游企业再根据提货通知单向下游企业发货，如此循环操作。授信到期时，如果银行出具的提货通知单的总金额小于到期贷款金额，则上游企业对该差额部分以及由于逾期产生的逾期利息、罚息承担连带保证责任，并承担该差额部分及产生款项的退款。

2. 三方保兑仓融资的业务流程

三方保兑仓融资的核心要点在于下游企业的销售能力和上游企业的保兑能力，三方保兑仓融资特别适用于下游企业在销售淡季向上游企业支付预付款，以此锁定优惠价格的情形，也特别适用于下游企业一次性付款以获取较大折扣的情形。其业务流程如图 9–3 所示。

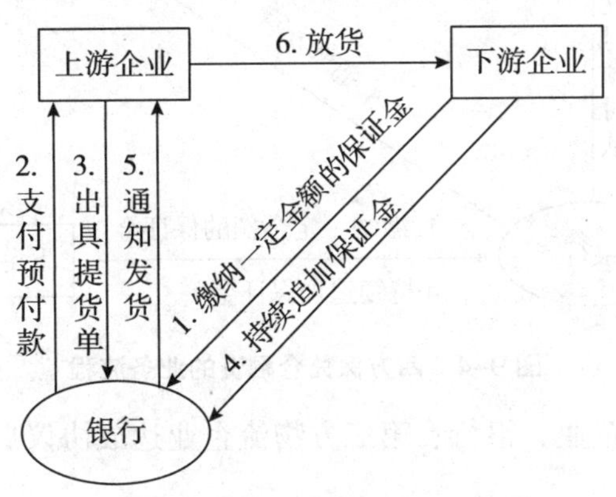

图 9–3 三方保兑仓融资的业务流程

（1）上游企业、下游企业、银行达成协议后，下游企业向银行缴纳一定金额的保证金。

（2）银行向下游企业授信，并贷出全额贷款，支付上游企业预付款。

（3）上游企业向银行出具提货单用于质押。

（4）下游企业根据经营需要不断向银行追加保证金。

（5）银行根据下游企业追加保证金的金额，通知上游企业发货。

（6）上游企业向下游企业发放部分货物。

3. 三方保兑仓融资的优势

（1）不占用下游企业的库存，且有利于下游企业实施“淡季打款，旺季销售”的模式。

（2）有利于上游企业取得预收款，并锁定未来销售。

（3）将供货方与货物监管方合二为一，有利于银行简化管理，降低风险。

（三）四方保兑仓融资

1. 四方保兑仓融资的概念

四方保兑仓融资是在上游企业与下游企业买卖关系的基础上，下游企业先缴纳一定比例的保证金，再将准备购买的货物向银行出质进行融资，并利用银行的融资款支付上游企业预付款，之后，银行按照下游企业的销售回款进度，通知行使监管职能的第三方物流企业逐步向下游企业释放质物的授信业务。

四方保兑仓融资中，在下游企业利用银行的融资款支付预付款之后，在行使监管职能的第三方物流企业尚未收妥货物之前，银行对下游企业的融资实际上无担保，只能认为下游企业向银行出质的是融资项下的未来货权，因此又可以称四方保兑仓融资为货权质押融资。

2. 四方保兑仓融资的业务流程

在实践中，当下游企业销售的产品为热销品时，往往会出现缺货和断供的情况，此时通过四方保兑仓融资提前预订，将有助于热销品的持续供应。四方保兑仓融资的业务流程如图 9–4 所示。

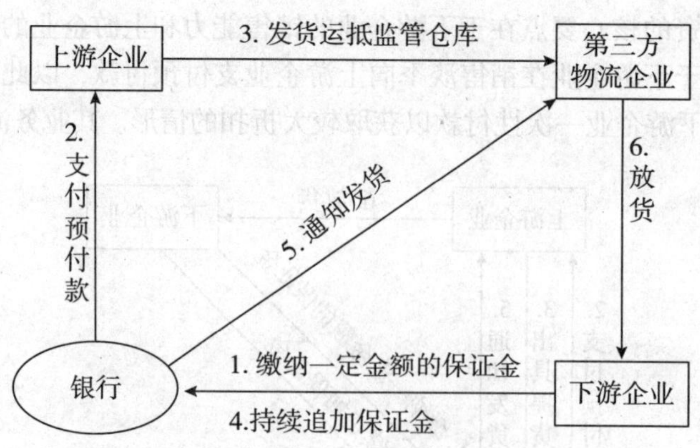

图 9–4　四方保兑仓融资的业务流程

（1）供应链上下游企业、银行、第三方物流企业达成协议后，下游企业向银行缴纳一定金额的保证金。

（2）银行对下游企业授信，并支付上游企业货物的款项。

（3）上游企业向下游企业发货，直接将货物运抵第三方物流企业的监管仓库。

（4）下游企业根据经营需要不断向银行追加保证金赎货。

（5）银行根据下游企业追加保证金的金额，通知第三方物流企业发货。

（6）第三方物流企业向下游企业发放部分货物。

3. 四方保兑仓融资的优势

（1）有助于下游企业突破担保资源限制，解决采购预付款不足的问题。

（2）有助于上游企业减少应收账款对资金的占用，降低资金使用成本，提高资金使用效率。

（3）有助于银行有效带动负债业务，获得中间业务收入，提高综合收益。

二、存货类融资

（一）存货类融资的内涵

存货类融资是从供应链上下游企业与第三方物流企业的联系出发，借助第三方物流企业自身的信用或其对供应链货物的控制，帮助供应链企业解决融资需求的一种供应链金融产品。在实施存货类融资时，银行委托第三方物流企业履行监管职能，或者由第三方物流企业提供自身信用，供应链企业无须提供其他抵押即可获得融资，极大地方便了担保资源缺乏的供应链企业。

随着第三方物流的发展，提供货代、仓储、运输等物流服务的第三方物流企业与生产、贸易类企业的联系越来越紧密，第三方物流企业正逐渐渗透到供应链的各个环节。在供应链上下游企业之间，货物是最重要的联系纽带，因此，供应链金融必须满足货物流通对资金融通的需求。

根据质押物（货物或货权）的不同，存货类融资可以分为存货质押融资和仓单质押融资。

（二）存货质押融资

1. 存货质押融资的概念

存货质押融资是供应链企业将银行能够接受的存货进行质押，并通过质押的存货来办理各种短期授信业务的融资方式。质押的存货包括原材料、半成品和产成品等，短期授信业务包括现金贷款以及办理银行承兑汇票、商业承兑汇票和信用证等融资业务。

在进行存货质押融资时，供应链企业、第三方物流企业和银行签订三方合作协议，第三方物流企业受银行的委托，对供应链企业质押的货物进行监管，帮助银行占有质押的存货。根据是否可以自由换货，存货质押融资可分为静态存货质押融资和动态存货质押融资。

2. 静态存货质押融资

供应链企业将存货质押给银行时，将存货送交银行指定的第三方物流企业进行监管，在第三方物流企业对仓库实施监管后，供应链企业不得以货易货，必须归还融资款，才能赎货。静态存货质押融资的业务流程如图 9-5 所示。

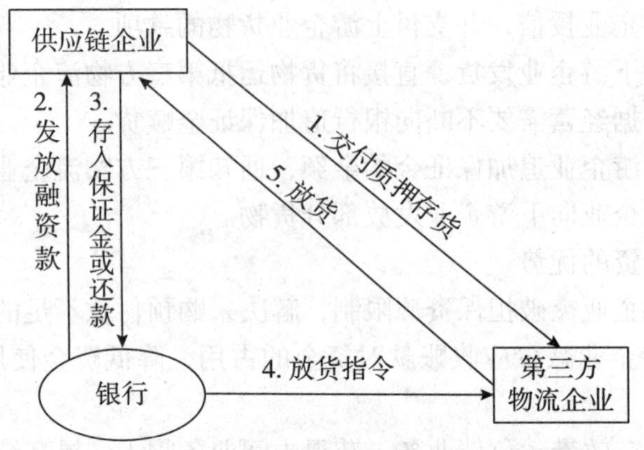

图 9–5 静态存货质押融资的业务流程

（1）供应链企业、银行与第三方物流企业签署静态存货质押融资合同，供应链企业向第三方物流企业交付质押存货。

（2）银行对供应链企业进行授信，发放融资款。

（3）供应链企业向银行存入赎货保证金或归还融资款。

（4）银行向第三方物流企业发出放货指令。

（5）第三方物流企业向供应链企业放货。

静态存货质押融资具有以下优势。

（1）有利于供应链企业盘活积压的存货，扩大经营规模。

（2）不允许以货易货，银行的风险相对较低。

（3）适用于除了存货没有其他合适质物的供应链企业。

3. 动态存货质押融资

动态存货质押融资与静态存货质押融资相比，放松了以货易货的规定。供应链企业将存货质押给银行时，规定供应链企业保有质押存货的最低库存，在保证质押存货最低库存的前提下，只要入库的存货与原有存货同类、同质，供应链企业就可以自由地以货易货，在此基础上供应链企业可以通过质押存货办理各种短期授信业务，对于在最低库存临界点以下的货物，供应链企业必须补足保证金或归还融资款后方可提取。动态存货质押融资的业务流程如图 9–6 所示。

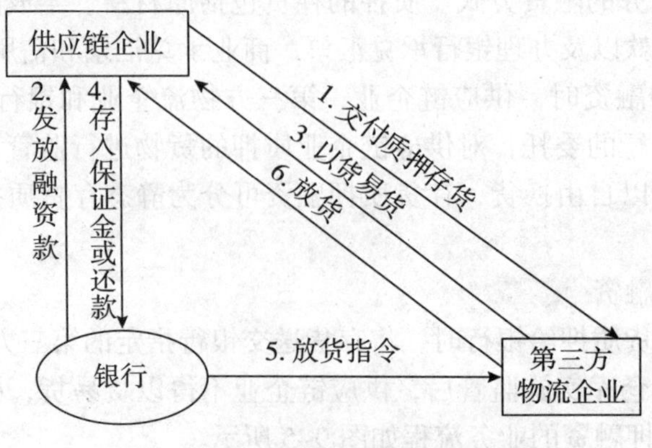

图 9–6 动态存货质押融资的业务流程

（1）供应链企业、银行与第三方物流企业签署动态存货质押融资合同，供应链企业向第三方物流企业交付质押存货。

（2）银行对供应链企业进行授信，发放融资款。

（3）在保证质押存货最低库存的前提下，供应链企业可以自由地以货易货。

（4）供应链企业向银行存入赎货保证金或归还融资款。

（5）银行向第三方物流企业发出放货指令。

（6）第三方物流企业向供应链企业放货。

动态存货质押融资具有以下优势。

（1）可以以货易货，质押存货不会对供应链企业的生产经营活动产生太大影响。

（2）银行实施动态存货质押融资的成本小于实施静态存货质押融资的成本。

（3）适用于供应链企业存货的品类较为一致、核定价值比较容易的情形。

（三）仓单质押融资

1. 仓单质押融资的概念

仓单质押融资是供应链企业以其自有或第三方机构拥有的仓单作为质物向银行出质，并凭借质物向银行办理各种短期授信业务的融资方式。

仓单是保管人向存货人填发，表明双方仓储保管关系存在，并向持有人无条件履行交付仓储货物义务的一种权利凭证。仓单由第三方物流企业签发给存货人或货物所有权人，并记载仓储货物的所有权，仓单持有人凭仓单可以随时向第三方物流企业提取仓储货物。仓单可分为普通仓单和标准仓单两种。

2. 普通仓单质押融资

普通仓单质押融资是供应链企业以第三方物流企业填发的仓单作为质物，并凭借质物向银行办理各种短期授信业务的融资方式。

普通仓单是指由第三方物流企业自行制作的仓储货物权利凭证。有时，供应链企业也会使用商品调拨单作为质物进行仓单质押融资。商品调拨单由厂家签发，是对仓储货物的唯一提货凭证。普通仓单隐含第三方物流企业的信用，银行以其作为质物开展业务时，必须核实普通仓单的真实有效性，并为第三方物流企业核定相应的额度。普通仓单具有有价证券的性质，因此出具普通仓单的第三方物流企业需要具有很高的信用资质。

普通仓单质押融资的业务流程如图 9–7 所示。

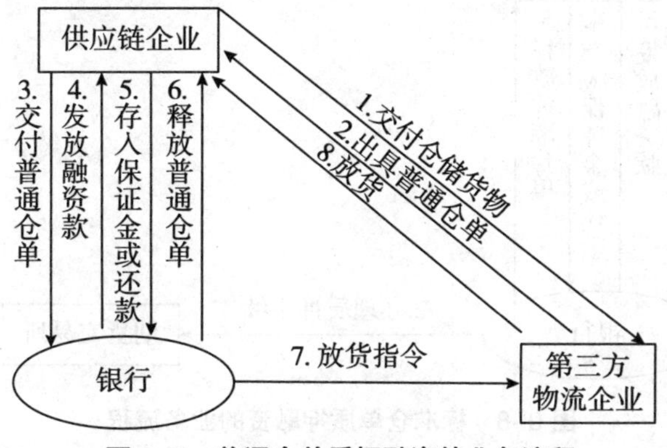

图 9–7　普通仓单质押融资的业务流程

（1）供应链企业向第三方物流企业送交仓储货物，并从第三方物流企业申请普通仓单。

（2）第三方物流企业向供应链企业出具普通仓单。

（3）供应链企业向银行交付普通仓单，并将普通仓单作为质物。

（4）银行向供应链企业进行授信，发放融资款。

（5）供应链企业向银行存入赎货保证金或归还融资款。

（6）银行将质押的普通仓单交回供应链企业。

（7）银行向第三方物流企业发出放货指令。

（8）第三方物流企业向供应链企业放货。

普通仓单质押融资具有以下优势。

（1）质押普通仓单，向银行贷款，可以解决供应链企业经营融资问题，争取更多的周转资金，从而扩大经营规模，提高经济效益。

（2）开展普通仓单质押业务可以增加银行的放贷机会，培育新的经济增长点。同时，银行贷款的风险大大降低。

（3）第三方物流企业可以利用办理普通仓单质押贷款的优势，吸引更多的供应链企业，从而保有稳定的货物存储量，提高仓库利用率。同时，第三方物流企业还可以借此机会加强基础设施的建设，完善各项配套服务，提升企业的综合竞争力。

3. 标准仓单质押融资

标准仓单质押融资是供应链企业以其自有或第三方机构拥有的标准仓单作为质物向银行出质，并凭借质物向银行办理各种短期授信业务的融资方式。

标准仓单是指符合期货交易所统一要求，由指定交割仓库在完成入库商品验收、确认合格后签发给货主，并经期货交易所注册生效的标准化提货凭证。标准仓单隐含交割仓库和期货交易所的信用，流通性和安全性要高于普通仓单。期货交易所能够保证标准仓单的提货权利，因此银行将其作为质物开展业务时，通常不需要为交割仓库和期货交易所核定额度。

标准仓单质押融资的业务流程如图 9–8 所示。

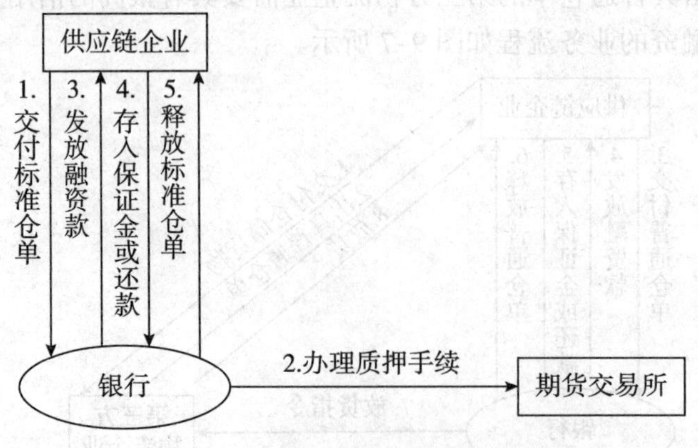

图 9–8　标准仓单质押融资的业务流程

（1）供应链企业向银行交付标准仓单，并将标准仓单作为质物。

（2）银行与期货交易所协商，并办理质押手续。

（3）银行向供应链企业进行授信，发放融资款。

（4）供应链企业向银行存入赎货保证金或归还融资款。

（5）银行将质押的标准仓单交回供应链企业。

标准仓单质押融资具有以下优势。

（1）供应链企业实施标准仓单质押融资的手续较为简便，成本相对低廉。

（2）银行实施标准仓单质押融资的成本和风险都相对较低。

（3）标准仓单的流通性强，即使供应链企业违约，银行处理也相对便利。

三、应收账款类融资

（一）应收账款类融资的内涵

应收账款是企业因销售商品、提供劳务等，应向购货、接受劳务单位等收取的款项，是企业因销售商品、提供劳务等经营活动所形成的债权，主要包括企业销售、商品、提供劳务等应向有关债务人收取的价款及代购货方垫付的运杂费等。应收账款类融资是供应链上游企业以其从下游企业（一般为核心企业）取得的应收账款或权利作为主要担保，从银行获得融资的一种供应链金融业务模式。

应收账款类融资适用于以赊销为主要经营方式，供应链下游企业信用状况较好的情形。应收账款类融资属于供应链上游企业以自身资产支持的一种融资产品，它以供应链上游企业应收账款作为还款来源，关注应收账款的质量和资金流控制，对供应链上游企业的信用状况和授信担保条件要求不高。实施应收账款类融资能帮助供应链上游企业提前回笼销售资金、降低销售财务风险、提高资金运用能力、改善企业财务报表结构。

应收账款类融资的主要形式有应收账款质押融资和保理。

（二）应收账款质押融资

1. 应收账款质押融资的概念

企业用其应收账款作为质押，向银行或者其他金融机构申请贷款或其他形式融资，以解决临时性的资金短缺，满足企业生产经营的需要。应收账款质押融资从根本上来说，是一种以应收账款作为抵押品的综合融资业务，包括各种类型贷款、商业承兑、担保等信贷业务。在法律上，应收账款是一种债权，应收账款质押是一种权利质押。

一般而言，绝大多数正常经营的企业都会有一定的应收账款，所以应收账款质押融资具有普遍的适用性。对具有下列特征的企业而言，应收账款质押融资更能为企业融资带来生机。

（1）有相对稳定的付款群体。

（2）以信誉良好的大集团公司为交易对象。

（3）本身正处于高速增长时期，不动产相对匮乏。

（4）所处行业波动性高、季节性强。

（5）属于新办的生产型或贸易型中小企业。

2. 应收账款质押融资的业务流程

出质人把应收账款作为质押向质权人申请授信，出质人与质权人签订借款合同以及质押合同后，质权人向出质人提供融资。应收账款质押融资的业务流程如图 9–9 所示。

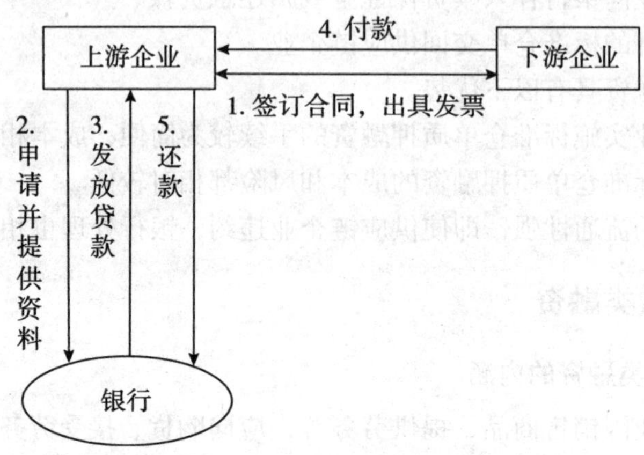

图 9–9　应收账款质押融资的业务流程

（1）上游企业和下游企业签订销售合同，上游企业出具发票，形成应收账款。

（2）上游企业向银行递交质押申请，并提供销售合同、售货单等各项资料。

（3）银行审核通过并向上游企业发放贷款。

（4）下游企业将应收账款支付给上游企业。

（5）上游企业向银行还款。

3. 应收账款质押融资的优势

应收账款质押融资对企业的信用要求相对较低，大多关注于应收账款的质量。对于一些规模较小、财务管理制度不够完善的企业来说，应收账款质押融资的优势列举如下。

（1）可以提高企业资金流动率，扩大企业贸易规模。应收账款质押融资使企业将较不活跃的应收账款转为流动资金，提高了企业的盈利能力和偿债能力，质押取得的资金可以投入再生产，扩大了企业的贸易规模，改善了企业的财务状况。

（2）可以降低融资成本，减少机会成本。应收账款的产生原因之一是商业竞争，其可为企业提供一定量的无息贷款，但从机会成本来看，企业失去了投资其他业务或存入银行所获得的相应利息收入，而通过应收账款质押融资的方式，企业从银行取得了这笔资金，从而减少了机会成本。

（三）保理

1. 保理的概念

保理是基于上游企业向下游企业销售商品或提供劳务等所产生的应收账款，上游企业将现在或将来的应收账款转让给保理商（一般指银行和商业保理公司），保理商向上游企业提供贸易融资、销售分户账管理、应收账款催收、信用风险控制与坏账担保等一系列服务的综合金融服务方式。

按照不同的分类标准，保理具有多种分类形式。

（1）按照是否通知下游企业转让事宜。

按照是否通知下游企业有关上游企业应收账款的转让事宜，保理可分为明保理和暗保理。

对于明保理，应收债权转让一经发生，上游企业立即以书面形式将债权转让的事实通知下游企业，指示下游企业将应付款项直接付给保理商，或保理商委托上游企业作为收账代理人继续向下游企业收款，下游企业将有关款项付至上游企业在保理商处开立的账户后，由保理商直接扣收。

对于暗保理，应收债权转让一经发生，上游企业在转让之时并不会通知下游企业，保理商仅委托上游企业作为收账代理人继续向下游企业收款，下游企业将有关款项付至上游企业在保理商处开立的账户后，由保理商直接扣收。

（2）按照是否保留对上游企业的追索权。

按照是否保留对上游企业的追索权，保理可分为有追索权保理和无追索权保理。

对于有追索权保理，根据上游企业的申请，保理商受让其与下游企业因交易产生的债权，下游企业不论何种原因到期不付款时，保理商有权向上游企业追索，或按照保理合同的约定，上游企业有义务按照约定金额向保理商回购应收债权，应收债权的坏账风险由转让应收债权的上游企业承担。

对于无追索权保理，上游企业将其应收债权转让给保理商，在其所转让的应收债权，因下游企业信用问题到期无法收回时，保理商不能向上游企业进行索赔，所转让的应收债权的坏账风险完全由保理商承担。

（3）按照是否发生在同一国境内。

按照是否发生在同一国境内，保理可分为国内保理和国际保理。

对于国内保理，上游企业将在国内销售商品或提供劳务所形成的应收债权转让给保理商，由保理商为其提供贸易融资、信用风险控制、销售分户账管理、应收账款催收及坏账担保等各项相关金融服务。

对于国际保理，保理交易当事人及保理交易行为已超出同一国家的范围，保理财产涉及国与国之间的转移。国际保理可以进一步分为进口保理与出口保理。进口保理是指保理商与下游企业位于同一国家，为国外上游企业的应收账款提供保理，应收账款因下游企业的进口而产生。出口保理是指保理商与上游企业位于同一国家，为上游企业的出口而产生的应收账款提供保理。

（4）按照额度是否可循环使用。

按照额度是否可循环使用，保理可分为循环保理和非循环保理。

对于循环保理，上游企业将下游企业在一定期限内的特定应收债权转让给保理商，保理商在下游企业或上游企业的最高综合授信额度内，为上游企业在核定的有效期内循环提供应收债权融资。

对于非循环保理，上游企业将下游企业在一定期限内的特定应收债权转让给保理商后，对已发生的特定的一笔或若干笔商务合同项下的应收债权而设立的融资额度使用完毕后，保理商不再循环提供应收债权融资。

2. 明保理

明保理的最大特征体现在，当供应链的上游企业将应收债权向保理商转让时，会立即以书面形式将债权转让的事实通知下游企业。其业务流程如图 9-10 所示。

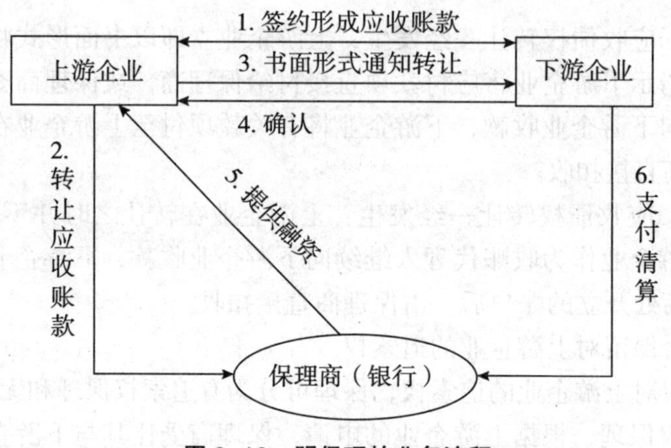

图 9-10　明保理的业务流程

（1）供应链上下游企业签署购销合同，上游企业以赊销的方式销售，并取得应收账款。

（2）上游企业因资金周转，需要将应收账款变现，通过与保理商协商，将应收账款转让给保理商。

（3）上游企业以书面形式将应收账款的转让情况通知下游企业。

（4）下游企业确认收到通知，并向上游企业反馈。

（5）保理商向上游企业提供融资。

（6）应收账款到期日前，下游企业向上游企业指定的账户付款，保理商扣除融资款后，将剩余的款项存入上游企业账户。

明保理具有以下优势。

（1）上游企业通过转让应收账款就可以从保理商处提前获得销售回款，从而加速资金周转，避免资金被应收账款占用。

（2）有助于下游企业从上游企业获得赊销的优惠条件，从而扩大营业额。

（3）有助于保理商开拓新的信贷市场，丰富融资产品，提高综合服务能力，也有助于保理商取得保理业务的中间费用。

3. 暗保理

暗保理类似于明保理，不同之处在于，上游企业向保理商转让应收债权时，不会将债权转让的事实通知下游企业。其业务流程如图 9-11 所示。

（1）供应链上下游企业签署购销合同，上游企业以赊销的方式销售，并取得应收账款。

（2）上游企业因资金周转，需要将应收账款变现，通过与保理商协商，将应收账款转让给保理商。

（3）保理商向上游企业提供融资。

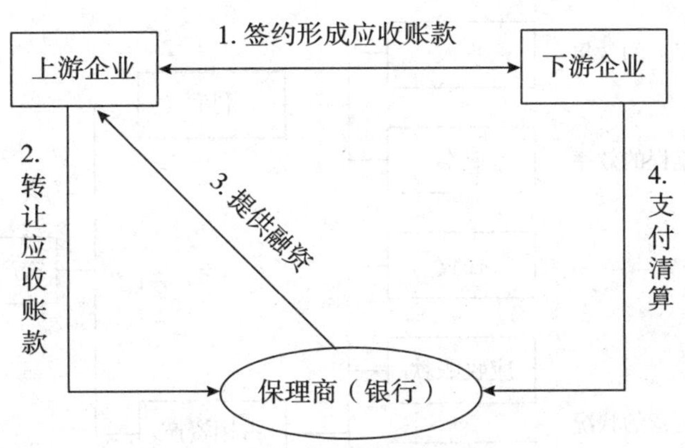

图 9-11　暗保理的业务流程

（4）应收账款到期日前，下游企业向上游企业指定的账户付款，保理商扣除融资款后，将剩余的款项存入上游企业账户。

暗保理具有以下优势。

（1）除了具有部分明保理的优势之外，暗保理的手续比明保理的手续更简便。

（2）可用于下游企业比较强势，不愿意配合保理商和上游企业的情形。

（3）可用于上游企业有意隐瞒自己资金状况的情形。

第三节　供应链财务管理

供应链金融的实质在于通过金融性服务和活动优化供应链运营，改善供应链中各参与者的财务绩效，最终提升整个供应链竞争力。从这个意义上讲，供应链金融不仅能融资，而且能优化和改善整个供应链的财务效率，帮助供应链中的所有企业以最优的财务费用实现最佳的运营绩效。这也就意味着供应链管理者所做出的运营上的决策不仅对本企业的财务费用和财务状况产生影响，同时也会对其他企业在财务方面产生影响，进而决定整个供应链端对端的资金效率。

一、资产回报率

（一）供应链管理对资产回报率的影响

企业的财务状况和绩效状况，可以通过利润与相关资产的对比来进行分析，即资产回报率。企业的资产回报率是一个公认的财务状况指数，用于同行业企业之间和相近行业企业之间相互比较管理水平、衡量公司业绩。企业的资产回报率决定企业盈利能力的强弱，而提升资产回报率的关键在于有效地实施经营和进行供应链管理。

图 9-12 反映的是供应链管理对资产回报率的影响。供应链服务的效果影响着企业的销售水平，供应链流程的效率则决定了企业的供应链成本，此外，供应链运营的状况也直接影响了企业的资产状况。资产回报率是用利润除以占用资产来计算的。在占用资产既定时，利润越多，企业的资产回报率就越高；相反，利润越少，企业的资产回报率就越低。

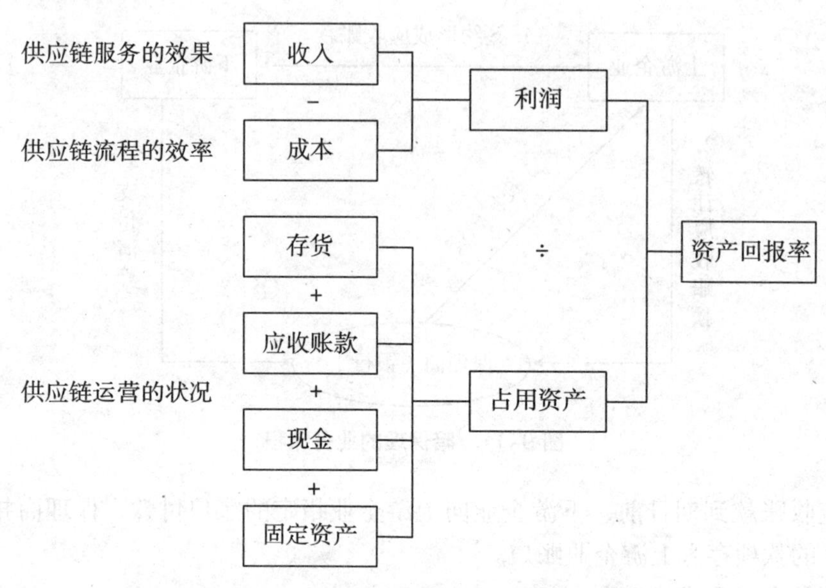

图 9–12 供应链管理对资产回报率的影响

（二）提升资产回报率的供应链管理途径

供应链运营的效率和效果直接影响了占用资产。为了提升资产回报率，企业除了提升自身的经营能力外，还需要通过供应链管理来实现目标，供应链管理途径包括网络结构管理、供应链库存管理、供应链订单管理和供应链运输管理，如图 9–13 所示。

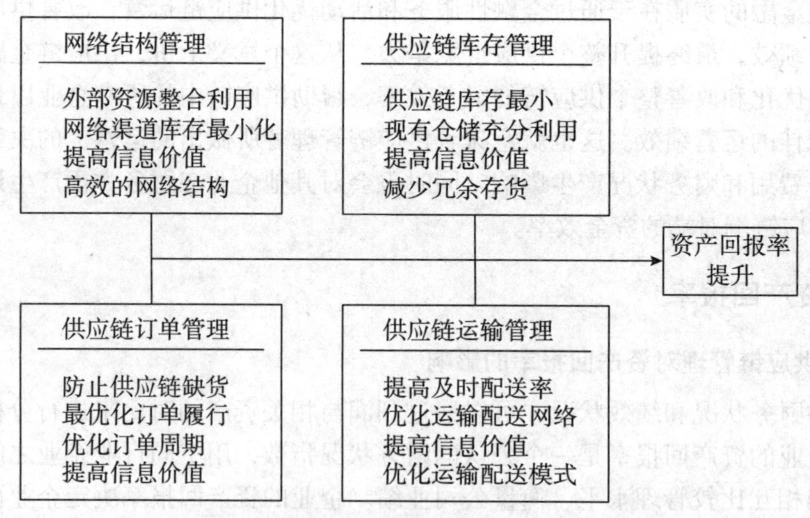

图 9–13 提升资产回报率的供应链管理途径

1. 网络结构管理

在供应链运营过程中，如果由单一企业承担，不仅企业的投资较大，增加了占用资产，而且企业的运营效率和效果也不佳。若更高效的供应链企业加入供应链运营，会使供应链成本降低，从而更为有效地服务客户。在市场的高度不确定情况下，外部资源的利用效果更为显著。然而，过度的外包也会产生潜在的成本，例如，在物流外包服务中，关系性风险（由于供方的机会主义、沟通较差、缺乏共享的目标、权利不对称）会导致资产风险，进而产生能力风险（具体表现为服务绩效恶化、失去控制、战略发展受阻、能力丧失）。因此，组织高效的网络结构，在有效利用外部资源的前提下，将潜在的成本和风险降到最低，这是提升资产回报率的关键。

2. 供应链库存管理

供应链全渠道库存水平的降低，能够减少供应链渠道的资金占用，提高资金使用效率。这一目标的实现，有赖于供应链成员能够在不同的层级和环节之间充分地利用共享信息，减少预测误差，增强协同的频次，并通过有效规划和设置网络结构，减少不必要的中间环节。一方面使整个供应链渠道库存水平下降，另一方面使企业及时应对市场变化，有效地减少供应链资本投入，增加销售收入，最终全面提升资产回报率。

3. 供应链订单管理

供应链订单管理是十分复杂的管理，涉及不同的承担者，它存在不同的任务、资源和主体的交互。供应链订单管理的目标主要有两个：一是将有效的产品在正确的时间传递到正确的地方服务正确的客户；二是增强敏捷性以应对内外环境中的不确定性。因此，高效的供应链订单管理既能降低供应链成本，又能帮助企业增加销售收入，进而影响资产回报率。订单履行比率提高和最优化意味着订单处理时间的减少，这将大大减少应收账款的回收时间。订单处理时间上的效率提高，则减少了客户端的赊账时间，降低了投资于应付账款的资金成本。

4. 供应链运输管理

运输配送时间会对销售和库存产生重要的影响，运输配送时间的延长意味着客户反应时间的延长，从而使商品滞销的可能性增大。同样地，运输配送途中的商品也是在途库存，在途库存增大，必然占压大量资金，进而降低了资产回报率。因此，要改善供应链中的财务状况，也需要优化供应链全过程的运输管理。

由此可以看出，要想提升资产回报率，需要对整个供应链活动实现端对端的有效组织和管理。在选择供应链的备选方案时，企业需要参考净收益、资产回报率和股东权益报酬率等财务指标的变化与影响，这也是开展供应链金融的基本前提。如果供应链不能够有效管理，财务状况必然恶化，而开展供应链金融的风险就会很大；相反，合理有效的供应链活动不仅能促进资产回报率的提升，也能帮助供应链参与方优化财务状况，降低财务费用，加速现金流。

二、现金流量周期

现金流量周期是企业供应链运作绩效测评的一种重要指标，其基本定义是单位货币从原材料投入到市场价值实现的周期时间，该指标反映企业应该加速现金流和管理应收账款。

（一）现金流量周期的概念

现金流量周期的定义不尽一致，现金流量周期反映了企业的运营周期，它测量了从消耗现金为生产经营活动而购买库存，到通过最终商品的销售而获取现金的时间跨度，这个指标可以用天数来衡量。现金流量周期的基本计算公式：

现金流量周期 = 库存天数 + 应收账款天数 − 应付账款天数

现金流量周期对企业的运营资金的影响是非常直接的，现金流量周期越长，企业需要的运营资金越多。运营资金与现金流量周期的关系如下：

运营资金 = 现金流量周期 × 年销售额 ÷ 365

（二）协同现金流量周期

尽管现金流量周期能改善特定企业的运营绩效，但是从供应链整体看，并没有改善所有供应链参与者的资金状况，一个企业的应收账款减少，往往意味着其交易对手的应付账款增加，单个企业的应付账款天数延长，必然会占压其他企业的资金。因此，要优化整个供应链的运营资金，提升整体的竞争能力，不能仅站在单一企业的角度看待现金流量周期，而需要从系统的视角去探索现金流量周期。

协同现金流量周期采用系统的视角，利用各个参与主体的协作来缩短现金流量周期，加速现金流。换言之，协同现金流量周期不是简单地将多个企业现金流量周期进行加总，这样并不能真正优化整个供应链现金流。从供应链运营看，其业务活动涉及供应端外部网络（包括最初的供应源）、销售端外部网络（包括最终的消费客户），以及供应链体系内的多级企业。如果只从单个企业的视角管理现金流量周期，那么将难以实现整体的现金流加速。因此，协同现金流量周期不是单纯地计算每个企业的应收账款天数、应付账款天数以及库存天数，而是从系统的角度来看整个供应链的现金流量周期。具体而言，一个供应链中间段的应收期限和应付期限对于整个供应链没有实质性的影响，协同现金流量周期示意如图 9–14 所示。显然，要缩短协同现金流量周期，就需要降低供应链中企业的加权平均资金成本，以实现最大的经济增加价值。

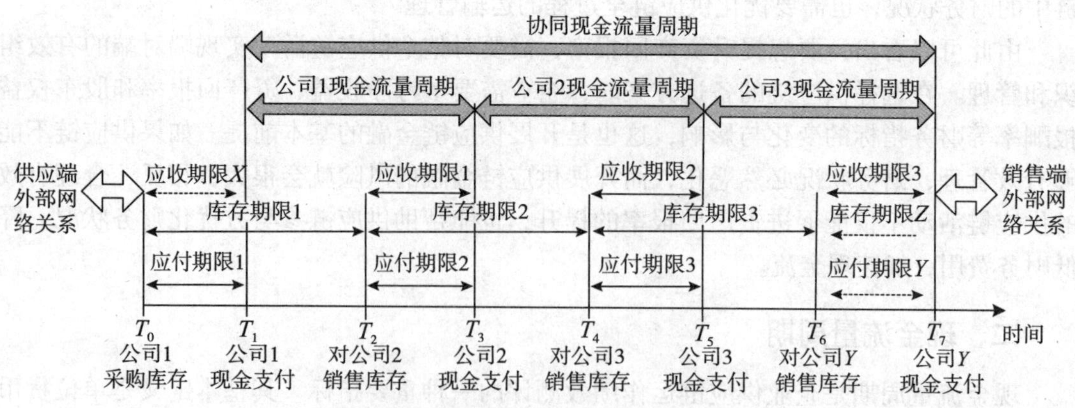

图 9–14　协同现金流量周期示意

（三）供应链协同现金流量周期管理

供应链视角下对协同现金流量周期的管理涉及企业内部跨职能管理以及企业之间的合作管理，而且这种合作管理不仅涉及直接的上游供应商和下游客户，甚至还涉及供应商的供应商，以及客户的客户，只有这样，才能真正实现良好的协同现金流量周期。具体来说，供应链协同现金流量周期管理主要涉及以下几个方面。

（1）延长平均应付账款天数。

企业内部改善现金流量周期中，一种有效的手段是延长与库存相关的平均应付账款天数，以此获得更多的无息财务资源。具体方式为在最后时刻支付费用，并尽量对供方进行部分支付而不是全额支付。另外，还可以减少对外支付的频度，利用无息的信用额度进行支付，目的在于控制和管理现金的支付。

（2）缩短生产周期，减少库存天数。

库存是判定生产效率最重要的指标之一。一般，库存有两种形态：一种是最适库存，另一种是过量库存。最适库存是指“必要的库存，正好能够支持生产的需要”，过量库存则是“超出生产必要的库存”。如果不是出于战略考虑的过量库存，就会对整个企业造成负担。企业一定要控制过量库存，采用有效的生产和库存战略。

（3）加速回收应收账款。

对于应收账款，企业需要加速资金回笼。具体手段主要是鼓励快速支付，利用折扣或奖励等加速应收账款的回收；对较低销售业绩的客户要求立即付款，因为这种企业更容易产生拖欠账款；加强利用电子支付，电子支付能够提升付款速度，加速资金回收。另外企业也可以将回收应收账款委托给金融机构。

（4）企业间合作与协调。

企业间的合作和协调十分重要，合作良好的企业能够实现更短的订单前置时间。企业间的合作和协调就是打破企业间存在的各种业务壁垒，通过业务流程的整合和有效的信息沟通，提高经营绩效，从而加速现金周转，缩短现金流量周期。在考虑各种客户销售因素的基础上，在形成经营预测和补货计划的过程中，订单预测信息应当同步传输到配送中心，以整合和修正订单预测信息以及相应的企业库存结构，再结合零售店铺的 POS 数据和供应商的订单预测信息，切实制定供应链企业的业务和财务目标。

（5）业务规划扩展。

由于供应链贯穿三方（供应方、仓储方、销售方），涉及生产业、仓储业、营销业等，缩短现金流量周期不仅要求供应链企业之间的协同作业，也要求将业务规划扩展到运输业，形成协同运输管理（Collaborative Transportation Management，CTM）。协同运输管理就是将企业的订单预测转化为承运预测，从而保障订单的准确实施，其目的在于通过卖方、买方和第三方物流企业等的合作，改善运输和配送过程的服务、效率和成本。CTM 通过企业之间的合作，借助现代信息系统，能够缩短规划窗，合理安排物流资源，提供相应的物流配送服务。

（6）整合、管理财务和金融业务。

现金流量周期模型是当今供应链绩效管理的重要理论和测评方法，它的突破在于整合了供应链各参与者的业务规划和物流作业，而且随着供应链管理复杂度的提高，也需要整合和管理财务和金融业务，从而有效地利用企业的财务资源，产生良好的现金流，降低财务成本，促使实体供应链的顺利运作。产品进入新市场的途径、产品市场分销范围、品牌产品销售和理货管理、通道营销管理对供应链绩效有影响，优化资金流程则是优化供应链绩效的主要表现之一。

三、价值回路的组织与管理

在供应链管理领域，下游客户常常发回反馈信息，成为事实上的价值协同创造者，服务市场和服务供应链更加强调价值协同创造对合作绩效的影响和促进，从客户诉求的提出到最终价值的实现，建立了一个回路，这就是价值回路。现金流量周期是价值回路的绩效表现。价值回路的效率主要取决于供应链运营的广度和深度。广度是指供应链运营涉及利益相关方的程度或者价值协同创造者的数量；深度是指相应的流程活动的延伸程度。

价值回路的组织方式和管理模式决定了现金流量周期，影响了供应链运营方式和流程活动，并且供应链金融的作用取决于价值回路的形态。价值回路的组织与管理可以分为三个阶段。

（一）价值回路组织与管理的第一阶段

在供应链运营方面，第一阶段最需要强调的是跨职能之间的协同，如何协调跨职能的关系是供应链管理中的一个战略问题。跨职能之间的协同是指同一企业内不同群体之间的整体协调，企业需要为各个群体统一认知、规范和价值观，使不同群体可以保持有效的沟通和互动，其中最重要的是建立信任关系。因此，不同职能部门间的协调就显得尤为重要，销售与运营匹配成为供应链管理的重点。为了达成以上目标，企业需要建立ERP系统。ERP系统可以通过高度整合创造价值，使业务网络中的内外沟通得到改善，强化决策过程。

这一阶段，现金流量周期能否缩短，主要取决于业务整合和信息化能力，主要目标为降低库存，减少应收账款，增加应付账款，改善资金状况。不过，如果将自身利益建立在上下游企业的损失上，那将会损害整个供应链的正常运行，供应链金融因此变得不可或缺。通过企业与金融机构的合作，将应收账款转换为现金，从而大大缓解了资金压力。在第一阶段中，供应链主要依赖于供应链中的业务和信息。

（二）价值回路组织与管理的第二阶段

除了跨职能之间的协同外，第二阶段更加注重跨组织之间的协作，这种协作是指在不同组织之间建立起合作性的持续关系，共同改善供应链运营质量，实现供应链参与者的共同绩效。当然，要达成这一目标并不容易，首先需要强调的是，所有的供应链参与者都要协同业务计划，如果供应链参与者能进行充分的信息沟通，就容易使大家形成目标一致的战略，最终提升整个供应链的质量。为了达成以上目标，B2B（Business to Business）产业关联就显得十分重要。不同组织之间的ERP系统互联互通，建立跨组织集成系统，使信息能在不同供应链成员之间有效流通，建立共享和交流体系，实现主数据流程、采购订单流程、销售订单流程、仓储协同流程、关务协同流程和运输协同流程一体化。

第二阶段的主要目标：加速现金流，缩短整个供应链的协同现金流量周期，提高供应链的效率和竞争力。这不仅需要上下游企业之间的合作，还需要它们合理地配置资金，保证充足的现金流。也就是说，通过供应链上下游企业的作业协同和信息协同，及时地为供应链参与者提供资金并调控风险，优化运营流程，产生良好的现金流，实现金融增值。可以看出，供应链金融在两个阶段中发挥的作用完全不同，第二阶段中，供应链金融已经融入供应链运营，成为供应链的一个流程，与信息流和商流相互作用、相互依存，从而实现整个供应链的良好发展。

（三）价值回路组织与管理的第三阶段

智慧供应链或网络供应链是第三阶段的主要特征，立足产业群的第三阶段建立了跨线条、跨部门、跨领域、多利益相关者的互动体系，实现了供应链竞争力的提高。从供应链运营来看，各参与方建立了一个真正一致的目标，形成共生、互生、再生。共生是要创造一个可供生态圈中各参与者共享资源的价值平台，使价值创造活动能通过联合库存管理、协同预测规划提高不同主体、环节的效率。互生是指供应链中的各个参与者和其他主体与供应链整体发展密切相关，共享集体的价值。如果缺乏共享的机会，整个供应链体系的健康运营将受到威胁，参与者可能会受到损失并转向其他生态圈。智慧供应链的最高目标就是再生，通过资源转移建立更好的经济发展秩序和协作框架，建立能适应环境变化的生态圈。构建开放式的互联网信息架构是实现以上三个目标的重要途径。

第三阶段的最终目标是创造现金流量周期，通过促进供应链成员、客户之间的互动和交流，创造现金流，通过资金管理、融通、利润分配等方式，实现供应链金融与产业活动的循环迭代，加速资金流动，创造产业价值。这一阶段的供应链金融体现出了互联网供应链金融的本质：供应链金融成为一种商业模式，构建产业新结构，使各参与者共同进行价值整合。

第四节　供应链金融风险管理

一、供应链金融风险的特性

供应链金融风险是指供应链上各企业对物流、信息流和资金流的预期出现了偏差，给供应链金融行业的企业或者组织造成损失的不确定性。供应链金融风险主要有以下特征。

1. 具有传导效应

供应链上的各企业之间是相互依存和相互作用的，它们共同在供应链金融活动中获益。但是，一旦某个企业出现问题，供应链金融风险会向上下游企业传导，使其他企业受到牵连，最终供应链金融服务者以及合作方都会受到损失。

2. 具有动态性

供应链金融风险不是一成不变的，它会随着供应链网络规模变化、融资模式创新、运营状况变化以及外部环境变化等动态变化。

3. 具有高度的复杂性

供应链金融风险是供应链风险和金融风险的叠加。其中，金融风险是指与金融有关的风险，会使供应链金融产生危机，包括操作风险、信用风险和市场风险等。

二、供应链金融风险的识别

供应链金融的应用给各参与方都带来了一定的利益，但也正是由于参与方众多，会涉及各个地区、各个行业，必然会面临一定的潜在风险。

1. 供应链自身风险

供应链金融最主要的风险就是复杂性与不确定性。供应链上下游企业大多是管理机制不健全的中小企业，随着供应链的发展和完善，会有越来越多的企业加入，如果供应链管理机制不完善，整条供应链上的企业都会遭受损失，而核心企业作为供应链最大的受益者，必然会遭受最大的连带损失。供应链金融发展得越完善健全，各个企业间的联系与约束就会更加紧密，如果其中一家企业出现信用风险，便会连带上下游企业遭殃，风险迅速蔓延整个供应链，损害核心企业的利益。

2. 信用风险

供应链金融的信用风险主要来源于两个方面。一方面是核心企业，核心企业作为供应链中物流、资金流和信息流的中心枢纽，与银行和物流企业高度配合，使供应链融资贷前和贷后有了关键性的信贷决策依据。如果核心企业出现信用风险，或者因信用捆绑而累积的所有债务超出其承担能力，由核心企业担保的整条供应链的信用基础将不复存在。另一方面是供应链上的中小企业，银行和物流企业不能对众多中小企业进行全面的资信调查，尤其对国外供应链企业的信用了解和动态风险监控更为薄弱。中小企业为了顺利实现融资，在原材料采购、商品生产及销售环节中可能会有提供虚假报表、欺诈、恶意串通等违法行为，加大了银行和物流企业调查分析的难度，同时也加大了融资风险。

3. 运营风险

供应链金融的运营风险主要体现在两个方面。一方面，供应链金融业务的顺利开展，需要银行的层层把关。银行从客户的需求出发，商品设计、原材料采购、商品生产及销售等环节，银行需要对每个环节进行风险评估，严格把控，保证供应链的安全性与真实性。另一方面，供应链的物流运输需要专业考评，必须选择管理制度健全的物流企业，才能保证供应链金融正常高效的发展，物流企业的专业水平不仅关系着供应链业务的顺利开展，还决定了供应链金融的运营风险。

4. 供应链间信息传递风险

供应链上的企业都是独立经营和管理的经济主体，随着供应链结构和规模日趋复杂后，供应链上发生信息传递错误的情况逐渐增多。国际贸易进一步打破了企业经营的地域限制，供应链企业之间的关系更加复杂，银行和物流企业对供应链企业信息的监管难度也相应加大。如果银行和物流企业收集与管理的供应链间传递的信息出现偏差，那么将直接影响对供应链中经营情况的判断，给融资业务带来风险。

5. 法律风险和汇率风险

在供应链金融运作中，经常涉及不同的国家。一方面是法律风险，不同时期，不同国家，对同一个贸易项可能会有不同的规定，即便是在同一个时期，不同国家对同一法律行为也有不同的法律解释，因此，必须充分了解供应链企业所在国家的法律法规条文，以免造成不必要的法律风险。另一方面是汇率风险，若供应链中包括不同国家的企业，则时刻面临着汇率风险，因此一定要处理好汇率变动，以免给供应链金融各参与方带来不必要的损失。

6. 外部环境风险

供应链中企业的运营不仅考验企业自身的生产经营能力，还受国际市场环境的影响，面对政策风险和市场风险，国家政局不稳定、经济波动、外汇管制等都可能是危及供应链金融安全的风险来源，其风险具有动态性且不易控制。外部环境变化会增加供应链整体经营风险，跨国投资的供应链更易受投资当地贸易政策及经济发展调控政策的影响。因而，银行和物流企业需要密切关注国内外市场变化所导致的风险。

三、供应链金融风险的防范

1. 严格供应链准入体系管理

银行和物流企业应对融资企业等进行严格的准入评估，为经营稳定、贸易背景真实、货物流或应收账款可控的企业链群提供供应链金融服务。此外，银行和物流企业应适度控制供应链的长度，尽量选择与核心企业有直接供需关系和贸易往来的上下游企业申请融资，这样能更好地掌控供应链间的资金和信息。同时，银行和物流企业应利用各种境外渠道，对供应链上的境外企业进行调查，做好供应链授信前的资信调查工作，防范境外企业的信用风险。

2. 推进信用捆绑

应将融资企业的存货和应收账款等授信支持性资产与融资项目相捆绑，并建立与核心企业的信用互为担保的制度体系。银行积极引入第三方机构分散供应链中企业的信用风险，与第三方物流企业开展存货仓储质押监管，或与具备良好资信的国际大公司合作，通过反向担保提高融资业务的安全性。

3. 建立集约化操作平台

由于供应链金融具有业务空间跨度大、业务运行自成系统、业务专业化程度高等特点，银行应改变传统信贷条线管理的框架，将供应链金融的信贷技术、操作流程、产品运作乃至营销模式和盈利模式统一考虑，建立和完善新组织架构和管理模式。同时为实现对供应链物流、资金流、信息流的有效监管和控制，银行应开发或整合能满足供应链金融管理需求的集约化操作平台，建立与物流企业数据交换、供应链企业之间信息相互交流的平台，以实现数据处理集中化。

4. 建立联合授信审批制度

为适应供应链金融复杂的授信需要，银行应将单一客户授信、集团授信、金融机构授信、跨国企业授信等授信要求整合统一到供应链金融授信要求之下，建立体系化的联合授信审批制度，改变不考虑供应链上其他企业的资信情况，用核心企业授信替代整个供应链授信以及授信中忽视供应链实际交易状况的现状，实现对供应链企业的信用整合和信用再造。

5. 合理运用国际贸易中相关法律法规

银行和物流企业的法律部门应认真研究融资产品在跨境贸易中的各种适用问题，完善与供应链金融相配套的业务性规定，如供应链准入规定、行业管理办法以及业务操作指南等。积蓄“法治力量”，应对诉讼，协调各种法律事务，加强对违约事件资产的控制效力。同时，通过合理的融资和保险产品设计规避汇率风险。

6. 加强市场信息研究以制定合适的融资政策

开展供应链金融服务时，面对国际国内不断变化的政治经济环境，银行和物流企业应加强对市场信息的研究，需要对融资主体涉及国家或地区的经济和市场状况进行很好的总结，为业务部门的决策提供资讯参考，以便制定合适的融资政策。

【关键术语】

供应链金融	Supply Chain Finance
保税仓	Bonded Warehouse
存货质押融资	Inventory Financing
仓单质押	Warehouse Receipt Pledge
应收账款质押融资	Accounts Receivable Pledge Financing
保理	Factoring
现金流量周期	Cash to Cash Cycle

【练习与思考】

1. 试论供应链金融产生的原因及意义。
2. 请举例说明保兑仓融资及其业务流程。
3. 简述动态存货质押融资的基本业务流程。
4. 如何加强供应链协同现金流量周期管理？
5. 简述如何防范供应链金融风险。

【课后案例】

中建集采贷——一触即贷

中国建筑股份有限公司（以下简称中国建筑）是全球领先的建筑企业，年采购金额超过 6000 亿元，年应付账款超过 2600 亿元，拥有 6 万多家供应商。为积极探索“互联网 + 建筑”新模式，中国建筑希望将采购、交易与结算环节搬至线上，通过追踪集中采购行为产生的信息流、贸易流、资金流数据，为上下游客户提供较为便利的融资渠道。

针对客户需求，工商银行通过系统对接，将中国建筑的采购、交易、结算环节全部搬到融 e 购 B2B 平台，并基于集中采购行为产生的信息流、贸易流、资金流数据，为其供应商提供电子保理等在线融资服务，共同打造“互联网 + 建筑 + 金融”的建筑行业采购新模式。截至 2018 年末，中国建筑在融 e 购 B2B 平台累计上线供应商近百家，其中 70% 为新增户，线上交易额超 30 亿元，全流程线上融资 1000 余笔，融资额超 20 亿元。

业务开展前期，工商银行研发团队针对客户需求开发出了自动审批、自助提款、回款锁定的“中建集采贷”模式。将中建集团招投标平台与工商银行融 e 购电商平台整合，打通资金、货物流转及交易信息，实现“三流”信息闭环。打造出客户专属的供应链融资应用场景，以电子化方式成功实现了供应商足不出户、一触即贷，大幅降低融资运营成本。

“中建集采贷”模式风控的核心在于通过与核心企业的信息交互和深度合作获得应收账款的流转信息，确保贸易背景的真实性，并通过核心企业的履约增信控制业务风险。此类模式不仅适用于建筑行业的企业，也适用于其他行业内已经或计划实现电子化集中采购的优质核心企业。

〖问题讨论与思考〗

1. 案例中体现了什么类型的供应链金融业务模式？可以带来哪些好处？请分析融资主体、担保品和融资对象分别是什么？

2. 结合案例，谈谈应该如何控制供应链金融风险？请分析该模式可能存在哪些风险？

第十章课件

第十章　供应链项目管理

【本章导读】

无论是新成立的企业构建自己的供应链或者融入其他核心企业的供应链，还是企业对已经出现问题的供应链进行再造，都是以项目的方式进行的。供应链项目管理作为项目管理在供应链领域的具体应用，既有一般项目管理的共性，也有基于自身特点的个性。成功的供应链项目管理，意味着能够以更优化的成本、更合理的时间构建高质量的供应链项目。进入新世纪以来，我国企业供应链管理水平不断提升，供应链绩效显著增长，充分彰显了我国企业在构建供应链体系中的制度优势和文化自信。以华为等优秀民营企业为代表的中国企业，通过项目化运作，能够快速构建新的、稳健的供应链，充分彰显了中国特色社会主义制度的优越性，也体现了中国企业在市场竞争中以供应链为纽带，实践人类命运共同体的治理理念。

【学习目标】

通过本章的学习，了解供应链运作过程中的项目及其管理方法；理解项目管理的过程、特点和思想本质；针对供应链项目的特点，熟悉质量、时间、成本等要素的综合管理；知道如何提高供应链项目的总体绩效。

第一节　项目概述

一、项目的定义

项目体现在社会经济生活的各个方面。根据研究，人类社会财富的75% 以上，是用来完成各类项目的。人们从不同的角度，对于项目有不同的定义，一个比较简洁且广为认可的定义：项目是为了完成独特的产品或者服务所做出的一次性努力。这一定义揭示了项目具有以下几个基本属性。

微课：项目的定义

1. 一次性

任何项目都是不可重复的，都具有确定的开始和结束。项目开始意味着项目所包含的各项内容进入执行阶段，项目结束意味着项目的各项工作圆满完成。

2. 独特性

世界上没有两个完全相同的项目，就如同没有两片完全相同的树叶一样。项目的独特性意味着在项目实施过程中，必须根据项目的具体情况，利用相应的工具、方法等，以实现项目的既定目标。

3. 渐进明晰

所谓渐进明晰，是指项目从开始到完工的这个过程中，有关项目的各种信息逐步明了。例如，随着项目的进展，项目的范围越来越确定，项目的特征越来越明确，项目的风险越来越小。

除了以上基本属性外，项目还有一些其他属性。例如，项目具有不确定性，项目需要消耗一定的资源，项目有特定的发起人，项目有利益相关者。

构建供应链管理系统是一个复杂的过程。一个供应链管理系统的构建，可能是由核心企业为满足战略发展需要而推动进行的，也可能是由市场上源于消费者的需求而拉动形成的。但无论哪种形式，在供应链管理系统的构建过程中，总会有一个明确的开始。发展供应链上的伙伴关系，以及供应链的构建和维护等是持续的管理行为，但构建一个供应链管理系统却是一次性的。企业根据行业领域和经营目标，提出构建供应链管理系统的可行性研究报告，通过多方案的比较，最后确定一种相对优化的方案。方案一经确定，从规划实施到最后建成一个比较完整的供应链管理系统，是一个具体的一次性的过程，也是一个渐进明晰的过程。由于企业所处的行业领域不同，所处的竞争态势不同，构建的供应链管理系统自然也有区别。例如，机械制造企业所构建的供应链管理系统，与电子类产品制造企业所构建的供应链管理系统，是完全不同的；同样是机械制造企业，中联重科股份有限公司与三一重工股份有限公司由于其核心产品不同、竞争态势不同，所构建的供应链管理系统也是有差异的。世界上不存在两个相同的供应链管理系统，就如没有两个完全相同的企业一样。因此，供应链管理系统的构建，完全符合项目的基本属性，供应链管理系统是一种典型的项目。

此外，在供应链运作过程中，也会存在着大量的项目，比较典型的项目如下。

（1）供应链流程体系的再造。

（2）供应链物流体系的构建。

（3）供应链企业的质量改进。

（4）供应链信息系统的开发。

（5）供应链企业内部的组织创新。

二、供应链项目的目标

对于企业来说，实施某个项目的动因很多。其中最典型的情况是，通过一些项目的实施，来实现组织的战略目标。例如，近年来华为手机项目原有的供应链被阻断，手机项目实施和手机产品生产都遇到巨大的困难。华为为了寻找新的赛道，开启了许多新的项目。其中之一是华为智能汽车项目，华为将多年来在智能技术方面的积累应用于无人驾驶技术以及其他汽车配套技术的研发，以其在智能汽车配套技术方面的优势，与传统车企展开合作，构建汽车供应链，研发新的项目产品。华为与重庆小康工业集团股份有限公司合作研发推出“问界 M5”“问界 M7”；与极狐汽车合作了极狐阿尔法 S、极狐阿尔法 T 等项目。这些项目的实施，推动了华为的战略转型，也为华

微课：供应链项目和项目管理

为开辟了新的供应链体系。

项目产生的背景不同，其目标也是有差异的。就供应链管理系统来说，需要达到的基本目标包括企业内部信息流和物流的整合，供应链成员企业之间达成协作，企业内外供应链资源的集成，实现供应链管理系统的结构优化，提高企业经营绩效。如果企业花费了大量的时间、人力、财力，并没有达到整合资源、提高整个供应链绩效的目标，那么所构建的供应链管理系统肯定是失败的。因此，企业在实施供应链管理时，在进行供应链管理系统构建之前，必须明确需求所在，从需求出发，去定义供应链管理系统的目标，并将目标分解为具体的便于管理的更细的任务。

无论项目的目标是什么，所有项目必须受到三个基本因素的制约，即时间、成本和质量。或者说，时间、成本和质量是所有项目必须考虑的三个相互约束的基本要求。在时间方面，任何项目不可能无限制地实施下去。在规定的时间内完成项目，是项目的基本要求。在成本方面，任何项目的可开支的资源总是有限的，用尽可能少的成本去完成项目，是一种基本要求。在质量方面，只有符合规定标准的项目，才是有意义的；如果没有一定的质量标准，项目在执行过程中就不可能有质量保证，没有质量保证就意味着资源的浪费，也意味着时间的流逝没有换来应有的收益。

从供应链项目来说，其时间的约束主要体现在：由于激烈的市场竞争，企业总是希望在最短的时间内，完成供应链管理系统的构建，以尽快形成规范稳定的供应链管理系统，形成竞争优势。其成本的约束主要体现在：成本是企业竞争的最有效的武器之一，构建供应链管理系统不可能不计成本，甚至可以说，不计成本的供应链管理系统，必然是失败的。一个品质优良、综合竞争能力好的供应链管理系统，对于确保供应链的长期稳定运作，是十分重要的。如果供应链管理系统质量低劣，长期处于不稳定的状态，运行绩效很差，必然不可能与别的供应链进行竞争，也不可能在竞争中赢得优势，也就意味着供应链战略的失败。

然而，对于任何一个项目来说，不可能不计成本去赢得时间，也不可能用少投成本的方式去拖延时间，更不可能用牺牲质量的方式去降低成本，同样地，也不可能不计成本去提高质量。时间、成本、质量之间的这种相互制约的关系，可以用图直观地展示出来，项目的三角形约束如图 10–1 所示。

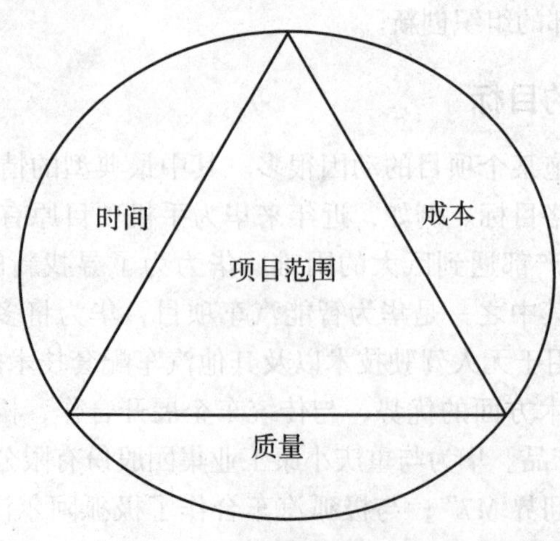

图 10–1　项目的三角形约束

对于图 10–1，我们可以做进一步分析，图中三角形的三条边，表示项目目标中的时间、质量和成本，也是项目实施过程中的三个相互制约的因素。三角形的内部，可以理解为项目的范围，就是项目所必须完成的具体内容。外层的圆圈，表示一种良好的客户关系。也就是说，任何项目的执行，必须考虑有良好的客户关系，以实现项目的和谐发展。从更广泛的层面来说，如果每一个项目都能够保证有良好的客户关系，既有利于项目的顺利实施，也有利于社会经济的整体发展。就供应链项目来说，和谐的客户关系更是供应链项目可持续发展的根本保证。

三、对供应链项目的深入分析

1. 供应链项目的发起单位

在供应链中，一般有一个核心企业，该核心企业是构建供应链管理系统的核心单位，也是供应链项目的发起单位。作为发起单位的核心企业，需要投入包括资金在内的各种资源，为构建供应链而努力。

2. 项目生命周期

项目从开始到结束的整个过程称为项目生命周期。不同项目由于各自的不同特点，其生命周期的划分是有所不同的，但一般地，项目生命周期可分为启动阶段（又称概念阶段）、计划阶段（又称开发阶段）、执行阶段（又称实施阶段）、收尾阶段（又称结束阶段）。根据不同阶段的资源消耗情况，可以绘制出项目生命周期示意，如图 10–2 所示。

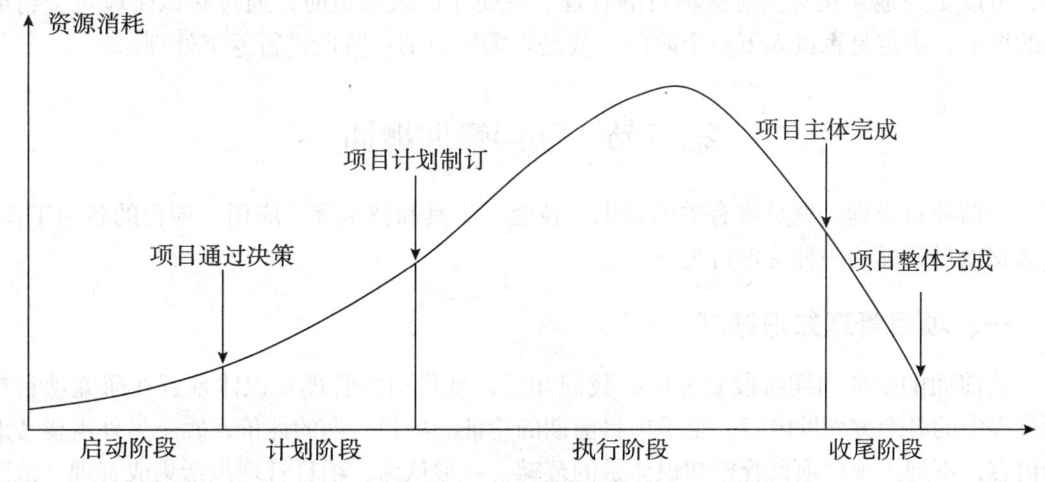

图 10–2 项目生命周期示意

3. 供应链项目生命周期

供应链项目的构建是一个渐进的过程。从确定构建供应链项目，到供应链管理系统的稳定运作，这个过程构成了供应链项目生命周期。供应链管理系统稳定运作后，即进入项目后期阶段。

根据供应链项目生命周期的特点，对供应链项目进行阶段划分是十分必要的。其意义主要体现在：①可以更好地定义供应链项目的开始与结束；②可以根据每个阶段实施的不同情况，及时采取过渡行动；③有利于将构建供应链的工作与企业组织的日常业务联系起来。一般地，供应链项目生命周期可划分成不同的阶段，如图10–3所示。

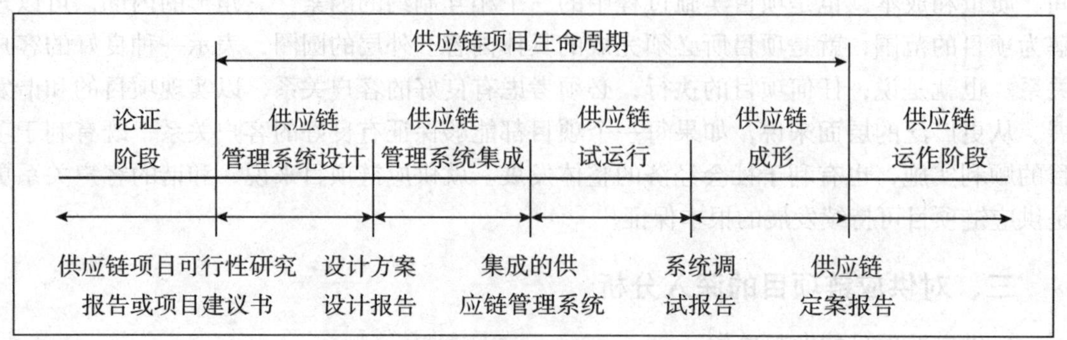

图10–3　供应链项目生命周期

图10–3中，最左边的论证阶段是供应链项目前期阶段，即供应链项目可行性研究阶段，这一阶段获得的可交付成果就是供应链项目可行性研究报告或项目建议书，这是项目正式存在的规范文档。最右边的供应链运作阶段是供应链成形后的规范的供应链运作阶段，这一阶段属于供应链项目后期阶段。供应链项目前期阶段和供应链项目后期阶段，都不是供应链项目管理的重点。

从现代项目管理知识体系的角度来分析，供应链项目生命周期主要包括中间的四个阶段。在每个阶段完成后，可获得该阶段的可交付成果。通过对阶段性可交付成果的分析，可以更好地强化对供应链项目的管理。在每个阶段结束时，通过对该阶段可交付成果的评审，决定是否进入下一个阶段，或是否需要对前一阶段进行返工处理。

第二节　项目管理概述

所谓项目管理，就是将有关的知识、技能、工具和技术等，应用于项目的各项工作，以达到项目目标的一种管理行为。

一、项目管理知识领域

从前面的生命周期阶段划分中，我们知道，现代项目管理知识体系旨在研究项目执行过程中的各个方面的内容。至于项目前期的论证、项目后期的评价，属于另外需要考虑的内容，不列入现代项目管理知识体系的范畴。一般认为，项目管理包括集成管理、范围管理、时间管理、质量管理、成本管理、人力资源管理、沟通管理、采购管理、风险管理和利益相关者管理十大知识领域。这十大知识领域之间的关系如图10–4所示。

在这十大知识领域中，时间管理、成本管理、质量管理、范围管理是最核心的内容。这主要体现在以下四个方面。第一，任何项目，都是有时间限制的，很多情况下，项目一旦超过规定的时间，就失去了意义，因此时间管理对于项目来说是十分重要的。第二，成本是约束项目管理的重要因素，所有的项目都是有资源限制的，不可能无限制地动用各种资源，否则项目也失去了存在的意义。在某种程度上说，所有的成本管理都是源于资源稀缺。很多年前，没有现代意义上的水资源管理、大气管理等学科体系，为什么呢？因为那

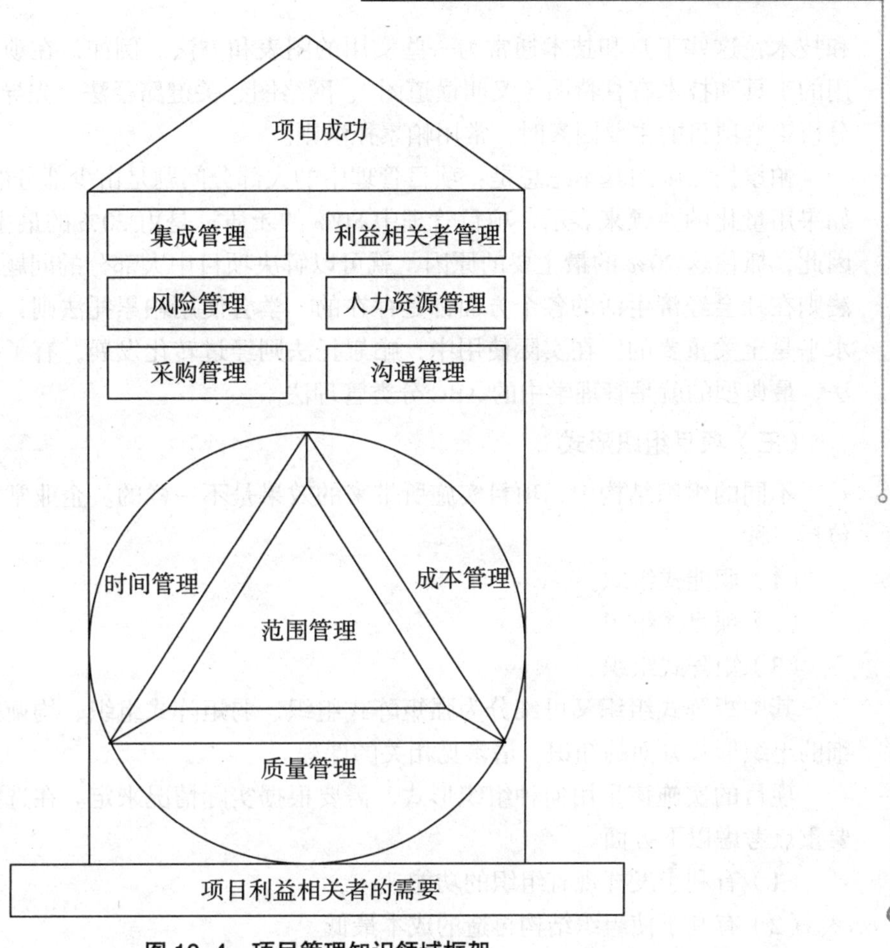

图 10-4 项目管理知识领域框架

时候，人们总以为水和空气都是取之不尽的，不需要管理。现在不同了，人们意识到淡水资源十分稀缺、大气污染日益严重，再不加强管理，人类将不再有基本的生存环境和资源。同样的道理，在项目管理中，如果不控制好成本，就不可能实施真正意义上的项目管理。第三，质量是项目的生命，没有质量管理，就没有合格的项目。第四，项目工作最基本的就是要弄清楚所要做的到底是什么，项目工作的范围包括什么，不包括什么。

二、项目管理的几个术语

（一）项目可交付成果

可交付成果是指为了完成项目或其中某个阶段，而必须做出的可测量的、有形的及可验证的任何成果、结果或事项。可交付成果可以理解为项目结果产生的产品、服务、理论等。一个项目一般有最终可交付成果和中间可交付成果。狭义的可交付成果是指需经项目发起人或顾客批准的对外可交付成果。可交付成果总是可测量的，因为人们可以用某种方式计算或观测。

（二）项目管理的常用工具和技术

所谓项目管理的工具和技术，是指用来帮助项目管理团队进行项目管理的各种工具和技术，这些工具和技术通常为一些实用的图表和方法。例如，在项目时间管理中，常用的工具和技术有甘特图（又叫横道图）、网络图、关键路径法、先导图、箭线图等。在分析影响项目的主要因素时，常用帕累托法则。

帕累托法则的基本思想是：项目管理中的大部分问题是由少部分的主要原因引起的。如果用量化的要领来表示，项目管理中 80% 的矛盾，是由 20% 的最主要的原因引起的。因此，抓住这 20% 的最主要的原因，就可以解决项目中大部分的问题。事实上，帕累托法则在社会经济生活的各个方面都是存在的。学会使用帕累托法则，对于提高项目管理水平是至关重要的。在实际使用中，帕累托法则经过转化发展，有了一些不同的使用方法，最典型的就是管理学中的 ABC 分类管理法。

（三）项目组织形式

不同的组织结构中，项目实施所带来的效果是不一样的。企业常用的组织形式主要包括三种。

（1）职能式组织。

（2）项目式组织。

（3）矩阵式组织。

其中矩阵式组织又可细分为强矩阵式组织、弱矩阵式组织、均衡矩阵式组织等。详细的组织形式方面的知识，请参见相关的课程。

项目的实施该采用何种组织形式，需要根据实际情况来定。在选择组织形式时，需要重点考虑以下方面。

（1）有利于发挥现有组织的功能。

（2）有利于使组织结构再造的成本最低。

（3）有利于供应链的稳定运作。

（4）有利于企业发展的长期战略。

（5）有利于全面整合企业内外部资源。

（四）项目管理的五个过程

项目管理包含许多项目活动，一般将一系列的项目活动产生某种结果的过程，称为项目的过程。项目管理的过程一般可分为项目启动、项目计划编制、项目执行、项目控制和项目收尾。这些过程体现在项目的整个生命周期，也体现在生命周期的各个阶段。也就是说，无论是项目生命周期的各个阶段，还是整个项目生命周期，均包含了这五个过程。

微课：项目管理的五个过程

（1）项目启动：批准一个项目（或项目阶段），并授权项目（或项目阶段）正式开始。

（2）项目计划编制：定义项目目标，从各种备选方案中选择最佳方案，对项目执行中的各部分内容进行全面计划，作为项目执行的基准。

（3）项目执行：协调项目团队和各种资源，去完成项目工作。

（4）项目控制：通过定期监控和测量进展，确定实际情况与计划之间的偏差，以便在必要时采取纠正措施，从而确保项目目标的实现。

（5）项目收尾：对项目（或项目阶段）的正式验收确认，通过整理规范文档，完成项目的验收。

项目管理的这五个过程及相互之间的关系如图 10-5 所示。

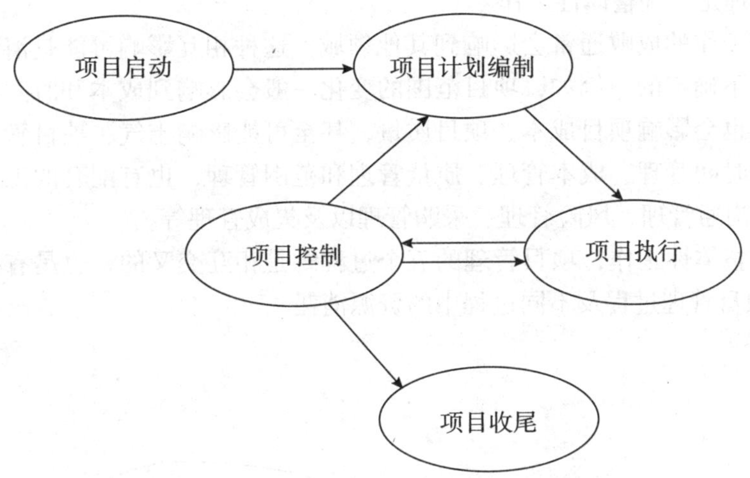

图 10-5　项目管理的过程及其相互之间的关系

三、对项目管理的基本认识

（一）正确看待项目管理

为了更好地理解项目管理，正确把握供应链项目，必须对项目管理有清晰合理的认知。

1. 项目管理是一套完整的工作流程

项目管理包括项目启动、项目计划编制、项目执行、项目控制和项目收尾一系列工作过程。在项目启动过程中，最重要的工作就是定义在其职责范围内要做的工作，并与项目发起人或项目客户达成一致，重点要注意如下问题：被提出的问题是什么？项目的目的是什么？项目的范围是什么？有哪些目标是必要的？如果项目已经成功，如何确认？可能影响项目成功的风险、障碍有哪些？

在项目计划编制过程中，基本的目标就是编制切实可行的项目计划。那么，需要回答 5W1H 问题，即 What、Who、When、Where、Which、How，并确定项目完成和成功必须满足的标准。项目计划有助于降低项目管理中的不确定性，提高项目管理效率，有助于相关人员更好地理解项目的目的和目标。在项目执行过程中，必须根据情况及时修订项目计划，实现动态化。

在项目执行过程中，重点是组织项目计划规定所需的资源（人力、材料和资金），安排项目活动的开始时间和收尾时间，根据进度安排人员完成他们各自的工作。

在项目控制过程中，项目经理必须有一套系统来监督项目的进展。一套高效的问题修正程序和变更管理程序是有效控制项目的基础。项目控制存在于整个项目生命周期。

在项目收尾过程中，重点是对项目进行总结，要自问如下问题：项目是按要求进行的吗？项目是按项目经理的要求做的吗？项目班子按计划完成项目了吗？获得了哪些有助于今后项目的信息？项目管理方法起到怎样的作用？项目团队合作得如何？

2. 项目管理是一种整体性工作

某一领域工作的成败通常会影响到其他领域，这种相互影响可能是清晰明了的，也可能是微妙或不确定的。例如，项目范围的变化一般会影响到成本和时间。当时间进度发生改变时，也会影响项目成本、项目质量，甚至可能影响士气。项目管理既有核心的工作内容，如时间管理、成本管理、质量管理和范围管理，也有配套的工作内容，如人力资源管理、沟通管理、风险管理、采购管理以及集成管理等。

作为一种整体性工作，项目管理的五个过程既是相互交叉的，也是有机联系的。图 10–6 所示为项目管理过程及不同过程中的资源消耗。

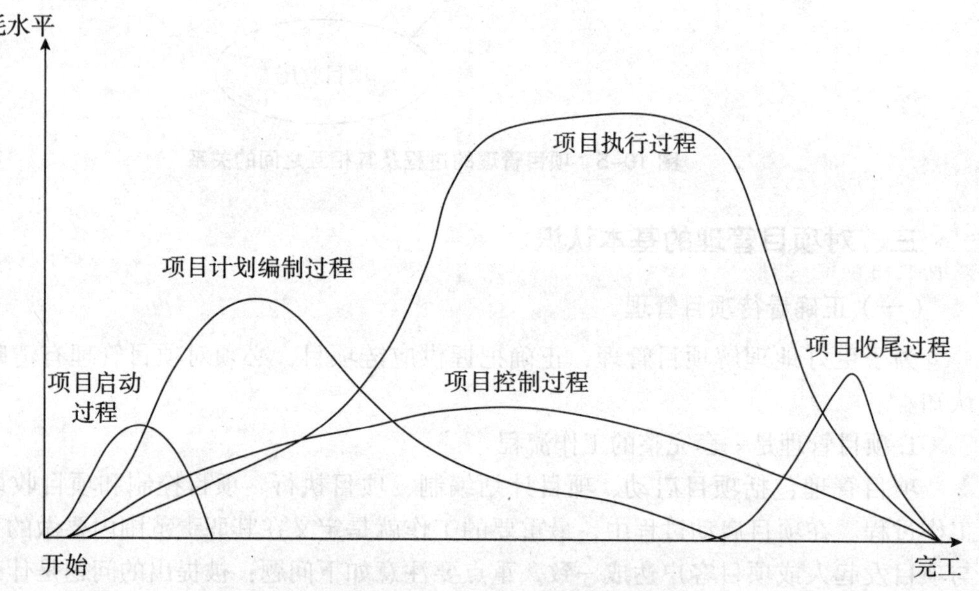

图 10–6　项目管理过程及不同过程中的资源消耗

3. 项目管理要注重创建一种工作氛围

项目管理通常需要项目组织作为基础，项目组织形式可以是职能式组织、弱矩阵式组织、均衡矩阵式组织、强矩阵式组织、项目式组织，不同的项目组织能营造出不同的工作氛围。实行项目管理，就是要注重发挥每一个项目团队成员的积极性，开发每一个项目团队成员的潜能，要让每一个项目团队成员有一种团队的归属感和荣誉感。要通过项目管理工作，开发人才，凝聚共识，使团队的力量大于个体力量之和。一支综合素质好、团队协作精神强的项目团队，对于正在从事的项目，是一种巨大的力量保证。而通过项目管理的过程，项目团队成员在各方面都能得到较好的锻炼。

4. 项目管理是一种管理方法体系

项目管理是一种已被公认的管理模式，而不是任意的一次管理过程。在项目管理诞生之前，人们用其他方法管理项目，有很多项目并没有采用项目管理方法体系。

项目管理不是一次任意的管理项目的实践过程，而是在长期实践和研究的基础上总结而成的理论方法。应用项目管理，必须按项目管理方法体系的基本要求去做；不按项目管理方法体系管理项目，不能否认是管理了项目，但也不能承认是采用了项目管理。

项目管理作为一种管理方法体系，在不同国家、不同行业以及其不同的发展阶段，无论是在结构、内容上，还是在技术、手段上都有一定的区别。但它最基本的方面始终如一、相对固定，且已是被公认的专业知识。

（二）项目管理的特点

项目管理是一项复杂的系统性工程。一个项目一般由多个部分组成，工作内容跨越多个组织、多个学科、多个行业，项目通常没有或很少有可供参考的经验，未知因素太多，需要将不同经历、不同组织、不同特长的人有机地组织在一个临时性的团队中，在有限的资源、较低的成本、严格的工期等约束条件下实现项目目标，这些条件决定了项目管理的复杂性。

1. 项目管理具有创造性

项目的一次性特点，决定了项目管理既要承担风险又要创造价值。但创造总是带有探索性的，并可能会导致失败，因此创造必须依赖科学技术的发展和支持，通过对前人经验的继承和积累，综合多种学科成熟的知识体系和最新的研究成果，将它们综合起来，完成项目预期的目标。

2. 项目管理需要集权领导和建立专门的项目组织

项目的复杂性随其范围不同而有很大的变化，项目越大越复杂，所包含或涉及的学科、技术种类也越多，项目过程可能出现的各种问题贯穿于各组织部门，要求各组织部门做出迅速有效而且相互关联、相互依存的反应，需要集权领导和建立围绕专一任务进行决策的相应的项目组织。

3. 项目经理起着非常重要的作用

项目管理中起着非常重要作用的人是项目负责人，即项目经理，他受委托在时间有限、资金有限的条件下完成项目目标，全权负责项目计划，负责资源的调配、协调和控制，他必须使他的项目团队成员凝聚起来，组成一支真正的队伍——一个工作配合默契、具有责任心的高效群体。

（三）项目管理思想的本质

1. 系统化思考是项目管理思想的核心

组织内的每一位成员对项目目标应具有一致的认知。但事实上，由于工作人员所处的工作位置不一样，具体承担的工作也有所不同，他们对项目目标的理解就可能产生认知不一致。

例如，主管财务的人员可能认为资金的控制第一重要，而主管技术的人员则可能为了一个技术细节花费大量的精力，而具体负责进度协调的管理人员却认为人人都在拖他的后腿。

这实际上是一种极为普遍的现象，即项目管理的工作人员经常会为了一个决策、一个方案，或为了日常工作中的协调，承担不同的具体任务，造成观点相互对立，但所有人的出发点都是尽可能好地实现项目的目标。

既然工作人员的目标是共同的，那么为什么他们在项目实施中的具体问题上又经常发生分歧呢？关键是对项目缺乏整体和系统的认识。

项目是一个系统，项目的目标也是一个系统。以工程项目为例，质量、进度和成本的最优化是工程项目的三大目标，工程项目管理就是要使这三大目标最佳地实现。

但实际上，这三个目标是相互对立统一的。例如，成本与进度，进度快往往要多花钱，增加投资，但是反过来，加快进度能在一定程度上使项目尽早投入运行，增加收入，提高投资效益。加快进度有可能影响质量，而质量控制不严的话，自然返工减少，进度则会加快。又如成本与质量的关系，好的项目质量意味着可能需要增加投资，但质量控制严，则可以减少维护费用，提高投资效益。因此，项目管理的工作人员在实施控制时要注意采用系统的方法思考，以谋求目标之间的平衡。

理解项目的目标是一个目标系统，有助于正确理解项目管理的概念，同时也是项目组织工作的基础。因为目标决定了组织的形式以及组织内的各种流程的确定，如果组织内的工作人员对目标的认识并不一致，他们的行为就有可能与组织设计中他们的定位相悖，进而给组织运行造成障碍。

例如，一个技术管理人员如果认为，他的主要职责就是保证技术的先进和质量的完善，而没有考虑任何一个方案都要兼顾经济性和技术性两个方面，同时也没有考虑其实际实施的问题。他就极有可能在某些细节问题上过分认真，耗费时间过长，而影响进度的安排，或者为追求质量的尽善尽美而不顾资金的约束。

一个项目组织是由相互独立的部门（人）组成的，而且每个部门（人）的日常工作也是相对独立的。而项目的目标是一个不可分割的目标系统，它的子目标是相互对立统一的。在相对划分的部门和不可分割的目标之间寻求平衡和一致，就是项目管理的组织工作之一。

2. 受控是项目管理思想的重要理念

项目管理知识并不深奥难懂。实际上，只要认真阅读有关项目管理的书籍，应该都能对项目管理思想有个大致的了解。学习项目管理知识和基本理念，并结合工作实际灵活运用是一门艺术。在实际中，有的人能从实际出发，灵活运用项目管理知识来解决实际问题，而有些人根本不想用或者不会用，这就是个人差异造成的结果。成熟的企业在实施项目管理的过程中要有一套明确的规则。项目管理的精髓是对项目的执行情况进行监控，以确保项目大体按计划执行。客观地讲，监控比不监控好，监控得多比监控得少好，早监控比晚监控好。

第三节　供应链项目核心要素管理

通过前面的分析我们知道，供应链管理系统的构建，就是一个项目。如何确保该项目的成功？如何使供应链项目达到预期的目标？这是供应链项目管理必须解决的问题。在供应链管理系统构建项目（以下简称 SCM 项目）中，为了满足企业对构建供应链的愿景，以实现预定的项目结果，必须对 SCM 项目涉及的各方面进行规划、组织、管理和监控。这是一个全面均衡的过程，也就是如何根据 SCM 项目的特点，创造性地对项目的各个环节进行管理的过程。正确识别项目范围是项目管理的前提和基础，一般将时间、质量和成本称为项目的核心要素，其他要素则是为项目核心要素服务的。

一、项目范围管理

范围管理是项目管理中最先需要确定的内容，也是其他管理的基础。在范围管理中，需要解决三个方面的问题：①进行范围定义，就是将该包括到项目中的工作全部包括进去，将不应该包括到项目中的工作绝不包括进去。②进行范围核实，就是在范围定义好以后，在有关的利益相关者之间，进行范围的确认。③范围变更控制，在很多情况下，范围可能需要进行更改，这种更改不应该是紊乱的，应该是有章可循的，因此范围变更控制就是要制定范围变更的程序，确保能变时按程序变，不能变时坚决不允许变。

范围管理最常用也是最有用的工具，就是工作分解结构（Work Breakdown Structure，WBS）。通俗地说，WBS 是对项目范围做“百分之百”描述的方法和工具。也就是说，做什么与不做什么，如何去做，做到何种程度，所有这些内容都可以通过 WBS 的定义来确定。

（一）用 WBS 来组织项目范围的好处

（1）它为项目团队、各级管理层、客户和其他的利益相关者确定了项目的各种“基调”，搭建了一个“平台”，利益确认、沟通、范围界定、资源配置等都在这个“基调”与“平台”的基础上进行整合。

（2）它是进度计划、项目各类数据表述的平面图，是职责矩阵形成、成本估算、风险分析、项目目标和过程的协调的依据。

（3）WBS 处于项目启动和计划编制过程的核心地位，也是制订进度计划、明确资源需求、执行成本预算、制订风险管理计划、制订采购计划和控制项目变更的重要基础，是项目运行主体“计划、执行、控制”的一个基准范围文件。

（4）WBS 在人力资源管理和团队建设中起着十分重要的作用。WBS 可以让团队成员参与到 WBS 的开发中，使他们很快适应项目特定环境，融入定义项目和项目范围的工作，利用团队成员的专业技能来确保所有要执行的工作都被包括在 WBS 中。WBS 为团队成员沟通提供了有效的平台和工具。

（5）在风险管理中，WBS 为判断项目风险提供了一个逻辑结构，脱离项目的 WBS 来编制风险管理计划是不切实际的。WBS 也是编制风险管理计划的重要工具，它描述了在整个项目生命周期中风险的识别、分析、应对计划、监控等的组织与实施。

（6）在一些大型复杂项目中，尤其与供应链有关的这种集成性项目，合同描述、合同说明书，技术文件和管理报告，分包合同等都与 WBS 的内容有关。

（7）在问题跟踪系统中，问题记录单、风险记录单等都使用 WBS 编码作为统一分类的标准。

（二）WBS的基本结构与编码

WBS的基本结构有图解式与大纲式两种。图解式基本结构又叫家族式谱系图或树状图，可以垂直排列，也可以水平排列。

1. 树状图

图10-7所示为供应链系统设计的范围，采用的是垂直排列的树状图。在用树状图组织WBS时，最顶层可以标示为0层或1层，其余各层次顺次递排。一般分解至三到四层即可，具体要根据项目的复杂性来定。一般将WBS分解的最低层次，称为一个工作包（Work Package），工作包是能够进行有效管理的具体工作，也是进行时间管理和成本管理的基本项目单元。

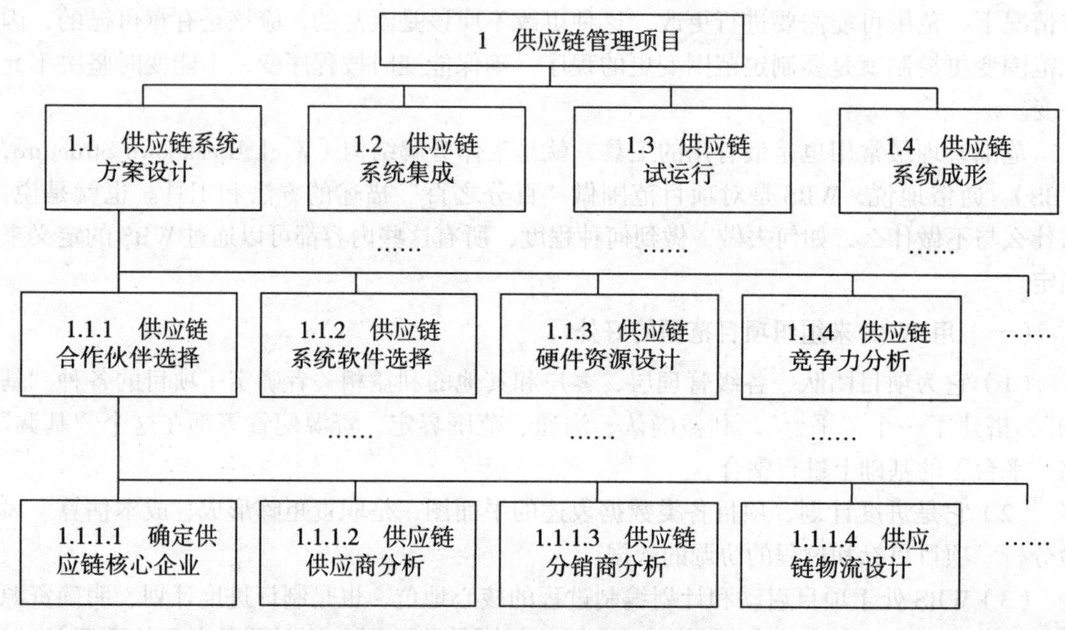

图10-7 供应链系统设计的范围

2. 大纲式

如采用大纲式基本结构，图10-7的内容可表示如下：

1 供应链管理项目

1.1 供应链系统方案设计

1.1.1 供应链合作伙伴选择

1.1.1.1 确定供应链核心企业

1.1.1.2 供应链供应商分析

1.1.1.3 供应链分销商分析

1.1.1.4 供应链物流设计

1.1.2 供应链系统软件选择

……

1.1.3 供应链硬件资源设计

……

1.1.4 供应链竞争力分析

……

1.2 供应链系统集成

……

1.3 供应链试运行

……

1.4 供应链系统成形

……

3. WBS 的编码

为了便于对 WBS 包含的内容进行管理，尤其是用计算机系统进行 WBS 管理，一般采用编码的方式，对 WBS 元素进行编码。其基本思想是，按照一定的规则，使 WBS 中每一个工作包都被准确而唯一地分配一个编码。这个编码有两个信息：第一，这项工作的类属，通过编码能直接读出该项工作分级的等次，以及其上下各层之间的推演关系。第二，编码是一个 WBS 系统内部各项工作逻辑关系的基本识别信息，通过对工作包进行编码，可以方便地对 WBS 工作进行有效管理。有了编码，不论是单独的供应链项目，还是包括其他项目在内的复合项目群，都可以方便地进行管理。

如何进行编码？一般有多个编码系统，如会计编码系统、序号编码系统等。广泛使用的是十进制编码，因为从实用的角度讲，序号容易标注，但却不太方便使用。

WBS 的实施原则，以及如何进行 WBS 分解，可参考相关的项目管理教材，这里不再多做陈述。

二、SCM 项目时间管理

实施供应链管理系统的根本目的，就是为了围绕核心企业，进行资源整合，形成强有力的战略联盟关系。而市场竞争是十分激烈的，在某种程度上说，谁赢得时间，谁就赢得竞争。因此，在实施供应链项目时，时间管理是十分重要的。

有了 WBS 之后，供应链项目的范围得以明确下来，工作包完全确定了，就可以进行时间管理了。时间管理一般需要经过以下步骤：

（1）定义活动。就是以工作包为基础，进一步分解出一个个的项目活动，根据具体情况的不同，有时候，可将工作包直接定义为项目活动。

（2）活动排序。在定义活动的基础上，进行活动的排序，就是将活动之间的前后逻辑关系分析清楚。

（3）活动历时和成本估算。活动历时是时间管理的基础，活动成本是成本管理的基础。估算活动历时和成本，需要有经验，也需要集中项目团队的智慧。如果活动历时估算方法不正确导致估算结果不正确，就会引起时间管理的差错，后续工作无论如何精确，也失去了实际意义。因此，做好活动历时和成本估算，是十分重要的。

（4）编制进度计划。进度计划的表达和评审方式主要有甘特图（横道图）、网络图、关键路径法、里程碑图、图示评审、风险评审等。图 10-8 是用甘特图进行时间管理的一个示例。

时间(月) 活动名称	1	2	3	4	5	6
供应商分析						
分销商分析						
系统软件选择						
硬件选择						
系统集成						
物流设计						
资金流分析						

图 10-8　用甘特图进行时间管理的一个示例

三、SCM 项目质量管理

如何构建品质优良的供应链系统，是供应链管理的重要内容。供应链项目的质量，是指供应链系统满足供应链运作要求的各种属性的质量总和。具体体现在系统的稳定性、响应的及时性、对企业战略的有效支持等。进行 SCM 项目质量管理，需要解决三个层面上的问题，现分述如下。

（一）质量计划编制

质量计划编制的目的是编制适用于 SCM 项目的质量计划。在质量计划中，要明确 SCM 项目所要达到的质量标准，以及采用什么方法来使 SCM 项目实现所要求的质量标准。

为了编制一个完善的质量计划，需要有以下基础性资料：

（1）供应链核心企业的质量政策。这是由核心企业管理层正式发表的与组织质量相关的整体质量方向和目标。具体包括企业对于供应链的质量标准的政策性规定，在企业长期发展中形成的一贯的做法，企业必须坚持的质量原则，以及对于质量的一般指导方针等。这些质量政策决定了核心企业选择合作伙伴的标准、核心企业用于供应链构建的资源投入，以及核心企业可能采取的资源整合策略等。

（2）范围说明书。这是指构建供应链管理系统的工作范围，是 SCM 项目最终要提交的成本的文档化描述。主要包括项目论证、项目产品说明、项目可交付成果等。范围说明书是用于 SCM 项目范围组织的最主要的范围说明资料。

（3）产品说明。对于 SCM 项目来说，产品说明包括拟构建的供应链管理系统的性能、期望达到的技术指标、对供货时间的响应、延迟时间的规定、库存的基本要素、物流体系的规定、信息流的渠道、资金流的要求等。

（4）相关质量标准和规定。主要指与构建供应链有关的质量标准，政府部门或行业组织的有关规定，企业内部的有关规定等。

（5）其他方面的影响。主要指来自范围管理、成本管理、时间管理等方面的影响，因为质量计划编制必然会受到其他方面因素的制约。

在综合考虑上述内容的情况下，通过流程图分析、质量成本分析，以及与基准的计划进行比较，可得出符合要求的质量计划。

（二）质量保证

质量保证有两个方面的意思。一是，在核心企业及配套企业里设置一个质量保证部门，专门负责质量保证等相关工作。二是，通过定期研究 SCM 项目的质量数据，使有关的利益相关者对 SCM 项目的质量充满信心，确保 SCM 项目的稳定实施。质量保证必须以质量计划为基础，同时要通过经常性的质量审核，使 SCM 项目的质量得以不断改进。

（三）质量控制

质量控制有两个方面的意思。一是，在核心企业及配套企业里设置一个质量控制部门，专门负责质量控制工作。二是，用各种控制检查工具，加强对质量的管理，使质量能够满足要求。质量控制需要以质量计划和质量测量结果为基础，常用的质量控制工具有检查和控制图表（如帕累托图、统计样图、流程图等）。不同的质量控制方法有不同的适用条件，有关质量控制工具与方法的使用与说明，请参见相关的管理类书籍。

四、SCM 项目成本管理

进行 SCM 项目成本管理，就是要确保在批准的预算内完成项目。做好成本管理，要完成以下四个方面的工作。

（1）资源计划编制，即确定完成 SCM 项目各项活动所需要的物质资源以及每种资源的需要量。

（2）成本估算，即为完成 SCM 项目各项活动所需要的资源成本的近似估算。

（3）成本预算，即将总成本估算分配到各单项活动上，这是一个细致的工作，也是进行分项成本控制的必要步骤。

（4）成本控制，即控制项目预算的变更，原则上只能在预算范围内完成 SCM 项目的各项工作，特别情况下需要进行成本变更，必须依据一定的程序进行变更。

SCM 项目成本管理可以采用项目管理中流程的挣值管理（Earned Value Management，EVM）方法，图 10-9 所示为挣值分析示意。

进行挣值分析，需要测量一系列的成本数据，主要的成本数据包括：

（1）计划值（Planned Value，PV），在某个时间点计划开销的成本。

（2）挣值（Earned Value，EV），统计到某个时间点的已完成工作的预算成本，可以理解为在项目工作中所挣回的价值。

（3）实际成本（Actual Cost，AC），统计到某个时间点项目实际开销的成本。

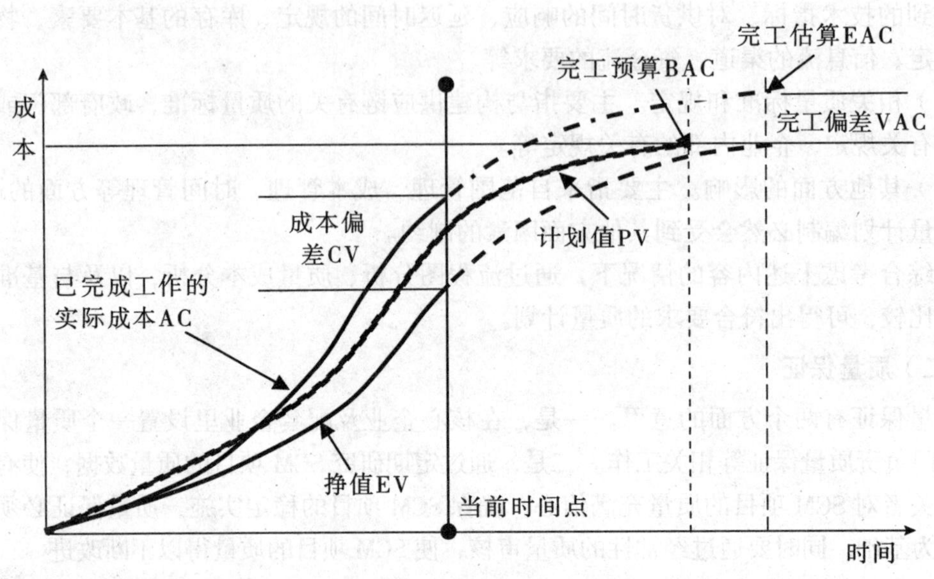

图 10-9　挣值分析示意

（4）成本偏差（Cost Variance，CV）。

CV=EV−AC

（5）进度偏差（Schedule Variance，SV）。

SV=EV−PV

（6）完工预算（Budget At Completion，BAC）。

（7）完工估算（Estimation At Completion，EAC）。

EAC=AC+ 到完成时的估算或预测开支

（8）完工偏差（Variance At Completion，VAC）。

VAC=BAC−EAC

以上述数据为基础，可以计算项目的成本绩效指数（Cost Performance Index，CPI）和进度绩效指数（Schedule Performance Index，SPI）。两个绩效指数分别从成本和进度两个方面提示了项目的绩效，其计算公式如下：

（9）成本绩效指数 CPI=EV/AC。

（10）进度绩效指数 SPI=EV/PV。

第四节　供应链项目其他要素管理

一、SCM 项目人力资源管理

在人力资源管理方面，需要解决以下几个问题：

（1）制订项目组织计划。主要工作就是确定项目组织、建立组织管理文档、给项目团队成员分配工作和职责、并确立团队成员之间的报告关系。

（2）招募团队成员。供应链的构建是一个比较复杂且十分专业的过程，因此，必须有资深的专业技术人员加盟到项目中来，为此，必须根据项目的要求，招募符合条件的团队成员。

（3）团队开发。团队开发就是通过项目工作和各项活动，使项目团队成员个人和整体的绩效不断提升的过程。在所有的项目人力资源中，下面就项目经理、项目工程师、项目实施工程师进行简要介绍。

（一）项目经理

对于项目来说，项目经理的职责是综合性的，他是一个集成者，需要全面协调项目工作和各参与方的关系。项目经理，既是项目中的领导，也是项目中的经理。从领导和经理两个层面解读项目经理的角色。作为领导，项目经理必须为项目提供愿景、引领团队朝着正确的方向前进，并及时给予项目团队成员鼓舞和激励。作为经理，必须根据项目的要求，做有利于项目的事情，要将项目的事情做正确。具体来说，项目经理的工作主要包括：

（1）与各方面的利益相关者进行协调沟通，研究表明，项目经理 70%~90% 的时间用于项目沟通工作。

（2）负责项目的计划编制，确定项目的培训计划。

（3）编制整体 WBS、进度计划、预算，与相关职能部门就供应链项目的范围和实施过程进行讨论交流，并拿出有利于项目实施的方案。

（4）把握项目各方面的进程，控制项目的进度。

（5）根据企业战略需要，对供应链业务流程进行重组，按照规定的程序进行项目变更。

（6）检查、调控项目实施范围。

（7）不断地审核和更新项目计划。

（8）确定项目优先次序，控制项目，解决冲突。

（9）在各分界面之间做决策，对项目可能出现歧义的思路和方案进行决断，解决客户的问题。

（10）负责协调项目团队成员的行动，保证项目按进度顺利实施。

（二）项目工程师

项目工程师主管 SCM 系统的设计与开发，负责功能分析、规格说明、图纸绘制、费用估算，以及建立相关的技术文档等，按项目实施计划提供技术支持。项目工程师的主要工作如下：

（1）协助项目经理定义项目的范围及目标，对 WBS 的划分负具体责任。

（2）参与讨论，制订项目计划，对具体的项目计划内容负责。

（3）在项目经理的指导下，按项目实施计划提供技术培训，开展项目工作。

（4）制定系统管理策略和方案，在需要的情况下，拟订多个方案向项目经理汇报，并就各方面的特点开展陈述。

（5）制定数据管理策略和方案，并对数据进行分析，确保数据的可靠性。

（6）进行定制化的设计、开发和测试，负责系统安装，提供设备选型参数。

（7）对系统整体性能提出意见，根据以往的实施经验提供设计及集成方面的建议。

（8）完成数据转换和系统切换工作，保证系统启动运行，负责单元、系统及整体性测试。

（9）负责汇编用户手册，对最终用户进行培训和指导，具体负责相关技术工作。

（10）进行业务流程设计，对供应链系统的功能需求进行分类整理和详细设计。

（11）制定供应链数据安全管理制度和必要的系统内部实施管理制度。

（12）进行数据的收集、整理和准备，为设计方提供必要的数据转换支持。

（13）参与项目详细实施计划、阶段计划、培训计划的制订。

（14）负责各项目部门的培训，参与相关系统的单元及集成测试。

（15）接受咨询顾问的知识转移，定期走访供应链上下游企业，搜集相关信息。

（16）为企业用户提供实施后的技术及相关支持，向用户提出必要的建议。

（17）提供安装及维护所需的硬件设备和通信网络，协助安装及调试设计方的软件系统。

（18）提供相关技术、运行环境以支持培训、实施、维护等工作的正常进行。

（19）根据项目的需要，在项目负责人的统一调配下，进行其他必要的实施工作。

（20）根据项目经理的安排，开展其他的工作。

（三）项目实施工程师

在供应链方案设计完成后，项目实施工程师为项目工程师的设计成果组织有效的实施过程，包括安装相应的设备、安排实施进度以及其他的实施活动，SCM 项目由于涉及硬件、软件、管理等各个层面的工作。因此，项目实施工程师的主要工作包括：

（1）按项目实施计划提供实施支持，完成具体的项目工作。

（2）协助项目经理定义项目的范围及目标，参与项目范围的讨论。

（3）参与讨论、制订项目各分项计划以及综合计划。

（4）按项目实施计划提供系统功能培训，撰写培训资料。

（5）拟订系统详细实施计划和进度方案，并就方案选择提出建议。

（6）进行系统定制化，制定数据转换格式和方案。

（7）协助技术人员进行系统安装及技术维护，对系统整体性能提出意见。

（8）进行项目风险分析，根据以往的实施经验提供风险防范方面的建议。

（9）完成系统的实施目标，保证系统按期顺利运行。

（10）完成项目经理和项目工程师交给的其他工作。

二、SCM 项目沟通管理

就 SCM 项目来说，牵涉核心企业、上游供应商、供应商的供应商、下游客户、客户的客户和最终用户等。整个供应链上的各个节点，都是需要加强沟通的。沟通的成功与否，对于 SCM 项目来说，是至关重要的。可以这么说，没有沟通的成功，就没有 SCM 项目的成功。为了做好沟通管理，必须完成以下四个方面的工作。

（一）沟通计划编制

通过沟通计划编制，明确各利益相关者的信息及其沟通需求，并将他们的需求记录在案，包括他们需要什么样的信息，在什么时候需要信息等，以方便后续沟通。例如，对于核心企业的一级供应商，要重点弄清楚其对于沟通信息的要求，如果供应链构建过程中有任何情况变化，要以最快的时间通知，以方便其与核心企业的同步协调。

（二）信息发布

就是让所有的利益相关者，获得其需要的信息。发布信息需要采用正确的方式，有时候可能需要书面通知，有时候可能需要电话通知，有时候可能需要公开会议纪要，有时候可能需要电子邮件通知。对于不同的利益相关者，在不同的时间，采取相应的信息发布方式是十分重要的。

（三）绩效报告

收集 SCM 项目的绩效信息，并及时向各利益相关者发布。绩效报告的目的在于让各利益相关者及时了解信息，建立对 SCM 项目的信心。

（四）管理收尾

所谓管理收尾，就是收集与发布信息，以便进行项目阶段的正式结束和收尾过程，确保项目的圆满完成，使所有文档实现规范化并归档。

三、SCM 项目风险管理

构建供应链管理系统，是现代企业参与国际竞争的必然要求，但 SCM 项目实施的风险也是十分巨大的，因此必须做好风险管理。一般地，SCM 项目风险管理应遵循如下步骤。

（一）风险识别

风险识别就是识别 SCM 项目整个生命周期范围内可能存在的风险。这些风险可能是系统内部的，也可能是系统外部的；可能是经济、法律方面的，也可能是政治、文化方面的；可能是 SCM 项目各利益相关者引起的，也可能是由于他们相互之间合作的不默契而产生的。无论是哪方面的风险，必须进行有效的识别。识别风险的方法很多，常用的风险识别方法有文档审查法、信息采集分析法、头脑风暴法、假定性分析法、图表分析法等。

（二）风险分析

风险分析包括定性分析和定量分析两个方面。定性分析，就是从定性的角度，对风险存在的可能性、风险的规模、风险发生的诱因等，进行粗略的分析。定量分析，就是用各种量化的分析方法，如决策树法、敏感度分析法、模拟分析法、当面走访法等，就项目风险概率、可能造成的影响结果等方面，进行量化的分析。定性分析是定量分析的基础，定量分析是定性分析的深化。通过定性分析与定量分析的有机结合，可以比较全面地得出风险的大小及发生概率等参数。

（三）风险监控

对识别出来的风险，在项目生命周期的各个阶段，进行动态分析，随时了解风险的实际情况，以便及时采取应对措施。

（四）风险应对计划编制

在前面各步骤分析的基础上，针对不同的风险，采取不同的应对措施，将有关风险管理的内容编制成一个标准化的文档，在项目生命周期的各个阶段，定期对该文档进行审核，以确定项目风险的状态，为管理好风险提供基准的方案。常用的风险应对措施包括风险规避、风险转移、风险减轻、风险接受等。不同的风险应对措施，适用于不同的情况。

就项目来说，越是生命周期早期，风险发生概率越大，越是生命周期晚期，风险发生概率越小。风险损失期望值和风险损失金随着项目生命周期的变化而变化。因此，对于风险管理，在项目生命周期的不同阶段，必须采取不同的管理方法。图 10-10 所示为项目生命周期的不同阶段的风险变化。

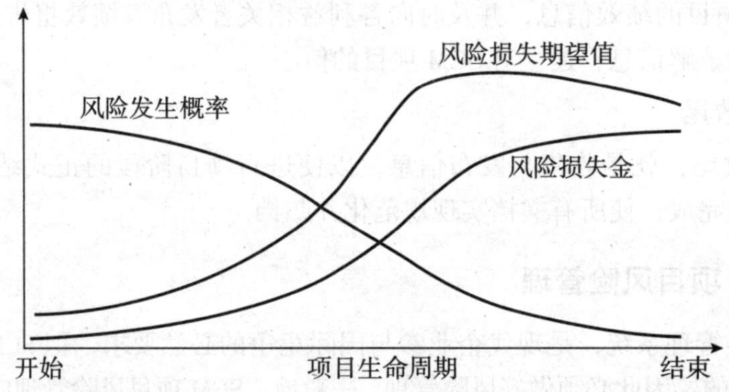

图 10-10　项目生命周期内风险发生概率、风险损失金及风险损失期望值的变化示意

四、SCM 项目采购管理

有关 SCM 项目采购管理的相关知识，在物流类相关课程中涉及很多，就项目中的采购来说，在很多方面是相通的，因此，这里不做重点分析。

五、SCM 项目集成管理

对 SCM 项目进行集成管理，是一项复合性的工作。所谓集成，就意味着有各个方面的因素需要综合考虑。在项目管理中，集成的意思就是将项目范围管理、时间管理、成本管理、质量管理等方面的管理计划，进行综合集成和协调，得到综合的项目计划。综合的项目计划是在收集其他的项目管理成果的基础上，形成的一种连续规范的文档。集成后的项目计划，是综合考虑了各种因素后进行平衡协调的结果，追求的是最佳项目计划。在综合的项目计划的基础上，进行项目计划的实施，在实施的同时，加强对项目的综合变更控制。这些就是 SCM 项目集成管理的简要内容。有关 SCM 项目计划文件的编写，可参见相关的项目管理专业书籍。

六、SCM 项目利益相关者管理

所谓利益相关者，是指与 SCM 项目相关的个人或企业，其可能会影响供应链管理系统的构建，可能会受到供应链的影响。SCM 项目中，最主要的利益相关者包括参与供应链的上下游企业、企业的投资人、股东等，除此之外的重要的利益相关者就是竞争对手。明确了供应链的利益相关者，就可以更好地加强供应链项目管理。针对不同的利益相关者，进行优先权排序，采取不同的沟通、管理方法和措施。在具体的利益相关者分析中，可使用利益相关者分析表，如表 10-1 所示。

表 10-1　利益相关者分析表

利益相关者名称	在项目中的需求与期望	优先权排序	备注

【关键术语】

项目管理　Project Management
供应链项目　Supply Chain Project
项目管理知识体系　Project Management Body of Knowledge

【练习与思考】

1. 现代项目管理知识体系包括哪些内容？
2. 用项目管理思想进行 SCM 项目管理的核心是什么？
3. 用 WBS 进行 SCM 项目的范围管理有哪几种方式？
4. SCM 项目中有哪些主要利益相关者？利益体现在哪些方面？
5. SCM 项目中主要有哪些风险？

【课后案例】

海尔成功的供应链项目管理

海尔集团（以下简称海尔）自成立以来，经过多年的发展，已成为国内外知名的家电巨头。海尔的成功，有许多方面的因素，其中一个重要的因素就是企业供应链项目管理的成功。通过实施供应链项目管理，整合了企业的内外部资源，形成了稳健的海尔供应链体系。在构建供应链的过程中，海尔注重以订单为驱动力。海尔创始人张瑞敏认为一个现代企业，如果没有现代物流，就意味着没有物可流。为什么这么说呢？这是由现代企业运作的驱动力所决定的。订单形成物流，物流驱动生产，生产形成对供应链的客观要求。在实施供应链项目管理过程中，海尔将现代项目管理应用于海尔供应链项目管理，做了大量卓有成效的工作，确保了供应链项目建设的成功。

一、确定海尔供应链项目范围

从企业自身需求出发，分析企业的产品线。生产什么产品？每种产品需要哪些原材料与零部件？这些原材料与零部件的供应商在哪里？供应商的供应商在哪里？每种产品开发几种规格？潜在的目标客户在哪里？通过什么渠道进行销售？每种产品开发周期如何确定？以有利于构建供应链体系为出发点，企业内部需要做出何种变革？通过这些分析，确定出海尔供应链项目的范围，这为构建供应链体系奠定了良好的基础。

二、加强供应链项目时间管理

在明确供应链项目范围的基础上，海尔将构建供应链体系的所有工作做进一步细分，明确所需要完成的活动，分析不同活动之间的内在逻辑关键，形成一个活动关系顺序表。例如，为了选择合适的供应商，先通过市场调查，找出所有潜在的供应商，然后制定供应商评价标准，对所有供应商进行遴选，最后选出符合需要的供应商。由于供应商众多，对所有供应商要进行分类选择。以海尔冰箱为例，涉及钢材、玻璃、油漆等的供应商。同样地，对于选择分销商，也要先确定采取什么样的销售模式和策略，然后再制定分销渠道构建标准，最后再选择分销商或分销渠道。从考虑构建供应链体系开始，到最后形成畅通的海尔供应链体系所花的时间，就是海尔供应链项目构建所需要的时间。

三、优化供应链项目成本管理

构建供应链项目，涉及各个方面的工作。整个项目范围内的所有工作都需要成本开支。海尔基于满足需求的原则，制订了整个项目的成本开支计划，也就是通常所说的成本基准计划。在项目推进过程中，项目团队及时分析成本支出情况，采用挣值分析（EVA）方法，对项目成本支出情况进行分析，一旦出现成本偏差，分析发生偏差的原因，及时采取成本控制措施。

四、加强供应链项目质量管理

供应链体系直接关系海尔的可持续发展。从构建高质量的供应链项目出发，海尔注重加强供应链项目质量管理。供应链项目是典型的服务类项目，为了确保整个供应链的高质量稳定运行，海尔从选择供应商开始，便制定了严格的质量标准，坚决杜绝信用等级低、服务水平低的供应商进入海尔供应链体系。在分销商的选择上，同样注重信用和服务能力的考核，同时还注重渠道整合力和市场拓展能力的考核。借助一体化运作平台，海尔对整个供应链项目的成员进行集成化管理，将信息、资金、物流等要素及时分享。一旦发现供应商或分销商可能出现问题，第一时间采取应对措施，确保不发生系统性的供应链风险，确保供应链稳定运行。

五、对供应链项目的其他相关内容进行管理

海尔将现代项目管理知识体系中的人力资源管理、沟通管理、风险管理、采购管理、利益相关者管理和集成管理等应用于供应链项目管理之中，确保了供应链项目管理的成功。在人力资源管理方面，通过构建责任分配矩阵，明确所需要的人力资源的种类、数量和级别等，确保既充分到位，又不会浪费。在沟通管理方面，根据不同利益相关者对供应链项目的重要性，对所有利益相关者排序，建立有效的沟通机制，定期发布沟通信息。在风险管理方面，设置专门的风险管理经理，对供应链项目进行全面的风险管理，在风险识别的基础上，通过风险监控、分析和评价，提出风险应对策略。在采购管理方

面，实施严格的采购流程，根据不同类型采购的不同特点，编制相应的采购合同，确保不发生采购风险。在利益相关者管理方面，分析海尔供应链项目中所有的利益相关者，并将利益相关者按重要性排序，将90%的努力用于满足主要的利益相关者的需求。在集成管理方面，以供应链项目范围为基础，以时间、成本和质量管理为重点，兼顾其他方面的管理要素，秉持系统平衡、统筹兼顾的原则，将所有的项目计划进行一体化处理，确保形成最优的项目工作方案。

〖问题讨论与思考〗

1. 海尔在实施供应链项目管理时，如何确定供应链项目的范围？
2. 海尔供应链项目管理中的时间、成本和质量等核心要素如何得到有效控制？
3. 海尔供应链项目管理中的其他各项要素如何更好地为核心要素服务？

参考文献

［1］班娟娟．菜鸟早谋先行添力国际物流体系建设［J］．企业观察家，2020（4）：50–51.

［2］陈柳钦．国际物流系统及保税区国际物流发展战略：以天津保税区为例［J］．特区经济，2002（9）：34–38.

［3］陈晓华，吴家富．供应链金融［M］．北京：人民邮电出版社，2018.

［4］戴国良．营销视野下的供应链管理［J］．物流工程与管理，2009，31（10）：88–89.

［5］但斌．供应链管理［M］．北京：科学出版社，2012.

［6］邓娜，侯少夫．中国加工贸易的发展历程与政策演变［J］．开放导报，2012（6）：28–32.

［7］杜亚民．供应链风险评估与应对措施研究［J］．现代经济信息，2016（1）：78–79.

［8］范娥娟．基于全球价值链视角外贸供应链风险研究［J］．河北企业，2020（7）：95–96.

［9］郭家跃．新零售商业模式创新框架研究［J］．合作经济与科技，2021（18）：73–75.

［10］郝国胜，刘晓兰，杨帆，等．河南省专利代理业发展现状及对策建议［J］．河南科技，2020，39（27）：24–30.

［11］何黎明．构建现代物流体系 建设“物流强国”：我国物流业发展2020年回顾与2021年展望［J］．物流技术与应用，2021，26（2）：50–55.

［12］李向文，冯茹梅．物流与供应链金融［M］．北京：北京大学出版社，2012.

［13］刘云芬，孙红满．供应链的风险影响因素及其防控［J］．大众投资指南，2019（5）：33.

［14］梅赞宾，汝宜红，宋志刚．一带一路背景下中国物流企业的国际化路径［J］．中国流通经济，2016，30（9）：29–37.

［15］彭国樑，姚俭．不确定性供应链风险的模糊综合评判［J］．上海理工大学学报，2010，32（4）：373–377.

［16］施先亮，王耀球．供应链管理［M］．3版．北京：机械工业出版社，2016.

［17］宋华．中国供应链：前沿与趋势［M］．北京：中国人民大学出版社，2015.

［18］宋华．智慧供应链金融［M］．北京：中国人民大学出版社，2019.

［19］孙韬．跨境电商与国际物流：机遇、模式及运作［M］．北京：电子工业出版社，2017.

［20］孙咏华．中国国际物流体系的构建［J］．物流技术，2004（2）：14–15，27.

［21］仝新顺，王便芳．供应链管理［M］．北京：清华大学出版社，2021.

［22］温馨，贾俊秀．顾客参与研发过程的价值共创机理与策略研究［J］．运筹与管理，2018，27（11）：105–114.

［23］谢雨蓉，高咏玲，王庆云．经济全球化背景下的国际物流格局演变［J］．宏观经济研究，2020（2）：102–111.

［24］张铎，王耀球．国际物流和国际物流系统网络［J］．中国物资流通，1999（10）：26.

［25］张燕妮．供应链风险的相关分析［J］．价值工程，2014，33（10）：23–24.

［26］张翼，顾超，孔晔．国际物流学［M］．南京：南京大学出版社，2019.

［27］张治．浅谈财务管理中的成本控制［J］．科技视界，2014（1）：370，383.

［28］赵智锋，叶祥丽，施华．供应链运作与管理［M］．重庆：重庆大学出版社，2016.

［29］周利国．物流与供应链金融［M］．北京：清华大学出版社，2016.

［30］孙新波，苏钟海．数据赋能驱动制造业企业实现敏捷制造案例研究［J］．管理科学，2018，31（5）：117–130.